21世纪数学规划教材

数学基础课系列

金融衍生证券基础 II

An Introduction to Financial Derivatives II

〔新加坡〕徐 恺 编著

北京大学出版社

PEKING UNIVERSITY PRESS

图书在版编目(CIP)数据

金融衍生证券基础. Ⅱ /（新加坡）徐恺编著. -- 北京：北京大学出版社, 2025.9. -- ISBN 978-7-301-36500-7

Ⅰ. F830.91

中国国家版本馆CIP数据核字第20258P04B1号

书　　　名	金融衍生证券基础Ⅱ JINRONG YANSHENG ZHENGQUAN JICHU Ⅱ
著作责任者	〔新加坡〕徐　恺　编著
责 任 编 辑	潘丽娜
标 准 书 号	ISBN 978-7-301-36500-7
出 版 发 行	北京大学出版社
地　　　址	北京市海淀区成府路205号　100871
网　　　址	http://www.pup.cn　新浪微博：@北京大学出版社
电 子 邮 箱	zpup@pup.cn
电　　　话	邮购部 010-62752015　发行部 010-62750672 编辑部 010-62752021
印 刷 者	三河市北燕印装有限公司
经 销 者	新华书店
	880毫米×1230毫米　32开本　7.25印张　206千字 2025年9月第1版　2025年9月第1次印刷
定　　　价	35.00元

未经许可，不得以任何方式复制或抄袭本书之部分或全部内容。
版权所有，侵权必究
举报电话：010-62752024　电子邮箱：fd@pup.cn
图书如有印装质量问题，请与出版部联系，电话：010-62756370

前言

本书是《金融衍生证券基础 I》[徐 25] 的延续. 在《金融衍生证券基础 I》中, 已详细阐述了金融衍生证券领域的背景知识和基础理论, 因此本书不再赘述相关内容. 若读者需要回顾或深入了解这些基础知识, 可参考前作. 本书将在此基础上, 进一步探讨金融衍生证券的复杂模型及其应用, 致力于为读者提供更深入的专业知识与分析工具.

随着衍生品场外交易市场 (over-the-counter market, 简称 OTC 市场) 规模不断增长, 中国境内市场和跨境市场规模早已分别超过万亿元. 这一迅猛增长催生了市场对精通金融衍生品设计与交易的精英人才的迫切需求. 同时, 衍生证券的基础知识已成为金融领域从业者不可或缺的素养. 在高等学校培养金融数学专业人才的教学目标中, 除了扎实掌握基础理论, 还应注重将理论知识与实践技能相结合, 为后续的职业发展奠定坚实基础.

本书内容选自作者在北京大学数学科学学院金融数学系为金融硕士讲授的必修课 "衍生工具模型" 的部分内容. 该课程旨在为国内金融行业培养专业人才, 因此其授课内容与风格主要围绕金融工程领域展开. 在课程设计上, 该课程并不预设学生具备衍生证券的基础知识, 因此, 课程中的一些基础知识来源于《金融衍生证券基础 I》[徐 25]. 为了避免内容上的重叠, 本书基本略去该书相关章节内容. 对此部分内容感兴趣的读者, 可以参考前作以获取更详细的信息.

本书主要分八个主要部分: 第一部分简单复习衍生证券中的一些基本概念; 第二部分讲述期权复制误差估算; 第三部分讲述方差互换的背景和基本结论; 第四部分介绍与路径相关的期权; 第五部分介绍雪球期权特性与应用; 第六部分介绍静态复制/对冲定价思路; 第七部分介绍带跳过程 (jump process) 在固定收益投资中的一个应用, 为读者提供了一种更全面的分析框架; 最后一部分概述俄式期权的定价问题.

从技术角度讲, 本书聚焦于公式推导与编程能力培养, 注重将理论知识与实践技能的结合. 在公式推导方面, 本书对相关细节进行了较为全面的讲解, 旨在帮助读者深入理解金融模型背后的数学逻辑. 在编程方面, C++ 语言因其强大的功能和灵活性, 在金融工程领域中的应用日益广泛, 尤其是在衍生品定价、风险管理以及高频交易等场景中发挥着重要作用. 然而, 熟练掌握 C++ 在金融工程中的应用需要至少一个学期的系统学习, 因此本书未将 C++ 编程作为主干内容展开. 感兴趣的读者可以参考 [Jos08], 以进一步学习 C++ 在金融工程中的实际应用.

此外, 在符号运算方面, 本书借助 Maxima(一种开源的计算机代数系统[①]) 作为辅助工具, 用于完成一些复杂公式的推导工作. Maxima 能够高效处理符号计算、微积分、方程求解等任务, 为读者提供了验证数学结果的便捷途径. 通过结合理论推导与工具辅助, 本书旨在通过讲解金融工程中的核心技术与方法, 帮助读者更好地理解和掌握相关知识.

本书旨在为有志于毕业后进入金融行业的在校学生以及金融领域的从业者提供参考. 通过系统学习本书内容, 读者将能够更好地掌握金融工程的核心概念与应用方法, 为未来的职业发展奠定坚实基础.

自 2005 年以来, 在北京大学数学科学学院的教学工作中, 作者承担了 "衍生证券基础" "衍生工具模型" 以及 "衍生工具定价的数学模型和方法" 等课程的教学, 并致力于衍生证券、金融市场结构及交易策略等领域的研究. 在此过程中, 作者得到了北京大学数学科学学院的鼎力支持, 对此表示由衷的感谢.

作者
2024 年 12 月

[①] 下载地址: https://maxima.sourceforge.io/download.html.

目录

1 回顾 · 1
   1.1 一个自融资的例子 · 1
   1.2 针式风险 · 4
   1.3 Merton 公式 · 6
   1.4 标的为期货/远期合约的期权 · · · · · · · · · · · · · · · · · · · 8

2 BSM 框架下期权复制误差估算 · · · · · · · · · · · · · · · · · · 10
   2.1 离散情形下期权复制的一种方法 · · · · · · · · · · · · · · · 11

3 累计对冲误差估算: Peter Carr 方法 · · · · · · · · · · · 19
   3.1 意图及现有工具 · 19
   3.2 计算部分 · 20
   3.3 β_t 的增量 · 20

4 方差互换 · 26
   4.1 期权复制遇到的问题 · 26
   4.2 方差互换的一个例子 · 29
   4.3 方差互换远期合约价格的进一步讨论 · · · · · · · · · · 34
   4.4 方差互换合约的复制 · 37

5 波动率互换简介 · 42
   5.1 BSM 框架下的一些结果 · 43
   5.2 市场波动率衡量指数 VIX · 45

6 做多 Gamma · 49

7 与路径相关的期权简介 · 55
   7.1 障碍期权简介 · 55

7.2	PDE 定价障碍期权思路	58
7.3	障碍期权的性质	63
7.4	双障碍期权	64
7.5	一些 Brown 运动的性质	68
7.6	回顾	79
7.7	下跌敲入数字期权 (触及即付期权) 问题和求解	80
7.8	障碍期权的希腊字母简介	86
7.9	欧式浮动看跌期权例子	89
7.10	封顶看涨期权	93
7.11	保底看跌期权	98

8 雪球期权 (自动赎回) 简介 100

8.1	一些记号和约定	100
8.2	股价敲出和敲入的集合分类	101
8.3	雪球期权的定义	103
8.4	雪球期权吸引买方之处	104
8.5	雪球期权吸引卖方之处	105
8.6	雪球期权买方的风险	106
8.7	实际市场中雪球期权条款的修改	107

9 在 BSM 框架下雪球期权定价简述 108

9.1	定价 B_1	109
9.2	定价 B_2	111
9.3	定价 B_3	112
9.4	雪球期权定价总结	114

10 理论上雪球期权的 Δ 对冲 116

11 静态复制/对冲 120

11.1	Breeden-Litzenberger 公式	128

12 Longstaff & Schwartz 方法 141

12.1	猜测上例中波动率 σ	149

13 局部波动率和随机波动率简介 150
13.1 回顾 150
13.2 局部波动率的引入 153
13.3 由隐含波动率求局部波动率 160
13.4 由局部波动率求隐含波动率 (简介) 166
13.5 随机波动率简介 168
13.6 衍生模型中的 Sharpe 比率 175

14 有关违约跳跃的基础 180
14.1 带跳的 Itô 公式 180
14.2 带跳的 BSM 方程 183
附录 14.1 187

15 俄式期权 190

附录 199
1 一些常用公式 199
2 第 2.1.2 小节中两个期望的计算结果 (利用 Maxima 软件计算) ... 201
3 Mark Joshi 静态复制 (见例 11.10) 代码 204
4 使用 Newton-Raphson 法计算隐含波动率 $\widetilde{\sigma}$ 206
5 求 $\mathbb{P} = 0.1144$ 对应的 σ 211
6 节假日或周末对离散复制的影响 216

索引 218

参考文献 220

1 回顾

本章在 BSM (Black-Scholes-Merton) 框架下讨论. 假设股票 S 无股息派发, 并且股价是几何 Brown 运动:

$$\frac{\mathrm{d}S}{S} = \mu \mathrm{d}t + \sigma \mathrm{d}B, \quad (1.0.1)$$

其中 μ 和 σ 都是常数并且 $\sigma > 0$.

1.1 一个自融资的例子

假设当前时刻 $t = 0$, 起始资金为 0. 卖空 1 份 $c(S, 0, E, T)$, 将卖空得到的现金买入 $\alpha(0)$ 份 $S(0)$, 再将剩下的现金 $\beta(0)$ 存入银行 (负数表示贷款). 于是

$$\Pi(0) := -c(S, 0, E, T) + \alpha(0)S(0) + \beta(0) = 0. \quad (1.1.1)$$

注 1.1 就数学而言, 存在无穷多个解 $(\alpha(0), \beta(0))$ 满足 (1.1.1) 式. 以下我们要找特殊的解 $(\alpha(0), \beta(0))$, 使得 $\Pi(0) \to \Pi(\delta t)$ 无风险. 具体含义如下. 持有 $\Pi(0)$ (不改变仓位) 到充分小时间间隔 (小量)

$$\delta t > 0 \ (\delta t \text{ 充分小}), \quad (1.1.2)$$

有

$$\Pi(\delta t) = -c(S, \delta t, E, T) + \alpha(0)S(\delta t) + \beta(0)\mathrm{e}^{r\delta t}. \quad (1.1.3)$$

记

$$\delta\Pi(0) := \Pi(\delta t) - \Pi(0),$$
$$\delta c(S, 0, E, T) := c(S, \delta t, E, T) - c(S, 0, E, T),$$
$$\delta S(0) := S(\delta t) - S(0).$$

将 (1.1.3) 式和 (1.1.1) 式相减,并对 $\delta c(S, 0, E, T)$ 用 Itô 引理,得

$$\delta\Pi(0) := \Pi(\delta t) - \Pi(0) = -\delta c(S, 0, E, T) + \alpha(0)\delta S(0) + r\beta(0)\delta t$$
$$= -\left(\frac{\partial c}{\partial t} + \frac{\sigma^2}{2}S^2\frac{\partial^2 c}{\partial S^2} - r\beta(0)\right)\delta t + \left(\alpha(0) - \frac{\partial c}{\partial S}\right)\delta S. \quad (1.1.4)$$

当 $t = 0$ 时, (1.1.4) 式中最后一个等号右边只有含 δS 项无法确定. 要使得 $\delta\Pi(0)$ 非随机,令

$$\alpha(0) = \frac{\partial c}{\partial S}. \quad (1.1.5)$$

这样 $\delta\Pi(0)$ 是确定量,即这个量在 $t = 0$ 时已知. 又因 $\Pi(0) = 0$. 由无套利假定得: $\delta\Pi(0) = 0$. 再结合 (1.1.4) 式和 (1.1.5) 式,易知

$$\frac{\partial c}{\partial t} + \frac{\sigma^2}{2}S^2\frac{\partial^2 c}{\partial S^2} - r\beta(0) = 0.$$

再利用 (1.1.1) 式和 (1.1.5) 式解出 $\beta(0)$,代入上式后可得

$$\frac{\partial c}{\partial t} + \frac{\sigma^2}{2}S^2\frac{\partial^2 c}{\partial S^2} + rS\frac{\partial c}{\partial S} - rc = 0. \quad (1.1.6)$$

(1.1.6) 式称为标的无股息派发时的 BSM 方程/公式.

定义 1.1 金融市场称为在 BSM 框架下的,是指:
(1) 金融市场是理想市场;
(2) 股票连续股息派发;
(3) 除某些时间区间外,股价服从几何 Brown 运动.

注 1.2 定义 1.1 中的 (3) 要具体问题具体分析,宗旨是确保所研究问题的自洽性.

1.1.1 充分小的含义

在微积分中我们知道: 当 x 接近于 0 时,有 Taylor 展开

$$e^x = 1 + x + o(x),$$

其中 $o(x)$ 是 x 的高阶小量, 即
$$\lim_{x\to 0} \frac{o(x)}{x} = 0.$$
要求: x 无量纲. 记 $[y]$ 为 y 的量纲. 如果 y 无量纲, 约定: $[y] = 1$.

例如: [利率×时间] = 1, 则 $[r] = 1/$时间, 如 $1/$年或 $1/$天等. 比如, 我们说银行 (无风险) 年利率 $r = 3\%$, 实际含义是银行 (无风险) 利率 $r = 3\%/$年.

假设 1 年为 365 天. 将 1 元现金存入银行, 则半年后, 我们的收益为
$$e^{0.03\times 0.5} \approx 1.0151.$$
利用 Taylor 展开, 有
$$e^{0.03\times 0.5} \approx 1 + 0.03\times 0.5 = 1.015.$$
由于 0.03×0.5 较小, 所以采用近似
$$e^{0.03\times 0.5} \approx 1 + 0.03\times 0.5. \tag{1.1.7}$$
这在许多情形下是合理的.

现在改变时间单位: 将年改为秒. 易知 0.5 年 $= 0.5\times 365\times 24\times 60\times 60$ 秒 $= 15768000$ 秒, 则
$$e^{0.03\times 0.5} = e^{\frac{0.03}{365\times 24\times 60\times 60}\times (0.5\times 365\times 24\times 60\times 60)}.$$
尽管 15768000 看上去较大, 但是我们仍可对上式进行 Taylor 展开取近似, 因为 e 的指数 0.03×0.5 较小.

现在固定利率 r, 我们有以下 Taylor 展开:
$$e^{rt} = 1 + rt + o(rt), \quad 当 rt 接近于 0,$$
$$e^{rt} = 1 + rt + o(t), \quad 当 t 充分小, 使得 rt 接近于 0.$$
理论上, 只要取 t 充分小, 以上两式都成立. 在很多时候, 为了表述简便, 我们仅通过取 t 充分小来推导公式. 例如: 在 (1.1.2) 式中, 我们取 δt 充分小得到 BSM 方程.

然而，在实际操作中，我们面临一个问题：能否将 $\delta t = 1$天 视为小量？在几何 Brown 运动公式 (1.0.1) 中，dS/S 是无量纲的，即 $[dS/S] = 1$. 因此，$[\sigma dB] = [\sigma\sqrt{\delta t}] = 1$. 同理，$[r\delta t] = [q\delta t] = 1$，$q$ 为股息派发率，其中 $q\delta t$ 在后续讨论 S 连续股息派发时会用到.

若用假设

$$\text{无量纲数 } r\delta t,\ q\delta t,\ \sigma\sqrt{\delta t} \text{ 接近于 } 0 \tag{1.1.8}$$

取代 (1.1.2) 式，则我们也可以得到 BSM 方程. 事实上，只需将 $c(S,t,E,T)$ 写成 $c(S,\sigma^2 t,E,T)$. 剩下的推导过程是平凡的，而 (1.1.8) 式中的三个参数取法在实践中具有可操作性.

作业 1.1 假设 S 无股息派发.

1. 在假设 (1.1.8) 式下 (不假设 δt 充分小)，证明：

$$\begin{aligned} 0 = {} & \left(\frac{1}{\sigma}\frac{\partial c}{\partial t} + \frac{\sigma}{2}S^2\frac{\partial^2 c}{\partial S^2}\right)\sigma\delta t \\ & + \left(S\frac{\partial c}{\partial S} - c\right)r\delta t + o(\sigma\delta t) + o(r\delta t). \end{aligned} \tag{1.1.9}$$

2. 利用公式 (1.1.9)，当 $(\sigma\delta t, r\delta t) \to (0,0)$ 时，证明 BSM 方程 (1.1.6).

注 1.3 在实际应用中，我们忽略公式 (1.1.9) 中的 $o(\sigma\delta t)$ 和 $o(r\delta t)$. 所以，在假设 (1.1.8) 式成立时，BSM 方程 (1.1.6) 也成立.

所以，若我们将以上 δt 接近于 0 (见 (1.1.2) 式) 替换为假设 (1.1.8) 式，并不影响结论. 在今后的讨论中，为了表述简便我们经常只在 δt 接近于 0 的假定下讨论问题.

1.2 针式风险

为了简单起见，假设 S 无股息派发. 回忆：二元看涨期权 $c^d(S,t,E,T)$

是一欧式期权 (European options), 其到期价值 (terminal payoff) 为

$$c^{\mathrm{d}}(S,T,E,T) = \begin{cases} 1, & S(T) \geqslant E, \\ 0, & S(T) < E. \end{cases}$$

易证: $c^{\mathrm{d}}(S,t,E,T) = \mathrm{e}^{-r(T-t)}N(d_2)$, 参见 [徐 25]. 理论上, 我们可以用自融资方法复制 $c^{\mathrm{d}}(S,t,E,T)$. 首先建立投资组合

$$\Pi(t) = -c^{\mathrm{d}}(S,t,E,T) + \frac{\partial c^{\mathrm{d}}}{\partial S}S_t + \beta_t = 0.$$

计算

$$\begin{aligned}\frac{\partial c^{\mathrm{d}}}{\partial S} &= \frac{\partial}{\partial S}\left(\mathrm{e}^{-r(T-t)}N(d_2)\right) \\ &= \mathrm{e}^{-r(T-t)}N'(d_2)\frac{\partial d_2}{\partial S} \\ &= \mathrm{e}^{-r(T-t)}\frac{\mathrm{e}^{-\frac{d_2^2}{2}}}{\sqrt{2\pi}}\frac{\partial}{\partial S}\left(\frac{\ln\dfrac{S}{E}+(r-0.5\sigma^2)(T-t)}{\sigma\sqrt{T-t}}\right) \\ &= \frac{\mathrm{e}^{-r(T-t)}\mathrm{e}^{-\frac{d_2^2}{2}}}{\sigma S\sqrt{T-t}\sqrt{2\pi}}.\end{aligned}$$

记

$$\Delta := \frac{\partial c^{\mathrm{d}}}{\partial S} = \frac{\mathrm{e}^{-r(T-t)}\mathrm{e}^{-\frac{d_2^2}{2}}}{\sigma S\sqrt{T-t}\sqrt{2\pi}},$$

其中

$$d_2 = \frac{\ln\dfrac{S}{E}+(r-0.5\sigma^2)(T-t)}{\sigma\sqrt{T-t}}.$$

现在我们讨论头寸 Δ (delta) 问题. 当 $t \to T$ 时, 将 $T-t$ 看成无穷小量.

(1) 如果 $S(t) \neq E$, 那么 $\Delta \to 0$.

(2) 如果 $S(t) = E$, 那么 $\Delta \to +\infty$.

(3) 如果 $S(t)$ 一直在 E 附近 "徘徊", 那么 Δ 仓位很难控制. 这会给期权复制带来风险, 称为针式风险 (pin risk, 也称为大头针风险).

- 可以证明

$$\frac{\partial c}{\partial S} = N(d_1) \in [0, 1],$$

$$\frac{\partial p}{\partial S} = N(d_1) - 1 \in [-1, 0],$$

所以 c 和 p 没有针式风险.

作业 1.2 给定欧式期权（资产或零（期权），asset-or-nothing）$c^{\mathrm{a/n}}(S,t,E,T)$，其到期价值为

$$c^{\mathrm{a/n}}(S,t,E,T) = \begin{cases} S(T), & S(T) \geqslant E, \\ 0, & S(T) < E. \end{cases}$$

这证明期权 $c^{\mathrm{a/n}}(S,t,E,T)$ 存在针式风险.

1.3 Merton 公式

本小节在 BSM 框架下讨论.

不妨假设 S 无股息派发，其服从几何 Brown 运动：

$$\frac{\mathrm{d}S}{S} = \mu \mathrm{d}t + \sigma \mathrm{d}B_t.$$

记 $v(S,t,T)$ 为 $c(S,t,E,T)$ 或 $p(S,t,E,T)$. 由 Itô 引理，有

$$\begin{aligned}
\mathrm{d}(\mathrm{e}^{-rt}v) &= -r\mathrm{e}^{-rt}v\mathrm{d}t + \mathrm{e}^{-rt}\mathrm{d}v + \mathrm{d}\mathrm{e}^{-rt}\mathrm{d}v \quad (\text{忽略最后一项 } o(\mathrm{d}t))\\
&= -r\mathrm{e}^{-rt}v\mathrm{d}t + \mathrm{e}^{-rt}\left(\frac{\partial v}{\partial t} + \frac{\sigma^2}{2}S^2\frac{\partial^2 v}{\partial S^2}\right)\mathrm{d}t + \mathrm{e}^{-rt}\frac{\partial v}{\partial S}\mathrm{d}S \\
&= \mathrm{e}^{-rt}\left(\frac{\partial v}{\partial t} + \frac{\sigma^2}{2}S^2\frac{\partial^2 v}{\partial S^2} - rv\right)\mathrm{d}t + \mathrm{e}^{-rt}\frac{\partial v}{\partial S}\mathrm{d}S.
\end{aligned} \quad (1.3.1)$$

利用 BSM 公式

$$\frac{\partial v}{\partial t} + \frac{\sigma^2}{2}S^2\frac{\partial^2 v}{\partial S^2} + rS\frac{\partial v}{\partial S} - rv = 0, \quad (1.3.2)$$

有

$$d(e^{-rt}v) = e^{-rt}\frac{\partial v}{\partial S}(-rS_t dt + dS_t),$$

即

$$d(e^{r(T-t)}v) = e^{r(T-t)}\frac{\partial v}{\partial S}(-rS_t dt + dS_t).$$

再利用 Itô 积分, 有

$$\left.(e^{r(T-u)}v(S,u,T))\right|_{u=t}^{u=T} = \int_t^T e^{r(T-u)}\frac{\partial v}{\partial S}(-rS_u du + dS_u),$$

即

$$v(S,T,T) - e^{r(T-t)}v(S,t,T) = \int_t^T e^{r(T-u)}\frac{\partial v}{\partial S}(-rS_u du + dS_u). \tag{1.3.3}$$

在 (1.3.3) 式中, $v(S,T,T)$ 的函数形式是事先给定的, 例如:

$$c(S,T,E,T) = \max(S_T - E, 0).$$

注 1.4 公式 (1.3.3) 实质上就是我们以前讲过的期权复制过程 [徐 25]. 等式左边表示, 在 t 时向银行贷款 (现金) $v(S,t,T)$, 然后立即买入 1 份 $v(S,t,T)$, 持有这个投资组合到 T. 公式 (1.3.3) 右边的被积函数表示, 在 u 时, 向银行贷款 $\frac{\partial v}{\partial S}S_u$, 并立即买入 $\frac{\partial v}{\partial S}$ 股 S_u, 然后在 $u+du$ 时平仓后将所得现金存入银行直到 T.

注 1.4 给出了公式 (1.3.3) 的金融意义.

定理 1.1 (Merton) 假设 S 连续股息派发, 其股息派发率为非负常数 q, 则有

$$\begin{aligned}&v(S,T,T) - e^{r(T-t)}v(S,t,T)\\&= \int_t^T e^{r(T-u)}\frac{\partial v}{\partial S}[-(r-q)S_u du + dS_u],\end{aligned} \tag{1.3.4}$$

其中 q 为 S 的连续股息派发率.

作业 1.3 证明公式 (1.3.4), 并且给出其金融意义.

假设 S 连续股息派发, 其股息派发率为非负常数 q. 记 $F(S,t,T)$ 为期货或远期合约的价格, 由 [徐 25] 内容知:

$$F(S,t,T) = S(t)\mathrm{e}^{(r-q)(T-t)}. \tag{1.3.5}$$

已知

$$\frac{\mathrm{d}S}{S} = (\mu-q)\mathrm{d}t + \sigma\mathrm{d}B_t. \tag{1.3.6}$$

我们联立 (1.3.6) 式和 (1.3.5) 式, 求 $\mathrm{d}F/F$. 在等式 (1.3.5) 两边求 Itô 微分有

$$\begin{aligned}
\mathrm{d}F &= \mathrm{d}\big(S(t)\mathrm{e}^{(r-q)(T-t)}\big) \\
&= \mathrm{e}^{(r-q)(T-t)}\mathrm{d}S(t) + S(t)(-(r-q))\mathrm{e}^{(r-q)(T-t)}\mathrm{d}t \\
&= \mathrm{e}^{(r-q)(T-t)}S(t)[(\mu-q)\mathrm{d}t + \sigma\mathrm{d}B_t] \\
&\quad + S(t)[-(r-q)]\mathrm{e}^{(r-q)(T-t)}\mathrm{d}t \quad (\text{利用 (1.3.6) 式}) \\
&= F[(\mu-q)\mathrm{d}t + \sigma\mathrm{d}B_t] - (r-q)F\mathrm{d}t \quad (\text{利用 (1.3.5) 式}).
\end{aligned}$$

于是

$$\frac{\mathrm{d}F}{F} = (\mu-r)\mathrm{d}t + \sigma\mathrm{d}B_t. \tag{1.3.7}$$

(1.3.7) 式是期货/远期合约服从的几何 Brown 运动的表达式. 值得注意的是, (1.3.6) 式和 (1.3.7) 式对应的波动率都是 σ.

1.4 标的为期货/远期合约的期权

我们涉及两个到期日: (1) 标的为期货/远期合约的到期日, (2) 标的为期货/远期合约的期权的到期日. 除非特别声明, 我们始终假设这两个到期日相同 (或相等).

我们以欧式看涨 $c_F(F,t,E,T)$ 和美式看涨 $\mathbb{C}_F(F,t,E,T)$ 为例.

1.4 标的为期货/远期合约的期权

欧式看涨 $c_F(F,t,E,T)$, 其到期价值定义为 $\max(F(S,T,T)-E,0)$. 易知

$$\begin{aligned}c_F(F,T,E,T) &= \max(F(S,T,T)-E,0) \\ &= \max(S(T)\mathrm{e}^{(r-q)(T-T)}-E,0) \\ &= \max(S(T)-E,0) \\ &= c(S,T,E,T).\end{aligned}$$

同理, $p_F(F,T,E,T) = p(F,T,E,T)$. 由无套利假定可证以下命题.

命题 1.1

$$v_F(F,t,E,T) = v(S,t,E,T), \quad v \in \{c,p\}.$$

美式看涨 $\mathbb{C}_F(F,t,E,T)$, 其到期价值定义与 $c_F(F,t,E,T)$ 相等, 即

$$\mathbb{C}_F(F,T,E,T) = \max(F(S,T,T)-E,0) \quad (\text{或} = \max(S(T)-E,0)).$$

美式看涨 $\mathbb{C}_F(F,t,E,T)$ 的持有人在 $t<T$ 时可以提前执行, 得到的回报定义为

$$\max(F(S,t,T)-E,0) \quad (\text{或} \max(S(t)\mathrm{e}^{(r-q)(T-t)}-E,0)).$$

美式看跌期权 $\mathbb{P}_F(F,t,E,T)$ 的讨论类似.

作业 1.4 记 $v_F(F,t,T)$ 为标的为 F 的欧式期权, $v_F \in \{c_F, p_F\}$. 与公式 (1.3.4) 类似, 也存在关于 v_F 的公式

$$v_F(F,T,T) - \mathrm{e}^{r(T-t)} v_F(F,t,T) = \cdots. \tag{1.4.1}$$

写出并证明这个公式, 并且说明其金融含义.

注 1.5 (1.4.1) 式应表示只通过买卖标的 F 和向银行存贷款复制 $v_F(F,t,T)$, 所以, 从逻辑上考虑, 等式 (1.4.1) 右边不应含有 S.

2 BSM 框架下期权复制误差估算

给定无股息派发股票 S. 我们在 BSM 框架下讨论问题.

假设交易所不存在 $c(S,t,E,T)$ 这一交易品种. 在 $t=0$ 时, 有人卖给我们 1 张 c. 作为机构, 我们买入这张合约, 并且在市场中通过买卖标的 S 和向银行存贷款复制该期权. 取复制操作的时间间隔 δt 为 1 天. 在 $t=0$ 时, 我们跟客户签了一张合约. 作为买方, 我们付给客户 c 元, 并且客户承诺在 T 时, 付给我们现金 $\max(S(T)-E,0)$. 于是我们构造投资组合: 在 $t=0$ 时, 卖空 $\Delta = \dfrac{\partial c}{\partial S}(S,0,E,T) = N(d_1)$ 份 $S(0)$. 由于

$$c(S,0,E,T) = SN(d_1) - e^{-rT}EN(d_2),$$

所以, 在买入 1 份 c 和卖空 $N(d_1)$ 份 $S(0)$ 后, 再将 $e^{-rT}EN(d_2)$ 现金存入银行. 这个投资组合的价值为

$$\Pi(0) = c(S,0,E,T) - SN(d_1) + e^{-rT}EN(d_2) = 0.$$

下一次调整仓位要在 $t = \delta t = 1$ 时. 记在调整仓位前一瞬间 $t = \delta t^-$.

我们要估计 Π 在 $t = \delta t^-$ 时期权复制的风险. 易知:

$$\Pi(\delta t^-) = c(S,\delta t, E, T) - S(\delta t)N(d_1) + e^{-rT}EN(d_2)e^{r\delta t}.$$

现计算我们仓位的盈亏:

$$\begin{aligned}
\mathrm{P\&L}(\delta t^-) &= \Pi(\delta t^-) - \Pi(0) \\
&= \delta c(S,0,E,T) - N(d_1)\delta S(0) + e^{-rT}EN(d_2)r\delta t \\
&= \frac{\partial}{\partial t}c(S,0,E,T)\delta t + \underbrace{\left(\frac{\partial}{\partial S}c(S,0,E,T) - N(d_1)\right)}_{=0}\delta S(0) \\
&\quad + \frac{1}{2}\frac{\partial^2}{\partial S^2}c(S,0,E,T)\delta S^2 + e^{-rT}EN(d_2)r\delta t.
\end{aligned}$$

于是

$$\text{P\&L}(\delta t^-) = \frac{\partial}{\partial t}c(S,0,E,T)\delta t + \frac{1}{2}\frac{\partial^2}{\partial S^2}c(S,0,E,T)\delta S^2 + \mathrm{e}^{-rT}EN(d_2)r\delta t.$$

利用 BSM 方程, 有

$$\begin{aligned}\frac{\partial c}{\partial t}(S,0,E,T)\delta t = &-\frac{\sigma^2}{2}S^2(0)\frac{\partial^2}{\partial S^2}c(S,0,E,T)\delta t \\ &+ r\left(c(S,0,E,T) - S(0)\frac{\partial}{\partial t}c(S,0,E,T)\right)\delta t.\end{aligned}$$

所以

$$\begin{aligned}\text{P\&L}(\delta t^-) &= \frac{1}{2}\frac{\partial^2}{\partial S^2}c(S,0,E,T)(\delta S^2 - \sigma^2 S^2(0)\delta t) \\ &= \frac{1}{2}\Gamma(S,0,E,T)(\delta S^2 - \sigma^2 S^2(0)\delta t),\end{aligned} \quad (2.0.1)$$

其中

$$\Gamma := \frac{\partial^2}{\partial S^2}c(S,0,E,T).$$

在 (2.0.1) 式中, $\Gamma > 0$ (c 是凸函数). δS^2 在 δt 充分小时近似等于 $\sigma^2 S^2(0)\delta t$. 以前我们都是在假设 δt 充分小时忽略这种误差的, 然而在实际操作中, δt 不是充分小, 其固定为 1 天. 我们要估计时隔 1 天后的 P&L(δt^-), 因此, 在 $t=0$ 时, 可以知道:

(1) 当股价 $S(\delta t)$ 满足 $|\delta S| > \sigma S(0)\sqrt{\delta t}$ 时, 我们在 δt^- 时是盈利的. 特殊情形: 股价 $S(0) \to S(\delta t)$ 暴涨或暴跌时, 我们盈利.

(2) 当 $|\delta S| = \sigma S(0)\sqrt{\delta t}$ 时, 我们不亏不赚.

(3) 当股价 $S(\delta t)$ 满足 $|\delta S| < \sigma S(0)\sqrt{\delta t}$ 时, 我们亏损.

2.1 离散情形下期权复制的一种方法

假设:

(1) 我们 (作为机构) 向客户卖出或卖空 1 份欧式看涨期权 $c(S,t,E,T)$.

(2) 我们想在市场中通过买卖标的 S 和向银行存贷款复制 $c(S,t,E,T)$.

(3) 我们仅在每个交易日调整一次仓位. 记 δt 为相邻两个交易日调整仓位的时间差, 并将其设为常数.

2.1.1 在 BSM 框架下的复制误差

为了叙述方便, 假设 S 无股息派发. 股价服从几何 Brown 运动:

$$\frac{\mathrm{d}S}{S} = \mu \mathrm{d}t + \sigma \mathrm{d}B_t. \qquad (2.1.1)$$

上述符号的意思不再赘述. 给定 $\delta t > 0$, 股价从 t 到 $t + \delta t$ 时, 由 Itô 积分知,

$$S(t+\delta t) = S(t)\exp\left(\left(\mu - \frac{\sigma^2}{2}\right)\delta t + \sigma y \sqrt{\delta t}\right), \quad y \sim \mathcal{N}(0,1). \quad (2.1.2)$$

注 2.1 以上两式提及的 Brown 运动和随机变量 y 都是在市场测度下的.

对等式 (2.1.2) 右边做 Taylor 展开. 股价从 t 到 $t + \delta t$ 时, $S(t)$ 的增量为

$$\begin{aligned}
\delta S(t) &= S(t+\delta t) - S(t) \\
&= S(t)\left(\exp\left(\left(\mu - \frac{\sigma^2}{2}\right)\delta t + \sigma y \sqrt{\delta t}\right) - 1\right) \\
&= S(t)\left[\left(1 + \left(\mu - \frac{\sigma^2}{2}\right)\delta t + \sigma y \sqrt{\delta t}\right.\right. \\
&\quad \left.\left. + \frac{1}{2}\left(\left(\mu - \frac{\sigma^2}{2}\right)\delta t + \sigma y \sqrt{\delta t}\right)^2\right) - 1\right] + (\delta t \text{ 的高阶小量}) \\
&= S(t)\left[\sigma y \sqrt{\delta t} + \left(\mu - \frac{\sigma^2}{2} + \frac{\sigma^2 y^2}{2}\right)\delta t\right] + (\delta t \text{ 的高阶小量}).
\end{aligned}$$

忽略 δt 的高阶小量, 我们有

$$\delta S(t) = S(t)\left[\sigma y \sqrt{\delta t} + \left(\mu + \frac{\sigma^2}{2}(y^2 - 1)\right)\delta t\right]. \qquad (2.1.3)$$

注 2.2 当 δt 充分小时, (2.1.3) 式中的 $(y^2 - 1)\delta t$ 可以忽略. 这就回到了几何 Brown 运动 (2.1.1) 式了.

2.1 离散情形下期权复制的一种方法

在实际期权对冲时,δt 取固定值,不能充分小. 所以,我们采用以下假设.

假设 2.1 在实际期权对冲时, 股价的增量 $\delta S(t)$ 满足 (2.1.3) 式.

考虑投资组合

$$\Pi(t) := -c(S, t, E, T) + \alpha_t S(t). \tag{2.1.4}$$

我们想找 "合适" 的 α. 此处, "合适" 的意思见下文.

在保持仓位不变的前提下,持有投资组合 (2.1.4) 到时间 $t+\delta t$, 有

$$\Pi(t+\delta t) = -c(S, t+\delta t, E, T) + \alpha_t S(t+\delta t).$$

利用 Itô 引理, 得

$$\begin{aligned}
\delta\Pi(t) :=& \Pi(t+\delta t) - \Pi(t) \\
=& -\delta c(S, t, E, T) + \alpha_t \delta S(t) \\
=& -\frac{\partial c}{\partial t}\delta t - \frac{\partial c}{\partial S}\delta S - \frac{1}{2}\frac{\partial^2 c}{\partial S^2}(\delta S)^2 + \alpha_t \delta S(t) \\
=& -\frac{\partial c}{\partial t}\delta t + \left(\alpha_t - \frac{\partial c}{\partial S}\right)\delta S - \frac{1}{2}\frac{\partial^2 c}{\partial S^2}(\delta S)^2.
\end{aligned} \tag{2.1.5}$$

将 (2.1.3) 式代入 (2.1.5) 式, 并且忽略 δt 的高阶小量, 得

$$\begin{aligned}
\delta\Pi(t) =& -\frac{\partial c}{\partial t}\delta t + \left(\alpha_t - \frac{\partial c}{\partial S}\right) S(t)\left[\sigma y\sqrt{\delta t} + \left(\mu + \frac{\sigma^2}{2}(y^2-1)\right)\delta t\right] \\
& -\frac{1}{2}\frac{\partial^2 c}{\partial S^2}\left[S(t)\left(\sigma y\sqrt{\delta t} + \left(\mu + \frac{\sigma^2}{2}(y^2-1)\right)\delta t\right)\right]^2 \\
=& \left(\alpha_t - \frac{\partial c}{\partial S}\right) S(t)\sigma y\sqrt{\delta t} + \left[-\frac{\partial c}{\partial t} + S(t)\left(\alpha_t - \frac{\partial c}{\partial S}\right)\right. \\
& \left.\times\left(\mu + \frac{\sigma^2}{2}(y^2-1)\right) - \frac{1}{2}\frac{\partial^2 c}{\partial S^2}S^2(t)\sigma^2 y^2\right]\delta t.
\end{aligned}$$

引理 2.1 假设 S 无股息派发. 在 BSM 框架下, 投资组合 (2.1.4) 每隔 δt 产生的误差为

$$\delta \Pi(t) = \left(\alpha_t - \frac{\partial c}{\partial S}\right) S(t)\sigma y \sqrt{\delta t} + \left[-\frac{\partial c}{\partial t} + S(t)\left(\alpha_t - \frac{\partial c}{\partial S}\right)\right.$$

$$\left. \times \left(\mu + \frac{\sigma^2}{2}(y^2 - 1)\right) - \frac{1}{2}\frac{\partial^2 c}{\partial S^2}S^2(t)\sigma^2 y^2\right]\delta t, \qquad (2.1.6)$$

其中 $y \sim \mathcal{N}(0,1)$ 对应于市场测度下的 Brown 运动.

由于 δt 是固定的, 它不能充分小, 所以在对冲 $\Pi(t) = -c(S,E,t,T) + \alpha_t S(t)$ 时, 我们试图找到 α_t, 使得以下条件满足:

(1) $\alpha_t = \dfrac{\partial c}{\partial S} + \beta_t \delta t$;

(2) 在风险中性测度下, 引理 2.1 中的 $\delta\Pi$ 满足 $\mathbb{V}\mathrm{ar}[\delta\Pi(t)|\mathcal{F}_t]$ 极小, 即

$$\frac{\partial \mathbb{V}\mathrm{ar}^Q[\delta\Pi(t)|\mathcal{F}_t]}{\partial \alpha_t} = 0;$$

(3) 在风险中性测度下,

$$\mathbb{E}^Q[\delta\Pi(t)|\mathcal{F}_t] = \left(r\delta t + \frac{1}{2}r^2\delta t^2 + \cdots\right)\Pi(t).$$

命题 2.1 在对冲时间间隔 δt 固定前提下, 我们可以选取

$$\alpha_t = \frac{\partial c}{\partial S} + \delta t\left(\mu - r + \frac{1}{2}\sigma^2\right)S\frac{\partial^2 c}{\partial S^2}, \qquad (2.1.7)$$

使得以上三个条件满足, 并且

$$\frac{\partial c}{\partial t} + \frac{\sigma^2}{2}S^2\frac{\partial^2 c}{\partial S^2} + rS\frac{\partial c}{\partial S} - rc + \frac{1}{2}\delta t(\mu-r)(r-\mu-\sigma^2)S^2\frac{\partial^2 c}{\partial S^2} = 0. \qquad (2.1.8)$$

参考文献 [Wil06] 的 764—774 页.

推论 2.1

$$\frac{\partial c}{\partial t} + \frac{1}{2}\left[\sigma\left(1 + \frac{\delta t}{2\sigma^2}(\mu-r)(r-\mu-\sigma^2)\right)\right]^2 S^2\frac{\partial^2 c}{\partial S^2} + rS\frac{\partial c}{\partial S} - rc = 0.$$

上式中的 δt^2 可以假设为远小于 δt. 具体含义在第 1.1 节中讲过: δt^2 可以假设为远小于 δt, 意思是, 无量纲量

$$\{r^2\delta t^2, \mu^2\delta t^2, \sigma^2\delta t\} \ll \{r\delta t, \mu\delta t, \sigma\sqrt{\delta t}\}.$$

注 2.3 由于 δt 是固定的, 它不能充分小. 我们无法保证 $\delta\Pi(t)$ 与 $(\mathrm{e}^{r\delta t}-1)\Pi(t)$ 相等. 此类现象有时称为不完美对冲 (imperfect hedging). 在这种情况下, 为衍生证券定价时, 通常假设市场是"公平"的, 即假设 $\mathrm{e}^{-rt}\Pi(t)$ 是一个鞅:

$$\mathbb{E}^Q[\mathrm{e}^{-r(t+\delta t)}\Pi(t+\delta t)|\mathcal{F}_t] = \mathrm{e}^{-rt}\Pi(t),$$

即

$$\mathbb{E}^Q[\delta\Pi(t)|\mathcal{F}_t] = (\mathrm{e}^{r\delta t}-1)\Pi(t). \tag{2.1.9}$$

上式正是推导 (2.1.8) 式的出发点.

参考文献 [Wil06] 的 764—774 页中陈述了命题 2.1 和推论 2.1, 但未给出其证明. 该书作者指出: 1994 年 *Journal of Risk* 期刊上关于该方法的结论存在错误. 在下一小节中, 我们利用免费计算软件 Maxima[①] 对命题 2.1 进行证明.

2.1.2 命题 2.1 的证明

易知

$$\begin{aligned}\delta\Pi(t) &= \left(\alpha_t - \frac{\partial c}{\partial S}\right)S(t)\sigma y\sqrt{\delta t} + \left[-\frac{\partial c}{\partial t} + S(t)\left(\alpha_t - \frac{\partial c}{\partial S}\right)\right.\\ &\quad \left.\times\left(\mu + \frac{\sigma^2}{2}(y^2-1)\right) - \frac{1}{2}\frac{\partial^2 c}{\partial S^2}S^2(t)\sigma^2 y^2\right]\delta t\\ &= y^2\delta t\frac{\sigma_t^2}{2}S(t)\left[\left(\alpha_t - \frac{\partial c}{\partial S}\right) - \frac{\partial^2 c}{\partial S^2}S(t)\right] + y\sqrt{\delta t}\sigma S(t)\\ &\quad \times\left(\alpha_t - \frac{\partial c}{\partial S}\right) + \delta t\left[S(t)\left(\alpha_t - \frac{\partial c}{\partial S}\right)\left(\mu - \frac{\sigma_t^2}{2}\right) - \frac{\partial c}{\partial t}\right],\end{aligned}$$

[①]http://maxima.sourceforge.net/.

其中, $y \sim \mathcal{N}(0,1)$ 是在市场测度下的. 由方差的定义知,

$$\mathrm{Var}^Q[\delta\Pi(t)|\mathcal{F}_t] = \mathbb{E}^Q[(\delta\Pi(t))^2|\mathcal{F}_t] - (\mathbb{E}^Q[\delta\Pi(t)|\mathcal{F}_t])^2.$$

我们用 $\mathbb{E}^Q$ 表示风险中性测度下的期望, 用 $\mathbb{E}^P$ 表示市场测度下的期望.

请回顾: 给定非随机函数 $f(x)$, $y \sim \mathcal{N}(0,1)$ (市场测度).

$$\mathbb{E}^P[\delta\Pi(t)|\mathcal{F}_t] = \frac{1}{\sqrt{2\pi}} \int_{-\infty}^{+\infty} \delta\Pi(t)f(y)\mathrm{e}^{-\frac{y^2}{2}}\mathrm{d}y.$$

则由 Radon-Nikodým 导数的性质进行测度变换 (见 [徐 25]), 得

$$\begin{aligned}
\mathbb{E}^Q[\delta\Pi(t)|\mathcal{F}_t] &= \mathbb{E}^P\left[\delta\Pi(t))\exp\left(-\frac{\mu-r}{\sigma}\sqrt{\delta t}y - \frac{(\mu-r)^2}{2\sigma^2}\delta t\right)\bigg|\mathcal{F}_t\right] \\
&= \frac{1}{\sqrt{2\pi}}\int_{-\infty}^{+\infty}\delta\Pi(t)\exp\left(-\frac{y^2}{2} - \frac{\mu-r}{\sigma}\sqrt{\delta t}y - \frac{(\mu-r)^2}{2\sigma^2}\delta t\right)\mathrm{d}y \\
&= \frac{1}{\sqrt{2\pi}}\int_{-\infty}^{+\infty}\delta\Pi(t)\exp\left(-\frac{1}{2}\left(y + \frac{\mu-r}{\sigma}\sqrt{\delta t}\right)^2\right)\mathrm{d}y.
\end{aligned}$$

类似地, 我们可以写出 $\mathbb{E}^Q[(\delta\Pi(t))^2|\mathcal{F}_t]$ 的表达式.

为表述简洁起见, 记

$$c_S := \frac{\partial c}{\partial S}, \quad c_{SS} := \frac{\partial^2 c}{\partial S^2}, \quad c_t := \frac{\partial c}{\partial t}.$$

在以下证明中, 我们使用了软件 Maxima 进行符号运算, 实际上, 此类符号运算软件有很多, 因此不必局限于某一特定软件.

虽然利用软件 "证明" 命题的过程看似烦琐, 但其所需的人力和时间的成本还是较低的.

我们要求: 所使用的软件本身必须正确无误, 同时我们输入的公式也不能有任何错误.

借助于 Maxima 软件, 可得

$$\begin{aligned}\mathbb{E}^Q[(\delta\Pi(t))|\mathcal{F}_t] = &-\frac{\delta t}{2}\big[S^2 c_{SS}\,\sigma^2 + (-2\,S\,c_S + 2\,S\,\alpha)\,r \\ &+ (4\,S\,c_S - 4\,S\,\alpha)\,\mu + 2\,c_t\big] \\ &-\frac{\delta t^2}{2}\big[\,(S^2 c_{SS} + S\,c_S - S\,\alpha)\,r^2 \\ &+ (-2\,S^2 c_{SS} - 2\,S\,c_S + 2\,S\,\alpha)\,\mu\,r \\ &+ (S^2 c_{SS} + S\,c_S - S\,\alpha)\,\mu^2\,\big].\end{aligned}$$

而 $\{\mathbb{E}^Q[(\delta\Pi(t))|\mathcal{F}_t]\}^2$ 和 $\mathbb{E}^Q[(\delta\Pi(t))^2|\mathcal{F}_t]$ 的表达式过于冗长, 见附录第 2 节. 在等式

$$\frac{\partial}{\partial \alpha}\big[\mathbb{E}^Q[(\delta\Pi(t))^2|\mathcal{F}_t] - [\mathbb{E}^Q[(\delta\Pi(t))|\mathcal{F}_t]]^2\,\big] = 0$$

中忽略 $o(\delta t^2)$, Maxima 软件给出

$$\begin{aligned}\big[\,(-S^3 c_{SS} - S^2 c_S + S^2 \alpha)\,\sigma^4 + \big[\,(2\,S^3 c_{SS} + 4\,S^2 c_S - 4\,S^2 \alpha)\,r \\ + (-2\,S^3 css - 4\,S^2 c_S + 4\,S^2 \alpha)\,\mu\big]\,\sigma^2\big]\,\delta t^2 + (-2\,S^2 c_S + 2\,S^2 \alpha)\,\sigma^2\,\delta t = 0.\end{aligned}$$

用 Maxima 软件整理上式, 得

$$\begin{aligned}-2\,(\alpha - c_S) = \delta t\,\big[\,[-(\alpha - c_S) - S\,c_{SS}]\,\sigma^2 \\ + [2\,S\,c_{SS} - 4\,(\alpha - c_S)]\,r + [4\,(\alpha - c_S) - 2\,S\,c_{SS}]\,\mu\,\big].\end{aligned}$$

上式表示 $\alpha - c_S$ 含有 δt 因子. 将 α 写成

$$\alpha = c_S + \beta \delta t,$$

代入上式, 忽略 $o(\delta t^2)$ 项, 再用 Maxima 软件解得

$$\beta = \left(\mu - r + \frac{1}{2}\sigma^2\right) S c_{SS}.$$

于是我们得到 (2.1.7) 式:

$$\alpha_t = \frac{\partial c}{\partial S} + \delta t \left(\mu - r + \frac{1}{2}\sigma^2\right) S \frac{\partial^2 c}{\partial S^2}.$$

现在推导命题 2.1 中的 (2.1.8) 式. 将 (2.1.9) 式写成近似表达式

$$\mathbb{E}^Q[\delta\Pi(t)|\mathcal{F}_t] = \left(r\delta t + \frac{1}{2}r^2\delta t^2\right)\Pi(t),$$

其中等式左边我们已经用 Maxima 软件在前面算出. 于是

$$-\frac{\delta t}{2}\left[S^2 c_{SS}\sigma^2 + (-2Sc_S + 2S\alpha)r + (4Sc_S - 4S\alpha)\mu + 2c_t\right]$$
$$-\frac{\delta t^2}{2}\left[\left(S^2 c_{SS} + Sc_S - S\alpha\right)r^2 + \left(-2S^2 c_{SS} - 2Sc_S + 2S\alpha\right)\mu r\right.$$
$$\left.+ \left(S^2 c_{SS} + Sc_S - S\alpha\right)\mu^2\right]$$
$$= \left(r\delta t + \frac{1}{2}r^2\delta t^2\right)\Pi(t)$$
$$= \left(r\delta t + \frac{1}{2}r^2\delta t^2\right)(-c + \alpha S).$$

再用 Maxima 软件, 令上式中的 δt 的系数相等, 得

$$\frac{1}{2}S^2\sigma^2 c_{SS} - (Sc_S + c - 2S\alpha)r + 2S\mu(c_S - \alpha) + c_t = 0,$$

即

$$c_t + \frac{1}{2}S^2\sigma^2 c_{SS} + rSc_S - rc + 2(\mu - r)Sc_S + 2S\alpha(r - \mu) = 0,$$

或

$$c_t + \frac{1}{2}S^2\sigma^2 c_{SS} + rSc_S - rc + 2(\mu - r)S(c_S - \alpha) = 0.$$

将 (2.1.7) 式中的

$$\alpha = c_S + \delta t\left(\mu - r + \frac{1}{2}\sigma^2\right)Sc_{SS}$$

代入得证.

3 累计对冲误差估算: Peter Carr 方法

以下采取 Peter Carr 的思路 [Car07].

假设 S 连续股息派发, 其股息派发率为非负常数 q. 当前时刻 $t = 0$. 记 $v(S,t,T)$ 为 T 时到期的欧式衍生证券, 其到期价值为已知函数 $f(S_T)$, 并且记 $\widetilde{v}(S,t,T)$ 为 $v(S,t,T)$ 的市场价.

3.1 意图及现有工具

在 $t = 0$ 时, 机构卖出 1 份 $\widetilde{v}(S,0,T)$, 然后一直持有这个头寸到 T. 在 $t \in [0,T]$ 时, 机构要在市场上买入 α_t 股 $S(t)$, 利用投资组合

$$-\widetilde{v}(S,t,T) + \alpha_t S(t) \tag{3.1.1}$$

对冲 $\widetilde{v}(S,t,T)$ 在 $[t, t+\delta t]$ 上的 (部分) 随机性, 并计算对冲导致的误差.

我们现在有以下工具:

(1) Itô 引理.

(2) 给定任意正常数 σ, 在 BSM 框架下, BSM 方程

$$\begin{cases} \dfrac{\partial w(S,t,T,\sigma)}{\partial t} + \dfrac{\sigma^2}{2} S^2 \dfrac{\partial^2 w(S,t,T,\sigma)}{\partial S^2} \\ \quad + (r-q) S \dfrac{\partial w(S,t,T,\sigma)}{\partial S} - r w(S,t,T,\sigma) = 0, \\ w(S,T,T,\sigma) = f(S_T) \end{cases} \tag{3.1.2}$$

的解存在唯一.

(3) 广义几何 Brown 运动: 股价 S 服从广义几何 Brown 运动

$$\frac{\mathrm{d}S}{S} = (\mu_t - q)\mathrm{d}t + \sigma_t \mathrm{d}B_t,$$

其中 B 是 (标准) Brown 运动, μ_t 和 σ_t 是随机过程, 且 $\sigma_t > 0$.

3.2 计算部分

令 β_0 满足
$$-\widetilde{v}(S,0,T) + \alpha_0 S(0) - \beta_0 = 0,$$
其中 β_0 表示向银行贷款 (参见 [徐 25] 中的自融资章节). 构造投资组合 (3.1.1) 必须向银行贷出现金
$$\beta_0 = -\widetilde{v}(S,0,T) + \alpha_0 S(0). \tag{3.2.1}$$

注 3.1 以上所说, $-\beta_0$ 表示向银行存钱, β_0 表示向银行借钱, 并不意味着 $\beta_0 > 0$. 如果 $\beta_0 < 0$, 那么向银行存/贷方向相反.

取正常数 σ_h, 令
$$\alpha_0 = \frac{\partial w(S,0,T,\sigma_h)}{\partial S}, \tag{3.2.2}$$
其中 w 由方程 (3.1.2) 得到. 于是
$$\beta_0 = -\widetilde{v}(S,0,T) + \frac{\partial w(S,0,T,\sigma_h)}{\partial S} S(0).$$

3.3 β_t 的增量

请回顾: β_t 是在 t 时, 机构欠银行的 (累计) 现金总额. 现在计算从 t 到 $t+\delta t$ 时, β_t 的增量 $\delta\beta_t$. 在 t 时, 机构的投资组合价值为
$$-\widetilde{v}(S,t,T) + \frac{\partial w(S,t,T,\sigma_h)}{\partial S} S(t).$$
在 $t+\delta t^-$ 时, β_t 连本带利欠银行现金 $\beta_t \mathrm{e}^{r\delta t}$. 银行又得到了股息派发, 机构欠银行
$$-q\frac{\partial w(S,t,T,\sigma_h)}{\partial S} S(t+\delta t)\delta t.$$

3.3 β_t 的增量

在 $t+\delta t^+$ 时, 机构要构造新的投资组合

$$-\tilde{v}(S,t+\delta t,T) + \frac{\partial w(S,t+\delta t,T,\sigma_h)}{\partial S}S(t+\delta t).$$

两个时间段的持股金额之差 (欠银行金额) 为

$$\left(\frac{\partial w(S,t+\delta t,T,\sigma_h)}{\partial S} - \frac{\partial w(S,t,T,\sigma_h)}{\partial S}\right)S(t+\delta t). \tag{3.3.1}$$

令

$$\alpha_t := \frac{\partial w(S,t,T,\sigma_h)}{\partial S},$$

于是 (3.3.1) 式可表为 $\delta\alpha_t S(t+\delta t)$. 所以, β 在 $[t,t+\delta t]$ 的增量为

$$\delta\beta_t = \delta\alpha_t S(t+\delta t) + \underbrace{(e^{r\delta t}-1)}_{r\delta t}\beta_t - q\frac{\partial w(S,t,T,\sigma_h)}{\partial S}S(t+\delta t)\delta t.$$

因此

$$\begin{aligned}
\delta\beta_t &= (\delta\alpha_t)S(t+\delta t) + r\beta_t\delta t - q\alpha_t S(t+\delta t)\delta t \\
&= (\delta\alpha_t)(S(t)+\delta S) + r\beta_t\delta t - q\alpha_t(S(t)+\delta S)\delta t \\
&= (\delta\alpha_t)S(t) + \delta\alpha_t\delta S + r\beta_t\delta t - q\alpha_t S(t)\delta t - \underbrace{q\alpha_t\delta S\delta t}_{o(\delta t)(忽略)} \\
&= (\delta\alpha_t)S(t) + \delta\alpha_t\delta S + r\beta_t\delta t - q\alpha_t S(t)\delta t.
\end{aligned}$$

由 Itô 引理, 有

$$\delta\bigl(\alpha_t S(t)\bigr) = (\delta\alpha_t)S(t) + \alpha_t\delta S(t) + \delta\alpha_t\delta S(t).$$

在以上两式中消去 $(\delta\alpha_t)S(t) + \alpha_t\delta S(t)$, 得到

$$\delta\beta_t = \delta\bigl(\alpha_t S(t)\bigr) - \alpha_t\delta S(t) - q\alpha_t S(t)\delta t + r\beta_t\delta t. \tag{3.3.2}$$

利用 Itô 引理和 (3.1.2) 式得

$$\delta w(S,t,T,\sigma_h) = \frac{\partial w(S,t,T,\sigma_h)}{\partial t}\delta t + \frac{\partial w(S,t,T,\sigma_h)}{\partial S}\delta S_t$$

$$+\frac{1}{2}\frac{\partial^2 w(S,t,T,\sigma_h)}{\partial S^2}(\delta S)^2$$

$$= \frac{\partial w(S,t,T,\sigma_h)}{\partial t}\delta t + \frac{\partial w(S,t,T,\sigma_h)}{\partial S}\delta S_t$$

$$+\frac{\sigma_t^2 S_t^2}{2}\frac{\partial^2 w(S,t,T,\sigma_h)}{\partial S^2}\delta t.$$

再利用 BSM 方程中的 (3.1.2) 式, 消去上式中的 $\dfrac{\partial w(S,t,T,\sigma_h)}{\partial t}\delta t$, 整理得到

$$\delta w(S,t,T,\sigma_h) = (\sigma_t^2 - \sigma_h^2)\frac{S_t^2}{2}\frac{\partial^2 w(S,t,T,\sigma_h)}{\partial S^2}\delta t$$

$$+r\left(w(S,t,T,\sigma_h) - S_t\frac{\partial w(S,t,T,\sigma_h)}{\partial S}\right)\delta t$$

$$+q\underbrace{S_t\frac{\partial w(S,t,T,\sigma_h)}{\partial S}}_{\alpha_t}\delta t + \underbrace{\frac{\partial w(S,t,T,\sigma_h)}{\partial S}}_{\alpha_t}\delta S_t. \quad (3.3.3)$$

联立 (3.3.2) 式和 (3.3.3) 式消去 $\alpha_t \delta S(t) + q\alpha_t S(t)\delta t$, 整理得到 (写成微分形式)

$$\mathrm{d}\beta_t = \mathrm{d}\left(S_t\frac{\partial w(S,t,T,\sigma_h)}{\partial S}\right) - \mathrm{d}w(S,t,T,\sigma_h)$$

$$+r\left(w(S,t,T,\sigma_h) - S_t\frac{\partial w(S,t,T,\sigma_h)}{\partial S}\right)\mathrm{d}t$$

$$+r\beta_t\mathrm{d}t + (\sigma_t^2 - \sigma_h^2)\frac{S_t^2}{2}\frac{\partial^2 w(S,t,T,\sigma_h)}{\partial S^2}\mathrm{d}t.$$

令 $\beta_t = h(S,t)\mathrm{e}^{rt}$，代入上式消去其中的 $r\beta_t \mathrm{d}t$，得到

$$\mathrm{e}^{rt}\mathrm{d}h = \mathrm{d}\left(S_t\frac{\partial w(S,t,T,\sigma_h)}{\partial S}\right) - \mathrm{d}w(S,t,T,\sigma_h)$$

$$+ r\left(w(S,t,T,\sigma_h) - S_t\frac{\partial w(S,t,T,\sigma_h)}{\partial S}\right)\mathrm{d}t$$

$$+ (\sigma_t^2 - \sigma_h^2)\frac{S_t^2}{2}\frac{\partial^2 w(S,t,T,\sigma_h)}{\partial S^2}\mathrm{d}t.$$

于是

$$h(S,t) - \underbrace{h(S,0)}_{\beta_0} = \int_0^t \mathrm{e}^{-ru}\mathrm{d}\left(S_u\frac{\partial w(S,u,T,\sigma_h)}{\partial S}\right) - \int_0^t \mathrm{e}^{-ru}\mathrm{d}w(S,u,T,\sigma_h)$$

$$+ r\int_0^t \mathrm{e}^{-ru}\left(w(S,u,T,\sigma_h) - S_t\frac{\partial w(S,u,T,\sigma_h)}{\partial S}\right)\mathrm{d}u$$

$$+ \int_0^t \mathrm{e}^{-ru}(\sigma_u^2 - \sigma_h^2)\frac{S_u^2}{2}\frac{\partial^2 w(S,u,T,\sigma_h)}{\partial S^2}\mathrm{d}u. \quad (3.3.4)$$

对上式等号右边前两项分别做分部积分：

$$\int_0^t \mathrm{e}^{-ru}\mathrm{d}\left(S_u\frac{\partial w(S,u,T,\sigma_h)}{\partial S}\right) = \left(\mathrm{e}^{-ru}S_u\frac{\partial w(S,u,T,\sigma_h)}{\partial S}\right)\bigg|_{u=0}^{u=t}$$

$$+ r\int_0^t \mathrm{e}^{-ru}S_u\frac{\partial w(S,u,T,\sigma_h)}{\partial S}\mathrm{d}u$$

$$= \mathrm{e}^{-rt}S_t\frac{\partial w(S,t,T,\sigma_h)}{\partial S} - S_0\frac{\partial w(S,0,T,\sigma_h)}{\partial S}$$

$$+ r\int_0^t \mathrm{e}^{-ru}S_u\frac{\partial w(S,u,T,\sigma_h)}{\partial S}\mathrm{d}u,$$

$$\int_0^t \mathrm{e}^{-ru}\mathrm{d}w(S,u,T,\sigma_h) = \left(\mathrm{e}^{-ru}w(S,u,T,\sigma_h)\right)\bigg|_{u=0}^{u=t}$$

$$+ r\int_0^t \mathrm{e}^{-ru}w(S,u,T,\sigma_h)\mathrm{d}u$$

$$= \mathrm{e}^{-rt}w(S,t,T,\sigma_h) - w(S,0,T,\sigma_h)$$

$$+ r\int_0^t \mathrm{e}^{-ru}w(S,u,T,\sigma_h)\mathrm{d}u.$$

将以上两式代入 (3.3.4) 式, 整理得到

$$h(S,t) = \beta_0 + e^{-rt}S_t\frac{\partial w(S,t,T,\sigma_h)}{\partial S} - e^{-rt}w(S,t,T,\sigma_h)$$
$$- \left(S_0\frac{\partial w(S,0,T,\sigma_h)}{\partial S} - w(S,0,T,\sigma_h)\right)$$
$$+ \int_0^t e^{-ru}(\sigma_u^2 - \sigma_h^2)\frac{S_u^2}{2}\frac{\partial^2 w(S,u,T,\sigma_h)}{\partial S^2}du.$$

将 $h(S,t) = e^{-rt}\beta_t$ 代入上式得

$$\beta_t = \beta_0 e^{rt} + S_t\frac{\partial w(S,t,T,\sigma_h)}{\partial S} - w(S,t,T,\sigma_h)$$
$$- e^{rt}\left(S_0\frac{\partial w(S,0,T,\sigma_h)}{\partial S} - w(S,0,T,\sigma_h)\right)$$
$$+ \int_0^t e^{r(t-u)}(\sigma_u^2 - \sigma_h^2)\frac{S_u^2}{2}\frac{\partial^2 w(S,u,T,\sigma_h)}{\partial S^2}du. \quad (3.3.5)$$

于是

$$\beta_T = \beta_0 e^{rT} + S_T\underbrace{\frac{\partial w(S,T,T,\sigma_h)}{\partial S}}_{f'(S_T)} - \underbrace{w(S,T,T,\sigma_h)}_{f(S_T)}$$
$$- e^{rT}\left(S_0\frac{\partial w(S,0,T,\sigma_h)}{\partial S} - w(S,0,T,\sigma_h)\right)$$
$$+ \int_0^t e^{r(T-u)}(\sigma_u^2 - \sigma_h^2)\frac{S_u^2}{2}\frac{\partial^2 w(S,u,T,\sigma_h)}{\partial S^2}du$$
$$= S_T f'(S_T) - f(S_T) - e^{rT}\left(-\beta_0 + S_0\frac{\partial w(S,0,T,\sigma_h)}{\partial S} - w(S,0,T,\sigma_h)\right)$$
$$+ \int_0^t e^{r(T-u)}(\sigma_u^2 - \sigma_h^2)\frac{S_u^2}{2}\frac{\partial^2 w(S,u,T,\sigma_h)}{\partial S^2}du.$$

再由 (3.2.1) 式和 (3.2.2) 式, 知

$$-\beta_0 + S_0\frac{\partial w(S,0,T,\sigma_h)}{\partial S} = \widetilde{v}(S,0,T).$$

于是

$$\beta_T = e^{rT}\left(\widetilde{v}(S,0,T) - w(S,0,T,\sigma_h)\right) + S_T f'(S_T) - f(S_T)$$
$$+ \int_0^t e^{r(T-u)}(\sigma_u^2 - \sigma_h^2)\frac{S_u^2}{2}\frac{\partial^2 w(S,u,T,\sigma_h)}{\partial S^2}\mathrm{d}u. \qquad (3.3.6)$$

4 方差互换

4.1 期权复制遇到的问题

沿用上一节的符号,$v(S,t,T)$ 为 $c(S,t,E,T)$ 或 $p(S,t,E,T)$. 在 [徐 25] 中讲过,在 BSM 框架下给出的 $v(S,t,T)$ 的定价,如 c 和 p 并不是市场价. 这就是引入隐含波动率 $\tilde{\sigma}$ 的概念缘由. 为了方便陈述,以下假设 S 无股息派发. 如果我们任取一个正常数 σ 做动态对冲:

$$-v(S,t,T,\tilde{\sigma}) + \Delta_t(\sigma)S_t,$$

那么就会产生误差. 若 $v(S,t,T)=c(S,t,E,T,\sigma)$,则 $\Delta_t(\sigma)=N(d_1(\sigma))$. 现在我们要估计在整个复制过程中的 (累计) 误差.

4.1.1 广义几何 Brown 运动

将几何 Brown 运动假设推广如下:

$$\frac{\mathrm{d}S_t}{S_t} = \mu_t \mathrm{d}t + \sigma_t \mathrm{d}B_t, \tag{4.1.1}$$

其中 μ_t 和 σ_t 是随机过程,且 $\sigma_t > 0$. a.s.. 由 Itô 引理,知

$$\begin{aligned}
\mathrm{d}(\mathrm{e}^{-rt}v) &= -r\mathrm{e}^{-rt}v\mathrm{d}t + \mathrm{e}^{-rt}\mathrm{d}v \\
&= -r\mathrm{e}^{-rt}v\mathrm{d}t + \mathrm{e}^{-rt}\left(\frac{\partial v}{\partial t}\mathrm{d}t + \frac{\partial v}{\partial S}\mathrm{d}S + \frac{1}{2}\frac{\partial^2 v}{\partial S^2}(\mathrm{d}S)^2\right) \\
&= \mathrm{e}^{-rt}\left(\frac{\partial v}{\partial t} + \frac{\sigma_t^2}{2}S^2\frac{\partial^2 v}{\partial S^2} - rv\right)\mathrm{d}t + \mathrm{e}^{-rt}\frac{\partial v}{\partial S}\mathrm{d}S,
\end{aligned} \tag{4.1.2}$$

其中 $\mathrm{d}S$ 由 (4.1.1) 式给出,而 $v=v(S,t,T,\sigma)$ 满足 BSM 方程

$$\frac{\partial v}{\partial t} + \frac{\sigma^2}{2}S^2\frac{\partial^2 v}{\partial S^2} + rS\frac{\partial v}{\partial S} - rv = 0.$$

将上式结合 (4.1.2) 式, 得

$$\mathrm{d}(\mathrm{e}^{-rt}v) = \mathrm{e}^{-rt}\left(\frac{\sigma_t^2 - \sigma^2}{2}S^2\frac{\partial^2 v}{\partial S^2}\right)\mathrm{d}t + \mathrm{e}^{-rt}\frac{\partial v}{\partial S}\mathrm{d}S - \mathrm{e}^{-rt}rS\frac{\partial v}{\partial S}.$$

对上式取 Itô 积分, 有

$$v(S,T,T) - \mathrm{e}^{r(T-t)}v(S,t,T,\sigma) = \int_t^T \mathrm{e}^{r(T-u)}\left(\frac{\sigma_u^2 - \sigma^2}{2}S^2\frac{\partial^2 v}{\partial S^2}\right)\mathrm{d}u$$
$$+ \int_t^T \mathrm{e}^{r(T-u)}\frac{\partial v}{\partial S}(\mathrm{d}S_u - rS_u\mathrm{d}u).$$

(4.1.3)

4.1.2 累计对冲误差进一步讨论

在 t 时, 我们做以下操作:

(1) 在市场上卖空 1 份 $v(S,t,T,\widetilde{\sigma}_t)$, 并将现金 $v(S,t,T,\widetilde{\sigma}_t)$ 存入银行;

(2) 向银行贷款 $\dfrac{\partial v}{\partial S}S_t$;

(3) 立即买入 $\dfrac{\partial v}{\partial S}$ 股 S_t.

此时这个投资组合的价值为

$$\Pi(t) := -v(S,t,T,\widetilde{\sigma}_t) + \frac{\partial v}{\partial S}S_t - \frac{\partial v}{\partial S}S_t = -v(S,t,T,\widetilde{\sigma}_t).$$

在 $t+\mathrm{d}t$ 时,

$$\Pi(t+\mathrm{d}t) = -v(S,t+\mathrm{d}t,T,\widetilde{\sigma}_{t+\mathrm{d}t}) + \frac{\partial v}{\partial S}S_{t+\mathrm{d}t} - \frac{\partial v}{\partial S}S_t(1+r\mathrm{d}t).$$

平仓上式右边最后两项, 并将得到的现金存入银行, 再将 t 换成 $t+\mathrm{d}t$ 建立操作 (2) 和 (3) 的头寸. 以此类推直到 T.

在 T 时, 我们得到的累计 P&L 为

$$\mathrm{P\&L}_T := -v(S,T,T) + \mathrm{e}^{r(T-t)}v(S,t,T,\widetilde{\sigma}_t)$$
$$+ \int_t^T \mathrm{e}^{r(T-u)}\frac{\partial v}{\partial S}\left(-rS_u\mathrm{d}u + \mathrm{d}S_u\right).$$

结合 (4.1.3) 式得

$$\begin{aligned} \text{P\&L}_T = {}& \mathrm{e}^{r(T-t)} \big(v(S,t,T,\widetilde{\sigma}_t) - v(S,t,T,\sigma) \big) \\ & + \int_t^T \mathrm{e}^{r(T-u)} \frac{S^2}{2} \frac{\partial^2 v}{\partial S^2} (\sigma^2 - \sigma_u^2) \mathrm{d}u. \end{aligned} \quad (4.1.4)$$

上式成立的关键是因为

$$v(S,T,T,\widetilde{\sigma}_T) = v(S,T,T) = v(S,T,T,\sigma).$$

通常 $\widetilde{\sigma}_t$ 和 σ 很靠近, 所以

$$\begin{aligned} \widetilde{\sigma}_t^2 - \sigma^2 ={}& (\widetilde{\sigma}_t - \sigma)(\widetilde{\sigma}_t + \sigma) \\ ={}& (\widetilde{\sigma}_t - \sigma)(\widetilde{\sigma}_t - \sigma + 2\sigma) \\ ={}& (\widetilde{\sigma}_t - \sigma)^2 + 2\sigma(\widetilde{\sigma}_t - \sigma) \\ \approx{}& 2\sigma(\widetilde{\sigma}_t - \sigma). \end{aligned} \quad (4.1.5)$$

而

$$\begin{aligned} v(S,t,T,\widetilde{\sigma}_t) - v(S,t,T,\sigma) ={}& \frac{\partial v}{\partial \sigma}(S,t,T,\sigma)(\widetilde{\sigma}_t - \sigma) \\ ={}& \mathrm{e}^{-r(T-t)} N(d_1(\sigma)) \sqrt{T-t}(\widetilde{\sigma}_t - \sigma). \end{aligned} \quad (4.1.6)$$

引理 4.1 $\dfrac{\partial v}{\partial \sigma}(S,t,T,\sigma) = S^2 \sigma (T-t) \dfrac{\partial^2 v}{\partial S^2}(S,t,T,\sigma)$, 即

$$\mathrm{vega}_t(\sigma) = S^2 \sigma (T-t) \Gamma_t(\sigma).$$

作业 4.1 证明引理 4.1.

结合 (4.1.5) 式、(4.1.6) 式和引理 4.1, (4.1.4) 式可表示为

$$\begin{aligned} \text{P\&L}_T = {}& (\widetilde{\sigma}_t^2 - \sigma^2) \mathrm{e}^{r(T-t)} (T-t) \frac{S_t^2}{2} \Gamma_t(\sigma) \\ & + \int_t^T \mathrm{e}^{r(T-u)} (\sigma^2 - \sigma_u^2) \frac{S_u^2}{2} \Gamma_u(\sigma) \mathrm{d}u. \end{aligned} \quad (4.1.7)$$

定义 4.1 称

$$\sigma_R^2 := \frac{1}{T-t}\int_t^T \sigma_u^2 \mathrm{d}u \qquad (4.1.8)$$

为 S 的**已实现方差** (realized variance); 称 σ_R 为 S 的**已实现波动率** (realized volatility).

于是公式 (4.1.7) 可以进一步写为

$$\begin{aligned}
\mathrm{P\&L}_T =\ & \underbrace{(\widetilde{\sigma}_t^2 - \sigma_R^2)\mathrm{e}^{r(T-t)}(T-t)\frac{S_t^2}{2}\Gamma_t(\sigma)}_{=:X} \\
& + \underbrace{(\sigma_R^2 - \sigma^2)(T-t)\left(\mathrm{e}^{r(T-t)}\frac{S_t}{2}\Gamma_t(\sigma) - \frac{1}{T-t}\int_t^T \mathrm{e}^{r(T-u)}\frac{S_u^2}{2}\Gamma_u(\sigma)\mathrm{d}u\right)}_{=:Y} \\
& + \underbrace{\int_t^T (\sigma_R^2 - \widetilde{\sigma}_u^2)\mathrm{e}^{r(T-u)}\frac{S_u^2}{2}\Gamma_u(\sigma)\mathrm{d}u}_{=:Z}. \qquad (4.1.9)
\end{aligned}$$

对上式中的 X,Y,Z 可分别创建衍生证券, 通过其买卖可以补偿 $\mathrm{P\&L}_T$. 这样, 我们就能利用常数 σ 复制 $v(S,t,T,\widetilde{\sigma})$ 了. 我们重点讨论 X 产生的衍生证券.

在当前时刻 t, (4.1.9) 式给出的 X 为

$$\begin{aligned}
& \mathrm{e}^{-r(T-t)}\mathbb{E}_t^Q\left[(\widetilde{\sigma}_t^2 - \sigma_R^2)\mathrm{e}^{r(T-t)}(T-t)\frac{S_t^2}{2}\Gamma_t(\sigma)\right] \\
& = (\widetilde{\sigma}_t^2 - \mathbb{E}_t^Q[\sigma_R^2])(T-t)\frac{S_t^2}{2}\Gamma_t(\sigma).
\end{aligned}$$

所以, 关键是要求出并复制 $\mathbb{E}_t^Q[\sigma_R^2]$.

4.2 方差互换的一个例子

假设 S 无股息派发. 股价 S 服从几何 Brown 运动:

$$\frac{\mathrm{d}S}{S} = \mu \mathrm{d}t + \sigma \mathrm{d}B. \qquad (4.2.1)$$

假设当前时刻 $t = 0$. 给定 $T > 0$, 将区间 $[0,T]$ 做 N 等分 (N 充分大):

$$0 = t_0 < t_1 < \cdots < t_i < \cdots < t_N = T, \quad t_i = \frac{iT}{N}, \quad i = 0, \cdots, N.$$

注 4.1 在上式中, N 为某一充分大的整数, 使得 $T = N\Delta t$, $\Delta t = t_{i+1} - t_i$. 在实际应用中, t_i 取收盘时刻. 将 T 的时间单位记为交易日, 取 $\Delta t = 1$. 所以此时在数值上, T 和 N 相等. 以下将时间单位记为交易日. 此时, $T = N$ 且 $\forall i, t_i = i$.

在注 4.1 中, 我们取 $\Delta t = 1$(天) 并且认为 Δt 非常小, 具体含义见第 1.1.1 小节.

考虑收益率的平方

$$\left(\frac{S_{i+1} - S_i}{S_i}\right)^2. \tag{4.2.2}$$

在几何 Brown 运动 (4.2.1) 成立的前提下, 由公式

$$\left(\frac{\mathrm{d}S}{S}\right)^2 = \sigma^2 \mathrm{d}t$$

知 (4.2.2) 式等于 $\sigma^2(i+1-i) = \sigma^2$. 但是在 $t = 0$ 时, 没人可以保证未来所有区间 $[t_i, t_{i+1}]$ 上, 得到的方差 σ^2 为常数. 假设方差与时间 t 有关, 将 σ^2 看成 σ_t^2. 由 (4.2.2) 式知

$$\left(\frac{S_{i+1} - S_i}{S_i}\right)^2 = \sigma_i^2. \tag{4.2.3}$$

在 $t = T$ 时, 我们可以计算

$$\frac{1}{N}\sum_{i=0}^{N-1}\left(\frac{S_{i+1} - S_i}{S_i}\right)^2 = \frac{1}{N}\sum_{i=0}^{N-1}\sigma_i^2.$$

如果 (4.2.1) 式严格成立, 那么上式右边就等于 σ^2. 但是, 实证发现, 这是不对的.

现在考虑一张 (欧式) 合约:

(1) 合约由 A, B 双方在 $t = 0$ 时签订;

(2) 在区间 $(0, T)$ 内双方无现金流;

(3) 在 $t = T$ 时, A 方从 B 方获得现金

$$\frac{1}{N} \sum_{i=0}^{N-1} \left(\frac{S_{i+1} - S_i}{S_i} \right)^2 - E,$$

其中, E 为在 $t = 0$ 时给定常数.

问: 在 $t = 0$ 时, A 要付给 B 多少钱? 此类合约属于方差互换 (variance swap). 如果 E 使得在 $t = 0$ 时, A, B 双方无现金流, 那么此时的 E 记为 E_{var}, 对应远期合约的价格. 问题: 标的

$$\frac{1}{N} \sum_{i=0}^{N-1} \left(\frac{S_{i+1} - S_i}{S_i} \right)^2$$

如何买卖? 现在做些推导.

$$\begin{aligned}
\ln S_{i+1} - \ln S_i &= \ln \frac{S_{i+1}}{S_i} \\
&= \ln \left(1 + \frac{S_{i+1} - S_i}{S_i} \right) \\
&= \frac{S_{i+1} - S_i}{S_i} - \frac{1}{2} \left(\frac{S_{i+1} - S_i}{S_i} \right)^2.
\end{aligned}$$

再将上式对于 i 两边相加得

$$\ln S_N - \ln S_0 = \sum_{i=0}^{N-1} \frac{S_{i+1} - S_i}{S_i} - \frac{1}{2} \sum_{i=0}^{N-1} \left(\frac{S_{i+1} - S_i}{S_i} \right)^2,$$

即

$$\begin{aligned}
\sum_{i=0}^{N-1} \left(\frac{S_{i+1} - S_i}{S_i} \right)^2 &= 2 \ln \frac{S_0}{S_N} + 2 \sum_{i=0}^{N-1} \frac{S_{i+1} - S_i}{S_i} \\
&= 2 \ln \frac{S_0}{S_N} + 2 \int_0^T \frac{\mathrm{d}S}{S}.
\end{aligned}$$

假设存在唯一风险中性测度 Q, 使得

$$\frac{\mathrm{d}S}{S} = r\mathrm{d}t + \sigma_t \mathrm{d}B_t^Q.$$

上述公式的具体形式无需深入探讨. 于是

$$\begin{aligned}
\sum_{i=0}^{N-1}\left(\frac{S_{i+1}-S_i}{S_i}\right)^2 &= 2\ln\frac{S_0}{S_N} + 2\int_0^T \left(r\mathrm{d}t + \sigma_t \mathrm{d}B_t^Q\right) \\
&= 2\ln\frac{S_0}{S_N} + 2rT + 2\int_0^T \sigma_t \mathrm{d}B_t^Q \\
&= 2\ln\frac{S_0}{S_*} + 2\ln\frac{S_*}{S_T} + 2rT \\
&\quad + 2\int_0^T \sigma_t \mathrm{d}B_t^Q \quad (S_N = S_T),
\end{aligned} \tag{4.2.4}$$

其中 S_* 为任意正参数, 易证

$$\begin{aligned}
-\ln\frac{S_T}{S_*} &= -\frac{S_T - S_*}{S_*} + \int_0^{S_*} \frac{1}{E^2}\max(E-S_T,0)\mathrm{d}E \\
&\quad + \int_{S_*}^{+\infty} \frac{1}{E^2}\max(S_T-E,0)\mathrm{d}E.
\end{aligned} \tag{4.2.5}$$

在 $t=0$ 时, A 要付给 B 的现金为

$$\begin{aligned}
w_0 &:= \mathrm{e}^{-rT}\mathbb{E}^Q\left[\frac{1}{N}\sum_{i=0}^{N-1}\left(\frac{S_{i+1}-S_i}{S_i}\right)^2 - E\bigg|\mathcal{F}_0\right] \\
&= \mathrm{e}^{-rT}\mathbb{E}^Q\left[\frac{1}{N}\left(2\ln\frac{S_0}{S_*} + 2\ln\frac{S_*}{S_T} + 2rT + 2\int_0^T \sigma_t \mathrm{d}B_t^Q\right) - E\bigg|\mathcal{F}_0\right]
\end{aligned}$$

(利用 (4.2.4) 式).

在上式中,

$$\mathbb{E}^Q\left[2\int_0^T \sigma_t \mathrm{d}B_t^Q\bigg|\mathcal{F}_0\right] = 0.$$

于是

$$w_0 = \mathrm{e}^{-rT}\mathbb{E}^Q\left[\frac{1}{N}\left(2\ln\frac{S_0}{S_*} + 2\ln\frac{S_*}{S_T} + 2rT\right) - E\bigg|\mathcal{F}_0\right].$$

将 (4.2.5) 式代入上式, 整理得

$$w_0 = e^{-rT}\mathbb{E}^Q\left[\frac{1}{N}\sum_{i=0}^{N-1}\left(\frac{S_{i+1}-S_i}{S_i}\right)^2 - E\bigg|\mathcal{F}_0\right]$$

$$= e^{-rT}\mathbb{E}^Q\left[\frac{1}{T}\left(2\ln\frac{S_0}{S_*} - 2\frac{S_T-S_*}{S_*} + 2rT\right) - E\bigg|\mathcal{F}_0\right]$$

$$+ \int_0^{S_*}\frac{2e^{-rT}}{TE^2}\mathbb{E}^Q[\max(E-S_T,0)|\mathcal{F}_0]dE$$

$$+ \int_{S_*}^{+\infty}\frac{2e^{-rT}}{TE^2}\mathbb{E}^Q[\max(S_T-E,0)|\mathcal{F}_0]dE.$$

对一 T 时到期的欧式衍生证券 v_t, 假设 $e^{-rt}v_t$ 是一个鞅. 进一步化简上式:

$$w_0 = e^{-rT}\left(\frac{2}{T}\ln\frac{S_0}{S_*} - \frac{2}{T}\frac{e^{rT}S_0-S_*}{S_*} + 2r - E\right) + \int_0^{S_*}\frac{2p(S,0,E,T)}{TE^2}dE$$

$$+ \int_{S_*}^{+\infty}\frac{2c(S,0,E,T)}{TE^2}dE.$$

由于 S_* 为任意正参数, 取 S_* 为远期合约的价格 $F_0 = S_0e^{rT}$, 我们可以再将上式化简为:

$$w_0 = -e^{-rT}E + \int_0^{F_0}\frac{2p(S,0,E,T)}{TE^2}dE + \int_{F_0}^{+\infty}\frac{2c(S,0,E,T)}{TE^2}dE.$$

令 $w_0 = 0$, 我们得到 $t = 0$ 时的远期合约的价格:

$$E_{\text{var}} = \frac{2e^{rT}}{T}\left(\int_0^{F_0}\frac{p(S,0,E,T)}{E^2}dE + \int_{F_0}^{+\infty}\frac{c(S,0,E,T)}{E^2}dE\right). \quad (4.2.6)$$

作业 4.2 假设 S 连续股息派发, 其股息派发率为非负常数 q, 那么公式 (4.2.6) 是否成立?

4.3　方差互换远期合约价格的进一步讨论

假设 S 连续股息派发,其股息派发率为非负常数 q. 记 $v(S,t,T)$ 为一欧式衍生证券,其到期价值为

$$v(S,T,T) = \ln\frac{a}{S_T} + \frac{S_T}{a} - 1, \qquad (4.3.1)$$

其中 a 为正常数.

注 4.2　以上到期价值为 log 的线性函数的合约,通常称为 log 契约 (contract).

利用以下等式 (证明留给读者):

$$\ln\frac{a}{S_T} = -\frac{S_T-a}{a} + \int_0^a \frac{1}{E^2}\max(E-S_T,0)\mathrm{d}E$$
$$+ \int_a^{+\infty} \frac{1}{E^2}\max(S_T-E,0)\mathrm{d}E,$$

可以得到

$$\begin{aligned}v(S,t,T) &= \mathrm{e}^{-r(T-t)}\mathbb{E}^Q[v(S,T,T)|\mathcal{F}_t] \\ &= \mathrm{e}^{-r(T-t)}\mathbb{E}^Q\left[\ln\frac{a}{S_T} + \frac{S_T}{a} - 1 \bigg| \mathcal{F}_t\right] \\ &= \int_0^a \frac{p(S,t,E,T)}{E^2}\mathrm{d}E + \int_a^{+\infty} \frac{c(S,t,E,T)}{E^2}\mathrm{d}E.\end{aligned}$$

对于期货合约 $F(S,t,T) = S(t)\mathrm{e}^{(r-q)(T-t)}$, 记 $v_F(F,t,T)$ 为 $v(S,t,T)$ 对应的欧式衍生证券,其到期价值也是 $v(S,T,T)$ (见 (4.3.1) 式). 由无套利假定知 $v_F(F,t,T) = v(S,t,T)$, 所以

$$v_F(F,t,T) = \int_0^a \frac{p_F(F,t,E,T)}{E^2}\mathrm{d}E + \int_a^{+\infty} \frac{c_F(F,t,E,T)}{E^2}\mathrm{d}E. \quad (4.3.2)$$

在 BSM 框架下, $v(S,t,T)$ 满足 BSM 方程

$$\frac{\partial v}{\partial t} + \frac{\sigma^2}{2}S^2\frac{\partial^2 v}{\partial S^2} + (r-q)S\frac{\partial v}{\partial S} - rv = 0, \qquad (4.3.3)$$

解得

$$v(S,t,T) = e^{-r(T-t)}\left[-\left(r-q-\frac{\sigma^2}{2}\right)(T-t) + \ln\frac{a}{S_t}\right]$$
$$+\frac{e^{-q(T-t)}S_t}{a} - e^{-r(T-t)}. \tag{4.3.4}$$

作业 4.3 证明 (4.3.4) 式.

将 $S(t) = e^{-(r-q)(T-t)}F(S,t,T)$ 代入 (4.3.4) 式, 我们得到对应于 $v(S,t,T)$, 标的为期货 $F(S,t,T)$ 的欧式衍生证券 $v_F(F,t,T)$ 的价格为

$$v_F(F,t,T) = e^{-r(T-t)}\left[\frac{\sigma^2}{2}(T-t) + \left(\ln\frac{a}{F_t} + \frac{F_t}{a} - 1\right)\right], \tag{4.3.5}$$

$$v_F(F,T,T) = \ln\frac{a}{F_T} + \frac{F_T}{a} - 1 = v(S,T,T). \tag{4.3.6}$$

注 4.3 公式 (4.3.4) 和 (4.3.5) 是由假设股价服从几何 Brown 运动得到的. 在实际市场中, 可以通过市场价 $\widetilde{v}(S,t,T)$ 反解出 (4.3.4) 式或 (4.3.5) 式中的 σ, 记为 $\widetilde{\sigma}(t,T,a)$. 它可看成一种隐含波动率. 这与期权的隐含波动率有区别, 事实上, 以期货 F 为标的, 结合 (4.3.2) 式和 (4.3.5) 式, 有

$$e^{-r(T-t)}\left[\frac{\sigma^2}{2}(T-t) + \left(\ln\frac{a}{F_t} + \frac{F_t}{a} - 1\right)\right]$$
$$= \int_0^a \frac{p_F(F,t,E,T)}{E^2}dE + \int_a^{+\infty} \frac{c_F(F,t,E,T)}{E^2}dE.$$

假设 c_F 和 p_F 分别取市场价 $\widetilde{c_F}$ 和 $\widetilde{p_F}$, 则对应的 σ 为 $\widetilde{\sigma}(t,T,a)$. 于是,

$$\frac{\widetilde{\sigma}^2(t,T,a)}{2}(T-t) = -\left(\ln\frac{a}{F_t} + \frac{F_t}{a} - 1\right)$$
$$+ e^{r(T-t)}\int_0^a \frac{\widetilde{p_F}(F,t,E,T)}{E^2}dE$$
$$+ e^{r(T-t)}\int_a^{+\infty} \frac{\widetilde{c_F}(F,t,E,T)}{E^2}dE$$

$$= -\left(\ln\frac{a}{F_t} + \frac{F_t}{a} - 1\right)$$
$$+ e^{r(T-t)} \int_0^a \frac{p_F(F,t,E,T,\widetilde{\sigma}(F,E,t,T))}{E^2} dE$$
$$+ e^{r(T-t)} \int_a^{+\infty} \frac{c_F(F,t,E,T,\widetilde{\sigma}(F,E,t,T))}{E^2} dE. \tag{4.3.7}$$

注意在上式中, $\widetilde{\sigma}^2(t,T,a)$ 和 $\widetilde{\sigma}(F,E,t,T)$ 的区别. 如果取 $a = F(S,t,T)$, 那么上式可简化为

$$\frac{\widetilde{\sigma}^2(t,T,F_t)}{2}(T-t) = e^{r(T-t)} \int_0^{F_t} \frac{p_F(F,t,E,T,\widetilde{\sigma}(F,E,t,T))}{E^2} dE$$
$$+ e^{r(T-t)} \int_{F_t}^{+\infty} \frac{c_F(F,t,E,T,\widetilde{\sigma}(F,E,t,T))}{E^2} dE,$$

即

$$\widetilde{\sigma}^2(t,T,F_t) = \frac{2e^{r(T-t)}}{T-t} \int_0^{F_t} \frac{p_F(F,t,E,T,\widetilde{\sigma}(F,E,t,T))}{E^2} dE$$
$$+ \frac{2e^{r(T-t)}}{T-t} \int_{F_t}^{+\infty} \frac{c_F(F,t,E,T,\widetilde{\sigma}(F,E,t,T))}{E^2} dE. \tag{4.3.8}$$

上式表明, $\widetilde{\sigma}^2(t,T,F_t)$ 与 $\widetilde{\sigma}(F,E,t,T)$ 是不同的. 具体来说, 上式等号左边 $\widetilde{\sigma}^2(t,T,F_t)$ 与敲定价 E 无关, 而等号右边的积分中, $\widetilde{\sigma}(F,E,t,T)$ 则与 E 有关.

请回顾: 在 BSM 框架下, 在 t 时, 方差互换远期合约的价格为

$$E_{\text{var}} = \frac{2e^{r(T-t)}}{T-t} \left(\int_0^{F_t} \frac{p_F(F,t,E,T,\sigma)}{E^2} dE + \int_{F_t}^{+\infty} \frac{c_F(F,t,E,T,\sigma)}{E^2} dE \right).$$

所以

$$E_{\text{var}} = \sigma^2,$$

而 E_{var} 的市场价

$$\widetilde{E}_{\text{var}} := \widetilde{\sigma}^2(t,T,F_t). \tag{4.3.9}$$

于是

$$\widetilde{E}_{\mathrm{var}} = \frac{2\mathrm{e}^{r(T-t)}}{T-t} \int_0^{F_t} \frac{p_F(F,t,E,T,\widetilde{\sigma}(F,E,t,T))}{E^2} \mathrm{d}E$$
$$+ \frac{2\mathrm{e}^{r(T-t)}}{T-t} \int_{F_t}^{+\infty} \frac{c_F(F,t,E,T,\widetilde{\sigma}(F,E,t,T))}{E^2} \mathrm{d}E. \quad (4.3.10)$$

如果 p 和 c 在市场上交易, 那么由 (4.3.8) 式就可得到 $\widetilde{E}_{\mathrm{var}}$.

4.4 方差互换合约的复制

假设在 t 时, 我们买入 1 份方差互换远期合约, 此时无现金流, 并且在 $T(>t)$ 时, 我们得到现金

$$\Pi(T) := -\widetilde{E}_{\mathrm{var}} + \frac{1}{T-t} \int_t^T \sigma_\tau^2 \mathrm{d}\tau. \quad (4.4.1)$$

在 T 时, 上式右边最后一项才已知. 但 $\widetilde{E}_{\mathrm{var}}$ 是早在 t 时确定的.

作为机构, 我们不想通过 (4.4.1) 式右边最后一项的大小而盈利, 而是想在市场中买卖股票或期货对冲 $\Pi(T)$ (需支付手续费). 由于方差互换的标的是波动率 σ_t, 我们无法直接在市场上买卖它, 所以我们必须想其他办法.

注 4.4 回忆远期合约的终结会付为

$$-\mathrm{For}(S,t,T) + S(T).$$

机构在卖出这份远期合约的同时向银行借现金 $\mathrm{e}^{-r(T-t)}\mathrm{For}(S,t,T)$, 再买入 $\mathrm{e}^{-q(T-t)}$ 股 $S(t)$. 这样, 无论 $S(T)$ 怎么变化, 我们可以对冲掉风险. 而试图对冲掉 (4.4.1) 式中 $\Pi(T)$ 的风险就没那么直接.

回忆公式 (4.3.5) 式和 (4.3.6) 式:

$$v_F(F,t,T) = \mathrm{e}^{-r(T-t)} \left[\frac{\sigma^2}{2}(T-t) + \left(\ln \frac{a}{F_t} + \frac{F_t}{a} - 1 \right) \right],$$
$$v_F(F,T,T) = \ln \frac{a}{F_T} + \frac{F_T}{a} - 1 = v(S,T,T).$$

在 t 时, v_F 和 v 的价值相等. 正如 $c_F = c$. 记 $v_F(F,t,T)$ 的市场价为

$$\widetilde{v_F}(F,t,T) := \mathrm{e}^{-r(T-t)}\left[\frac{\widetilde{\sigma}^2}{2}(T-t) + \left(\ln\frac{a}{F_t} + \frac{F_t}{a} - 1\right)\right].$$

先求 v_F 的 Δ:

$$\begin{aligned}\Delta_t &= \frac{\partial v_F}{\partial F}(F,t,T) \\ &= \mathrm{e}^{-r(T-t)}\left(\frac{1}{a} - \frac{1}{F_t}\right).\end{aligned}$$

在 t 时, 我们构造投资组合 $L(t)$: (1) 在市场上卖空 1 份 $\widetilde{v_F}(F,t,T)$; (2) 将得到的现金 $\widetilde{v_F}(F,t,T)$ 存入银行; (3) 再买入 Δ_t 份 $F(S,t,T)$. 此时这个投资组合的价值为 0, 即 $L(t) = 0$.

在 $t + \delta t$ 时, 这个投资组合的价值为

$$\begin{aligned}L(t+\delta t) =& -\widetilde{v_F}(F,t+\delta t,T) + \mathrm{e}^{r\delta t}\widetilde{v_F}(F,t,T) \\ &+ \Delta_t(F(S,t+\delta t,T) - F(S,t,T)) \\ =& -\widetilde{v_F}(F,t+\delta t,T) + \mathrm{e}^{r\delta t}\widetilde{v_F}(F,t,T) \\ &+ \mathrm{e}^{-r(T-t)}\left(\frac{1}{a} - \frac{1}{F_t}\right)(F(S,t+\delta t,T) - F(S,t,T)).\end{aligned}$$

将上式右边最后一项对应的现金存入银行. 此时 $L(t+\delta t)$ 可分为两部分:

$$L(t+\delta t) = L_1(t+\delta t) + L_2(t+\delta t),$$

其中

$$\begin{aligned}L_1(t+\delta t) &:= -\widetilde{v_F}(F,t+\delta t,T) + \mathrm{e}^{r\delta t}\widetilde{v_F}(F,t,T) \\ L_2(t+\delta t) &:= \underbrace{\mathrm{e}^{-r(T-t)}\left(\frac{1}{a} - \frac{1}{F_t}\right)(F(S,t+\delta t,T) - F(S,t,T))}_{\text{期货所得现金存入银行}}.\end{aligned}$$

然后再买入 $\Delta_{t+\delta t}$ 份 $F(S,t+\delta t,T)$.

在 $[t+\delta t, T)$ 内, 保持 $-\widetilde{v_F}$ 的仓位不变, 每隔 δt, 买入 Δ 份 F, 再在下一个 δt 时平仓 Δ 份 F, 将所得存入银行.

4.4 方差互换合约的复制

在 T 时,

$$L_1(T) = -\widetilde{v_F}(F,T,T) + e^{r(T-t)}\widetilde{v_F}(F,t,T)$$
$$= -\left(\ln\frac{a}{S_T} + \frac{S_T}{a} - 1\right) + e^{r(T-t)}\widetilde{v_F}(F,t,T) \quad \text{(由 (4.3.6) 式)}$$
$$= -\left(\ln\frac{a}{S_T} + \frac{S_T}{a} - 1\right) + \underbrace{\left[\frac{\widetilde{\sigma}^2(t,T)}{2}(T-t) + \left(\ln\frac{a}{F_t} + \frac{F_t}{a} - 1\right)\right]}_{\text{(由 (4.3.5) 式)}}.$$

通过期货买卖所得的在银行里的总现金 (包括利息) 为

$$M := e^{r(T-t-\delta t)}L_2(t+\delta t) + e^{r(T-t-2\delta t)}L_2(t+2\delta t) + \cdots + L_2(T)$$
$$= \sum_\tau \left(\frac{1}{a} - \frac{1}{F_\tau}\right)\delta F_\tau \quad \text{(忽略高阶小量)}$$
$$= \frac{1}{a}\sum_\tau \delta F_\tau - \sum_\tau \frac{\delta F_\tau}{F_\tau}$$
$$= \frac{1}{a}(S_T - F_t) - \sum_\tau \frac{\delta F_\tau}{F_\tau}.$$

由于起始资金 $L(t) = 0$, 所以 $L(T) = L_1(T) + M$ 就是以上操作的总盈亏. 易知

$$L_1(T) + M = -\left(\ln\frac{a}{S_T} + \frac{S_T}{a} - 1\right)$$
$$+ \left[\frac{\widetilde{\sigma}^2(t,T)}{2}(T-t) + \left(\ln\frac{a}{F_t} + \frac{F_t}{a} - 1\right)\right]$$
$$+ \frac{1}{a}(S_T - F_t) - \sum_\tau \frac{\delta F_\tau}{F_\tau}$$
$$= \frac{\widetilde{\sigma}^2(t,T,a)}{2}(T-t) + \ln\frac{S(T)}{F_t} - \sum_\tau \frac{\delta F_\tau}{F_\tau}$$
$$= \frac{\widetilde{\sigma}^2(t,T,a)}{2}(T-t) + \ln\frac{S(T)}{F_t} - \sum_\tau \left(\frac{F_{\tau+\tau}}{F_\tau} - 1\right).$$

记

$$z_\tau = \ln\frac{F_{\tau+\delta\tau}}{F_\tau},$$

于是

$$L_1(T) + M = \frac{\widetilde{\sigma}^2(t,T,a)}{2}(T-t) + \ln\frac{S(T)}{F_t} - \sum_\tau (e^{z_\tau} - 1)$$

$$= \frac{\widetilde{\sigma}^2(t,T,a)}{2}(T-t) + \ln\frac{S(T)}{F_t} - \sum_\tau \left(z_\tau + \frac{z_\tau^2}{2} + \frac{z_\tau^3}{6} + \cdots\right)$$

$$= \frac{\widetilde{\sigma}^2(t,T,a)}{2}(T-t) - \sum_\tau \frac{z_\tau^2}{2} - \sum_\tau \frac{z_\tau^3}{6} + \cdots$$

$$= \frac{\widetilde{\sigma}^2(t,T,a)}{2}(T-t) - \frac{1}{2}\int_t^T \sigma_\tau^2 \mathrm{d}\tau - \sum_\tau \frac{z_\tau^3}{6} \quad (\text{忽略高阶小量}).$$

最后,

$$\Pi(T) + \frac{2L}{T-t} = \Pi(T) + \frac{2(L_1(T)+M)}{T-t}$$

$$= \underbrace{-\widetilde{E}_{\text{var}} + \frac{1}{T-t}\int_t^T \sigma_\tau^2 \mathrm{d}\tau}_{\text{(由 (4.4.1) 式)}}$$

$$\quad + \frac{2}{T-t}\left[\frac{\widetilde{\sigma}^2(t,T,a)}{2}(T-t) - \frac{1}{2}\int_t^T \sigma_\tau^2 \mathrm{d}\tau - \sum_\tau \frac{z_\tau^3}{6}\right]$$

$$= -\widetilde{E}_{\text{var}} + \widetilde{\sigma}^2(t,T,a) - \frac{2}{T-t}\sum_\tau \frac{z_\tau^3}{6}$$

$$= -\frac{2}{T-t}\sum_\tau \frac{z_\tau^3}{6} \quad (\text{取 } a = F_t, \text{再由 (4.3.9) 式}).$$

因此, (4.4.1) 式中的误差 $\Pi(T)$ 可以通过买入 $2/(T-t)$ 份 L 对冲掉, 对冲误差为

$$-\frac{1}{T-t}\sum_\tau \frac{z_\tau^3}{6}.$$

作业 4.4 以上计算 L 是基于买卖 $F = \text{Fut}$ 进行的. 基于买卖 S 重新计算 L.

提示: 基于股票 S 为标的, 不妨假设 S 无股息派发. 对应的 Δ 为
$$\Delta_t := \frac{\partial v}{\partial S} = \frac{1}{a} - \mathrm{e}^{-r(T-t)}\frac{1}{S_t}.$$

在以上推导过程中出现的
$$\mathrm{e}^{-r(T-t)}\left(\frac{1}{a} - \frac{1}{F_t}\right)(F(S, t+\delta t, T) - F(S, t, T))$$

用
$$\Delta_t(S(t+\delta t) - \mathrm{e}^{r\delta t}S_t) = \left(\frac{1}{a} - \mathrm{e}^{-r(T-t)}\frac{1}{S_t}\right)(S(t+\delta t) - \mathrm{e}^{r\delta t}S_t)$$

替代, 其中伴随以下操作:

(1) 在 t 时, 向银行贷款 $\Delta_t S(t)$ 元现金, 立即买入 Δ_t 股 $S(t)$.

(2) 在 $t+\delta t$ 时, 平仓股票头寸, 并将所有现金存入银行至 T.

将 $\Delta_\tau(S(\tau+\delta\tau) - \mathrm{e}^{r\delta\tau}S_\tau)$ 分解成
$$\frac{1}{a}\big(S(\tau+\delta\tau) - \mathrm{e}^{r\delta\tau}S_\tau\big) - \mathrm{e}^{-r(T-\tau)}\frac{1}{S_\tau}\big(S(\tau+\delta\tau) - \mathrm{e}^{r\delta\tau}S_\tau\big).$$

这部分现金在 $\tau+\delta\tau$ 时存入银行直到 T, 所以在 T 时, 忽略 $o(\delta\tau)$ 后, 连本带息为
$$\mathrm{e}^{r(T-\tau)}\frac{1}{a}(\delta S_\tau - rS_\tau\delta\tau) - \frac{1}{S_\tau}(S(\tau+\delta\tau)\mathrm{e}^{-r\delta\tau} - S_\tau)$$
$$= \frac{1}{a}\delta(\mathrm{e}^{r(T-\tau)}S_\tau) - \left[\exp\left(\ln\frac{S_{\tau+\delta\tau}}{S_\tau} - r\delta\tau\right) - 1\right].$$

上面等号右边第一项累计后为
$$\frac{1}{a}\int_t^T \mathrm{d}(\mathrm{e}^{r(T-\tau)}S_\tau) = \frac{1}{a}(S_T - \mathrm{e}^{r(T-t)}S_t).$$

解答的剩余部分省略.

5 波动率互换简介

有关这部分的基本内容请参考 [Jai07].

波动率互换 (volatility swap) 合约与方差互换合约类似. 只是将到期价值改为
$$\sqrt{\frac{1}{N}\sum_{i=0}^{N-1}\left(\frac{S_{i+1}-S_i}{S_i}\right)^2} - E.$$

其远期合约的价格为
$$E_{\text{vol}} = \mathbb{E}_0^Q\left[\sqrt{\frac{1}{T}\int_0^T \sigma_u^2 \mathrm{d}u}\right].$$

由 Jensen 不等式, 有
$$E_{\text{vol}} = \mathbb{E}_0^Q\left[\sqrt{\frac{1}{T}\int_0^T \sigma_u^2 \mathrm{d}u}\right] \leqslant \sqrt{\mathbb{E}_0^Q\left[\frac{1}{T}\int_0^T \sigma_u^2 \mathrm{d}u\right]} = \sqrt{E_{\text{var}}}.$$

引理 5.1 设 $x_0 > 0$, x 充分靠近 x_0, 且 $x > 0$, 则
$$\sqrt{x} = \sqrt{x_0} + \frac{x-x_0}{2\sqrt{x_0}} - \frac{(x-x_0)^2}{8x_0^{\frac{3}{2}}} + f'''(a)\frac{(x-x_0)^3}{3!}, \quad \exists a \in (x_0, x).$$

证明 设 $x_0 > 0$, 且 x 充分靠近 x_0, 且 $x > 0$. 我们考虑函数 $f(x) = \sqrt{x}$, 其在 x_0 处的 Taylor 展开式为
$$f(x) = f(x_0) + f'(x_0)(x-x_0) + \frac{f''(x_0)}{2!}(x-x_0)^2 + \frac{f'''(a)}{3!}(x-x_0)^3,$$

其中 $a \in (x_0, x)$. 证明的剩余部分留给读者. □

令
$$x = \frac{1}{T}\int_0^T \sigma_u^2 \mathrm{d}u, \quad x_0 = \mathbb{E}_0^Q\left[\frac{1}{T}\int_0^T \sigma_u^2 \mathrm{d}u\right].$$

命题 5.1 $E_{\text{vol}} \approx \sqrt{E_{\text{var}}} - \dfrac{\mathbb{V}\text{ar}^Q \left(\dfrac{1}{T} \int_0^T \sigma_u^2 \mathrm{d}u \right)}{8 \left(\mathbb{E}_0^Q \left[\dfrac{1}{T} \int_0^T \sigma_u^2 \mathrm{d}u \right] \right)^{\frac{3}{2}}}.$

作业 5.1 证明命题 5.1.

5.1 BSM 框架下的一些结果

为了方便叙述, 以下假设 S 无股息派发, 讨论均在 BSM 框架下进行. 易知

$$E_{\text{var}} = \sigma^2, \quad E_{\text{vol}} = \sigma.$$

记

$$V_d(N) := \frac{\sum_{i=0}^{N-1} \left(\ln \dfrac{S_{i+1}}{S_i} \right)^2}{(N-1)\Delta t},$$

其中 $\Delta t = T/N$. 上式分母取 $N-1$ 而不取 N 是统计上的需求, 细节略. 记

$$E_{\text{var}}(N) = \mathbb{E}_0^Q \left[V_d(N) \right].$$

命题 5.2

$$\mathbb{E}_0^Q \left[V_d(N) \right] = E_{\text{var}} + \frac{\sigma^2 + \left(r - \dfrac{1}{2}\sigma^2 \right)^2 T}{N-1},$$

$$\mathbb{V}\text{ar}_0^Q \left[V_d(N) \right] = \frac{2\sigma^4 N}{(N-1)^2} + \frac{4\sigma^2 \left(r - \dfrac{1}{2}\sigma^2 \right)^2 T}{(N-1)^2}.$$

作业 5.2 证明命题 5.2.

引理 5.2 (Schurger2002) $\sqrt{x} = \dfrac{1}{2\sqrt{\pi}} \int_0^{+\infty} \dfrac{1 - \mathrm{e}^{-ux}}{u^{\frac{3}{2}}} \mathrm{d}u.$

证明 只需证明上式中的积分等于 $2\sqrt{x\pi}$. 设 $t = ux$, 则 $u = \dfrac{t}{x}$, $du = \dfrac{dt}{x}$. 积分变为

$$I := \int_0^\infty \frac{1 - e^{-t}}{\left(\dfrac{t}{x}\right)^{3/2}} \cdot \frac{dt}{x}.$$

化简后得到

$$I = \sqrt{x} \int_0^\infty \frac{1 - e^{-t}}{t^{3/2}} dt.$$

设 $v = \sqrt{t}$, 则 $t = v^2$, $dt = 2v\, dv$, 代入上式得到

$$I = \sqrt{x} \int_0^\infty \frac{1 - e^{-v^2}}{v^3} \cdot 2v\, dv.$$

化简后再利用分部积分得到

$$\begin{aligned}
I &= 2\sqrt{x} \int_0^\infty \frac{1 - e^{-v^2}}{v^2} dv \\
&= 2\sqrt{x} \left(-\frac{1 - e^{-v^2}}{v} \right)\bigg|_{v=0}^\infty + 2\sqrt{x} \int_0^\infty \frac{2v e^{-v^2}}{v} dv \\
&= 4\sqrt{x} \int_0^\infty e^{-v^2} dv \\
&= 2\sqrt{x\pi}.
\end{aligned}$$

$\square$

由 Fubini 定理得

$$\mathbb{E}[\sqrt{x}] = \frac{1}{2\sqrt{\pi}} \int_0^{+\infty} \frac{1 - \mathbb{E}(e^{-ux})}{u^{\frac{3}{2}}} du.$$

命题 5.3

$$\mathbb{E}\left[\sqrt{V_d(N)}\right] = \frac{1}{2\sqrt{\pi}} \int_0^{+\infty} \frac{1 - \mathbb{E}(e^{-u V_d(N)})}{u^{\frac{3}{2}}} du.$$

$$\mathbb{E}_0^Q\left[\exp\left(-\frac{u\sum_{i=0}^{N-1}\left(\ln\frac{S_{i+1}}{S_i}\right)^2}{(N-1)\Delta t}\right)\right] = \frac{\exp\left(\dfrac{-uT\left(r-\frac{1}{2}\sigma^2\right)^2}{N-1+2u\sigma^2}\right)}{\left(1+\dfrac{2u\sigma^2}{N-1}\right)^{\frac{N}{2}}}.$$

作业 5.3 证明命题 5.3.

5.2 市场波动率衡量指数 VIX

图 5.1 摘自芝加哥期权交易所 (Chicago Board of Options Exchange, CBOE) 网站, 介绍了市场波动率指数 (volatility index, VIX) 的计算公式.

VIX 指数计算中使用的公式为

$$\sigma^2 = \frac{2}{T}\sum_i \frac{\Delta K_i}{K_i^2}\mathrm{e}^{RT}Q(K_i) - \frac{1}{T}\left(\frac{F}{K_0}-1\right)^2,$$

其中:

符号	解释
σ	VIX 指数, VIX/100 ⇒ VIX = $\sigma \times 100$
T	到期时限
F	从指数期权价格得出的远期指数价格
K_0	低于远期指数价格 F 的第一个行权价
K_i	第 i 个虚值期权的行权价; 如果 $K_i > K_0$, 则为看涨期权, 如果 $K_i < K_0$, 则为看跌期权, 如果 $K_i = K_0$, 则为看涨和看跌期权
ΔK_i	行权价之间的间隔 —— 行权价两侧行权价差的一半: $\Delta K_i = \dfrac{K_{i+1}-K_{i-1}}{2}$
R	到期前的无风险利率
$Q(K_i)$	每个行权价 K_i 期权的买卖价差中点

图 5.1 VIX 指数的计算公式

命题 5.4 假设当前时刻 $t = 0$. 沿用图 5.1 中的符号. 图 5.1 中的公式 (1) 中的 σ^2 约等于

$$\frac{2e^{RT}}{T}\left(\int_0^F \frac{\mathrm{d}K}{K^2}\widetilde{p}(S,0,K,T) + \int_F^{+\infty}\frac{\mathrm{d}K}{K^2}\widetilde{c}(S,0,K,T)\right),$$

即与公式 (4.3.10) 一致.

证明 记 F 为当前远期合约价格,

$$K_0 := \max\{K \mid \text{交易所规定的敲定价} K \leqslant F\},$$

则 E_0 与当前远期合约价格 F 比较接近, 即, 可以将 $F - E_0$ 看成小量. 计算积分

$$\begin{aligned}
I &:= \frac{2e^{RT}}{T}\left(\int_0^F \frac{\mathrm{d}K}{K^2}\widetilde{p}(S,0,K,T) + \int_F^{+\infty}\frac{\mathrm{d}K}{K^2}\widetilde{c}(S,0,K,T)\right) \\
&= \frac{2e^{RT}}{T}\left(\int_0^F \frac{\mathrm{d}K}{K^2}\widetilde{p}(F,0,K,T) + \int_F^{+\infty}\frac{\mathrm{d}K}{K^2}\widetilde{c}(F,0,K,T)\right) \\
&= \frac{2e^{RT}}{T}\left(\int_0^{K_0} \frac{\mathrm{d}K}{K^2}\widetilde{p}(F,0,K,T) + \int_{K_0}^{F}\frac{\mathrm{d}K}{K^2}\widetilde{p}(F,0,K,T)\right) \\
&\quad + \frac{2e^{RT}}{T}\left(\int_F^{K_0} \frac{\mathrm{d}K}{K^2}\widetilde{c}(F,0,K,T) + \int_{K_0}^{+\infty}\frac{\mathrm{d}K}{K^2}\widetilde{c}(F,0,K,T)\right) \\
&= \frac{2e^{RT}}{T}\left(\int_0^{K_0} \frac{\mathrm{d}K}{K^2}\widetilde{p}(F,0,K,T) + \int_{K_0}^{\infty}\frac{\mathrm{d}K}{K^2}\widetilde{c}(F,0,K,T)\right) \\
&\quad + \frac{2e^{RT}}{T}\int_{K_0}^F \left(\widetilde{p}(F,0,K,T) - \widetilde{c}(F,0,K,T)\right)\frac{\mathrm{d}K}{K^2}.
\end{aligned}$$

由图 5.1 中 K_i 和 $Q(K_i)$ 的定义知:

$$\int_0^{K_0}\frac{\mathrm{d}K}{K^2}\widetilde{p}(F,0,K,T) + \int_{K_0}^{\infty}\frac{\mathrm{d}K}{K^2}\widetilde{c}(F,0,K,T) \approx \sum_i Q(K_i)\frac{\Delta K_i}{K_i^2}.$$

再利用平价公式

$$\widetilde{p}(F,0,K,T) - \widetilde{c}(F,0,K,T) = e^{-RT}(K-F),$$

得到

$$I = \frac{2e^{RT}}{T}\left(\int_0^F \frac{dK}{K^2}\widetilde{p}(S,0,K,T) + \int_F^{+\infty} \frac{dK}{K^2}\widetilde{c}(S,0,K,T)\right)$$

$$\approx \frac{2}{T}\sum_i \frac{\Delta K_i}{K_i^2}e^{RT}Q(K_i) + \frac{2}{T}\int_{K_0}^F (K-F)\frac{dK}{K^2}$$

$$= \frac{2}{T}\sum_i \frac{\Delta K_i}{K_i^2}e^{RT}Q(K_i) + \frac{2}{TK_0^2}\int_{K_0}^F (K-F)dK$$

(将 $F - K_0$ 看成小量)

$$= \frac{2}{T}\sum_i \frac{\Delta K_i}{K_i^2}e^{RT}Q(K_i) - \frac{(K_0-F)^2}{TK_0^2}$$

$$= \frac{2}{T}\sum_i \frac{\Delta K_i}{K_i^2}e^{RT}Q(K_i) - \frac{1}{T}\left(\frac{F}{K_0}-1\right)^2. \qquad \square$$

CBOE 公布的 VIX 指数公式: VIX $= \sigma \times 100$, 可表示为

$$\text{VIX} \approx 100\sqrt{\frac{2e^{RT}}{T}\left(\int_0^F \frac{dK}{K^2}\widetilde{p}(S,0,K,T) + \int_F^{+\infty} \frac{dK}{K^2}\widetilde{c}(S,0,K,T)\right)}.$$

或将上式改写成

$$\text{VIX} \approx \\ 100\sqrt{\frac{2e^{RT}}{T}\left(\int_0^F \frac{dK}{K^2}p(F,0,K,T,\widetilde{\sigma}(K/F,T)) + \int_F^{+\infty} \frac{dK}{K^2}c(F,0,K,T,\widetilde{\sigma}(K/F,T))\right)}, \tag{5.2.1}$$

其中, 隐含波动率 $\widetilde{\sigma}$ 对应的期权除了可能的平值期权 (at-the-money, ATM) 以外, 其他都是虚值期权 (out-of-the-money, OTM). 如果 F 在短期内大跌, 那么市场上资金为了避险或投机就会大量买入 (5.2.1) 式中的看跌期权 (OTM 相对便宜), 使其价格大幅上涨. 而 (5.2.1) 式中的看涨期权 $\widetilde{c}$ 将被抛出, 使其价格下跌. 由于 $\widetilde{c}$ 在 OTM 时较便宜, 下跌空间有限, 因而抛出 $\widetilde{c}$, 导致其价格下跌远小于买入看跌期权的涨幅, 所以, F 在短期内大跌会使 VIX 大涨.

类似地, 如果 F 在短期内大涨, 同样的逻辑也会导致 VIX 指数大幅上扬. 然而, 市场短期发生大幅下跌对投资者心理层面的影响与市场短期大涨有所不同: 在市场大跌后, 投资者可能会选择 "逃命" (即迅速平仓或卖出资产以规避风险), 这一行为对市场情绪产生负面影响. 所以在绝大部分情况下, VIX 大涨, 往往伴随着 F 或 S 大跌. 这就是 VIX 被称为恐慌指数的原因.

6 做多 Gamma

这部分内容是金融工程领域较为关注的重点. 假设股票 S 无股息派发. 章标题中的 Gamma 是某些投资组合关于股价 S 的二阶偏导数. 而这些投资组合没有特别规定.

例 6.1 假设当前时刻 $t = 0$, 以市场价构建以下投资组合:

$$\Pi(S, 0, x, y) = x\widetilde{c}(S, 0, E, T) + y\widetilde{p}(S, 0, E, T), \quad x > 0, y > 0, T > 0, \tag{6.0.1}$$

即持有 x 份欧式看涨期权和 y 份欧式看跌期权. 若将 (6.0.1) 式中的 x 和 y 都取 1, E 取 $S(0)$, 则得到的投资组合称为平值跨式期权 (at-the-money straddle). 易知,

$$\frac{\partial \Pi(S, 0, x, y)}{\partial S} = \frac{\partial}{\partial S}\widetilde{c}(S, 0, E, T) > 0, \\ \frac{\partial}{\partial S}\left(x\widetilde{c}(S, 0, E, T) + y\widetilde{p}(S, 0, E, T)\right). \tag{6.0.2}$$

令

$$\frac{\partial \Pi(S, 0, x, y)}{\partial S} = 0.$$

由 (6.0.2) 式得到

$$x\frac{\partial}{\partial S}\widetilde{c}(S, 0, E, T) + y\frac{\partial}{\partial S}\widetilde{p}(S, 0, E, T) = 0. \tag{6.0.3}$$

再利用看跌–看涨平价公式 (put-call parity), 有

$$\begin{aligned}0 &= x\frac{\partial}{\partial S}\widetilde{c}(S, 0, E, T) + y\frac{\partial}{\partial S}\left(\widetilde{c}(S, 0, E, T) + E\mathrm{e}^{-rT} - S(t)\right) \\ &= x\frac{\partial}{\partial S}\widetilde{c}(S, 0, E, T) + y\frac{\partial}{\partial S}\widetilde{c}(S, 0, E, T) - 1.\end{aligned}$$

于是

$$(x+y)\frac{\partial}{\partial S}\widetilde{c}(S,0,E,T) - 1 = 0. \tag{6.0.4}$$

作业 6.1 证明: 存在 $x, y > 0$, 使得 (6.0.4) 式有解.

因此, 当 (x, y) 满足 (6.0.4) 式时, 投资组合 $\Pi(S, 0, x, y)$ 实现 Δ 中性 (Δ neutral). 此时, 在充分小时间 $\delta t > 0$ 后, 得到收益

$$\begin{aligned}
\delta\Pi(S,0,x,y) :=& \Pi(S,\delta t,x,y) - \Pi(S,0,x,y) \\
=& x\delta\widetilde{c}(S,0,E,T) + y\delta\widetilde{p}(S,0,E,T) \\
=& x\left(\frac{\partial\widetilde{c}}{\partial t}\delta t + \frac{1}{2}\frac{\partial^2\widetilde{c}}{\partial S^2}(\delta S)^2 + \frac{\partial\widetilde{c}}{\partial S}\delta S\right) \\
& + y\left(\frac{\partial\widetilde{p}}{\partial t}\delta t + \frac{1}{2}\frac{\partial^2\widetilde{p}}{\partial S^2}(\delta S)^2 + \frac{\partial\widetilde{p}}{\partial S}\delta S\right) \quad (\widetilde{c} \text{ 和 } \widetilde{p} \text{ 的 } \Gamma \text{ 相等}) \\
=& \underbrace{\left(x\frac{\partial\widetilde{c}}{\partial S} + y\frac{\partial\widetilde{p}}{\partial S}\right)}_{=0}\delta S + \underbrace{(x+y)\frac{1}{2}\widetilde{\Gamma}(0)(\delta S)^2}_{>0} \\
& + \left(x\frac{\partial\widetilde{c}}{\partial t} + y\frac{\partial\widetilde{p}}{\partial t}\right)\delta t, \tag{6.0.5}
\end{aligned}$$

其中

$$\widetilde{\Gamma}(0) = \frac{\partial^2}{\partial S^2}\widetilde{c}(S,0,E,T) = \frac{\partial^2}{\partial S^2}\widetilde{p}(S,0,E,T) > 0 \quad (\text{凸函数}).$$

当 $(\delta S)^2$ 较大时, (6.0.5) 式中左边最后一项可以忽略. 此时 Π 的收益 $\delta\Pi(S,0,x,y) > 0$. 平仓 $\Pi(S,\delta t,x,y)$ 后, 构造新的投资组合:

$$\Pi'(S,\delta t,x',y') := x'\widetilde{c}(S,\delta t,E',T) + y'\widetilde{p}(S,\delta t,E',T), \quad x', y' > 0,$$

使得

$$x'\frac{\partial}{\partial S}\widetilde{c}(S,\delta t,E',T) + y'\frac{\partial}{\partial S}\widetilde{p}(S,\delta t,E',T) = 0.$$

再仿照 (6.0.1) 式之后的推导, 可以实现 $\Pi'(S,\delta t,x',y') \to \Pi'(S,2\delta t, x',y')$ 正收益, 以此类推. (6.0.5) 式左边最后一项累计效果见下例讨论.

以上推导的核心是 $\widetilde{\Gamma} > 0$. 这个操作过程称为做多 Gamma (long gamma).

例 6.2 假设股票 S 无股息派发. 我们以欧式看涨期权 $c(S, t, E, T)$ 为例. 考虑投资组合:

$$\Pi(S, t, \widetilde{\Delta}) = \widetilde{c}(S, t, E, T) - \widetilde{\Delta}(t) \cdot S(t), \qquad (6.0.6)$$

其中 $\widetilde{\Delta}(t)$ 为 S 的头寸. 要求 $\Pi(S, t, \widetilde{\Delta})$ 为 Δ 中性, 即

$$\frac{\partial \Pi(S, t, \widetilde{\Delta})}{\partial S} = 0.$$

于是由 (6.0.6) 式,

$$\widetilde{\Delta} = \frac{\partial \widetilde{c}}{\partial S} \ (> 0). \qquad (6.0.7)$$

在区间 $[t, t + \delta t)$ 内保持头寸 $\widetilde{\Delta}(t)$ 不变. 在 $t + \delta t^-$ 时,

$$\Pi(S, t + \delta t^-, \widetilde{\Delta}) = \widetilde{c}(S, t + \delta t^-, E, T) - \widetilde{\Delta}(t) \cdot S(t + \delta t^-).$$

在 $t + \delta t$ 时, 我们将头寸 $\widetilde{\Delta}(t)$ 更改为 $\widetilde{\Delta}(t + \delta t)$. 以上 $t + \delta t^-$ 是调整 S 头寸前的一瞬间. 这样,

$$\Pi(S, t, \widetilde{\Delta}) = \widetilde{c}(S, t + \delta t, E, T) - \widetilde{\Delta}(t + \delta t) \cdot S(t + \delta t). \qquad (6.0.8)$$

记

$$\widetilde{\Gamma}(t) := \frac{\partial^2}{\partial S^2} \widetilde{c}(S, t, E, T) \ (> 0),$$

则

$$\begin{aligned}
\Pi(S, t + \delta t, \widetilde{\Delta}) - \Pi(S, t, \widetilde{\Delta}) &= \delta \widetilde{c}(S, t, E, T) - \widetilde{\Delta}(t) \delta S(t) \\
&= \frac{\partial}{\partial t} \widetilde{c}(S, t, E, T) \delta t + \frac{1}{2} \frac{\partial^2}{\partial S^2} \widetilde{c}(S, t, E, T)(\delta S)^2 \\
&\quad + \frac{\partial}{\partial S} \widetilde{c}(S, t, E, T) \delta S - \widetilde{\Delta} \delta S \\
&= \frac{\partial}{\partial t} \widetilde{c}(S, t, E, T) \delta t + \frac{1}{2} \widetilde{\Gamma}(t) (\delta S)^2 \\
&\quad (\text{利用 } (6.0.7) \text{ 式}). \qquad (6.0.9)
\end{aligned}$$

当 δS 波动率 σ 较大时, 忽略 (6.0.9) 式右边的第一项, 得到

$$\Pi(S, t+\delta t, \widetilde{\Delta}) - \Pi(S, t, \widetilde{\Delta}) = \frac{1}{2}\widetilde{\Gamma}(t)(\delta S)^2 > 0,$$

实现正收益. 又因

$$\widetilde{\Delta}(t+\delta t) - \widetilde{\Delta}(t) = \frac{\partial}{\partial S}\widetilde{c}(S+\delta S, t+\delta t, E, T) - \frac{\partial}{\partial S}\widetilde{c}(S, t, E, T)$$
$$= \frac{\partial}{\partial S}\left(\frac{\partial}{\partial t}\widetilde{c}(S, t, E, T)\delta t + \frac{\partial}{\partial S}\widetilde{c}(S, t, E, T)\delta S + \frac{1}{2}\frac{\partial^2}{\partial S^2}\widetilde{c}(S, t, E, T)(\delta S)^2\right).$$
(6.0.10)

在 BSM 框架下, $\mathrm{d}S = S(\mu \mathrm{d}t + \sigma y\sqrt{\mathrm{d}t})$, $y \sim \mathcal{N}(0,1)$, 所以, $\mathbb{E}[|\mathrm{d}S|] = \mathcal{O}(\sqrt{\mathrm{d}t})$. 但是我们处理的问题不一定在 BSM 框架下, 并且 δt 是离散的, 不是充分小. 然而从量级考虑, 忽略 (6.0.10) 式右边括号中第一项和最后一项, 得到

$$\widetilde{\Delta}(t+\delta t) - \widetilde{\Delta}(t) = \widetilde{\Gamma}(t)\delta S(t).$$

所以

$$\begin{cases} \widetilde{\Delta}(t+\delta t) > \widetilde{\Delta}(t), & \delta S(t) > 0, \\ \widetilde{\Delta}(t+\delta t) < \widetilde{\Delta}(t), & \delta S(t) < 0. \end{cases}$$

因此, 投资组合 $\Pi(S, t, \widetilde{\Delta})$ 中 S 头寸可 "高抛低吸".

通过例 6.2, 我们可以知道:

(1) (6.0.9) 式右边的第一项与 c 隐含波动率有关, 而 $(\delta S)^2$ 与市场波动率 σ 有关. 通常而言, 上述 "实现正收益" 是在 σ 远大于隐含波动率时进行的. 这种策略简称为 "买隐含波动率, 卖市场波动率".

(2) 当日内股价 S 波动剧烈 (市场波动率 σ 较大), 而隐含波动率较小时, 可以根据市场实时状况调整 δt, 并通过反复进行 "高抛低吸" 操作获得当日丰厚回报, 这类策略称为 Gamma 对冲套利 (gamma scalping).

(3) 前面提及的 (6.0.9) 式中右边第一项可以忽略的前提是, 该项远小于第二项. 在实际操作中, 这一点有时较难判断. 通常做法是计算

(6.0.9) 式中右边第一项的累计效应. 根据无套利假设, 该项小于 0, 表示在股价 S 不变时, 期权价格 $\tilde{c}$ 会随时间递减. 例如: 假设 S 从某点出发, 经过一段时间后又回到了该点 (起点). 此时, 将上述累计 "实现正收益" 减去 (6.0.9) 式中右边第一项导致 $\tilde{c}$ 的累计跌幅, 再比较两个时间段起点和终点的投资组合 II 价值, 以评估是否值得进行 "高抛低吸" 操作.

(4) 这里要注意一点, $\tilde{c}(S, t, E, T)$ 的 Gamma 为

$$\frac{\partial^2}{\partial S^2} c(S, t, E, T, \tilde{\sigma}) = \frac{\partial}{\partial S} \frac{\partial}{\partial S} c(S, t, E, T, \tilde{\sigma})$$
$$= \frac{\partial}{\partial S} \left(N(\tilde{d}_1) + SN'(\tilde{d}_1)\sqrt{T-t}\frac{\partial \tilde{\sigma}}{\partial S} \right)$$
$$= N'(\tilde{d}_1)\frac{\partial \tilde{d}_1}{\partial S} + \frac{\partial}{\partial S}\left(SN'(\tilde{d}_1)\sqrt{T-t}\frac{\partial \tilde{\sigma}}{\partial S} \right)$$
$$= N'(\tilde{d}_1) \left(\frac{\partial \tilde{d}_1}{\partial S} \right)_{\tilde{\sigma}} + N'(\tilde{d}_1) \left(\frac{\partial \tilde{d}_1}{\partial S} \right)_S$$
$$\quad + \frac{\partial}{\partial S}\left(SN'(\tilde{d}_1)\sqrt{T-t}\frac{\partial \tilde{\sigma}}{\partial S} \right)$$
$$= \frac{1}{\tilde{\sigma} S \sqrt{T-t}} N' \left(\frac{\ln \frac{S}{E} + \left(r + \frac{\tilde{\sigma}^2}{2}\right)(T-t)}{\tilde{\sigma}\sqrt{T-t}} \right)$$
$$\quad + N'(\tilde{d}_1)\left(\frac{\partial \tilde{d}_1}{\partial \tilde{\sigma}} \right)_S \frac{\partial \tilde{\sigma}}{\partial S}$$
$$\quad + \frac{\partial}{\partial S}\left(SN'(\tilde{d}_1)\sqrt{T-t}\frac{\partial \tilde{\sigma}}{\partial S} \right). \tag{6.0.11}$$

继续展开上式取决于 $\tilde{\sigma}$ 的具体函数形式, 而其取决于市场. 在 t 非常接近于 T 时, 只要在继续展开后, 最终表达式中含因子

$$\frac{1}{\sqrt{T-t}} N' \left(\frac{\ln \frac{S}{E} + \left(r + \frac{\tilde{\sigma}^2}{2}\right)(T-t)}{\tilde{\sigma}\sqrt{T-t}} \right)$$

的项不为 0, 就会产生对冲风险. 这与讨论的针式风险情形类似. 在实

际操作中, 需要视 S 的具体价格和交易费用 ("滑点") 评判是否值得 "高抛低吸", 而不是单纯计算收益 (6.0.9) 式中的收益.

上述提及的 "买隐含波动率, 卖市场波动率" 也称为做多 Gamma, 其具体操作过程带有交易者的一些主观性. 优秀交易者在非有效市场中可能获得丰厚的回报.

作业 6.2 利用 Gatheral 不等式 (参见 [徐 25])

$$-\frac{N(-d_1(\widetilde{\sigma}))}{E\sqrt{T-t}N'(d_1(\widetilde{\sigma}))} \leqslant \frac{\partial}{\partial E}\widetilde{\sigma}(S,t,E,T) \leqslant \frac{N(d_2(\widetilde{\sigma}))}{E\sqrt{T-t}N'(d_2(\widetilde{\sigma}))},$$

在 $E = e^{r(T-t)}S(t)$ 时, 给出 t 在 T 附近时 (6.0.11) 式的估计.

7 与路径相关的期权简介

7.1 障碍期权简介

障碍期权 (barrier options) 有较多种类型, 在此我们仅介绍常见的几种. 我们的目的是通过讨论这类期权, 向读者介绍研究此类期权方法的一些基本思路.

给定标的资产 S 和正常数 H. 假设当前时刻为 t, 一个在 T 时到期的单一障碍期权 (single barrier options) 是指以下两类情况之一:

情况 1 (1.1) 在 $[t,T]$ 上, 当 S 首次达到 H 时, 期权的持有者可获得一定数额的现金回报 (rebate), 然后期权作废; 或者, 在 $[t,T]$ 上, 如果 S 始终没有到达 H, 那么该期权的持有者在 T 时获得到期价值.

(1.2) 如果期权是美式的, 那么在 $[t,T)$ 内, 在 S 首次达到 H 前, 期权的持有者允许 (提前) 执行, 以获得支付.

以上两类情况统称为敲出 (knock-out) 期权. 类似的期权还有以下两种类型.

情况 2 (2.1) 在 $[t,T]$ 上, 当 S 首次达到 H 时, 期权的持有者付出一定额的资金 (rebate), 并且在 T 时, 期权持有者获得到期价值; 或者, 在 $[t,T]$ 上, 如果 S 始终没有到达 H, 那么期权的持有者获得总回报为 0.

(2.2) 如果期权是美式的, 那么在 $[t,T)$ 内, 在 S 首次达到 H 后, 期权的持有者允许提前执行, 以获得支付.

以上两类情况统称为敲入 (knock-in) 期权. 在本书中, 我们始终假设上述所说的资金为 0.

现在举一个例子. 给定正常数 E 和 H. 假设当前时刻为 t. $H < S(t)$. 定义以下欧式敲出看涨期权 $c^{d/o}(S,t,T,E,H)$ (称为下跌敲出看涨期权 (down-and-out call)):

(1) 如果在 $[t,T]$ 上 $S(t)$ 从未达到 H, 那么在 T 时,
$$c^{\mathrm{d/o}}(S,T,T,E,H) = \max(S(T)-E, 0).$$

(2) 如果在 $[t,T]$ 上 S 一旦达到 H, 那么 $c^{\mathrm{d/o}}$ 即刻作废.

现在定义欧式敲入看涨期权 $c^{\mathrm{d/i}}(S,t,T,E,H)$ (称为下跌敲入看涨期权 (down-and-in call)):

(1) 在 $[t,T]$ 上, 如果 $S(t)$ 从未达到 H, 那么此期权的支付为 0.

(2) 如果在 $\tau \in [t,T]$ 时, S 首次达到 H, 那么 $c^{\mathrm{d/i}}$ 即刻变成欧式看涨期权 $c(S,\tau,T,E)$.

易证:
$$c^{\mathrm{d/o}}(S,t,T,E,H) + c^{\mathrm{d/i}}(S,t,T,E,H) = c(S,t,T,E). \quad (7.1.1)$$

类似地, 我们可以定义欧式上涨敲出 (up-and-out) 和上涨敲入 (up-and-in) 看涨期权, 欧式下跌敲出和下跌敲入看跌期权以及欧式上涨敲出和上涨敲入看跌期权. 这些期权都与 (7.1.1) 式有类似的关系, 因而有时我们将该式简写为

$$\text{敲出} + \text{敲入} = \text{普通型期权}, \quad (7.1.2)$$

其中普通型期权 (vanilla options) 是指以前讲过的期权 c, $\mathbb{C}$, p 或 $\mathbb{P}$ [徐 25]. 从直观上讲, 我们可以将敲出和敲入的持有者视为在争夺普通型期权的所有权. 游戏规则如下:

(1) 如果标的资产价格达到了障碍水平 H, 那么敲入持有者能够获得普通型期权;

(2) 反之, 如果标的资产价格从未达到障碍水平 H, 只有敲出持有者保留普通型期权的有效性. 这种设计确保了普通型期权的所有权在标的资产价格触及边界时转移给敲入持有者, 而在其他情况下则由敲出持有者保留普通型期权.

除了上述提到的单一障碍期权外, 我们还可以设计包含多个障碍的期权. 例如, 给定两个常数 $H_1 > H_2 > 0$, 假设当前股价 $S(t)$ 满

足 $H_2 < S(t) < H_1$. 定义 $\tau_i \in [t,T]$ 为股价 S 首次达到 H_i 的时刻 $(i=1,2)$, 则可以构造如下障碍期权:

(1) 当 $\tau := \min(\tau_1, \tau_2) \leqslant T$ 时, 该期权失效 (即被敲出).

(2) 如果在期权有效期内 (即 $[t,T]$), 股价 S 既未触及 H_1, 又未触及 H_2, 则期权持有者在 T 时获得事先约定的到期价值.

这种期权被称为欧式双障碍期权 (double barrier options). 常见的双障碍期权包括:

(1) 双障碍敲出看涨期权 (double barrier out call), 记为 $c^{\mathrm{db/o}}(S,t,E,T,H_2,H_1)$;

(2) 双障碍敲出看跌期权 (double barrier out put), 记为 $p^{\mathrm{db/o}}(S,t,E,T,H_2,H_1)$.

类似地, 我们还可以定义双障碍敲入看涨期权 (double barrier in call) 和双障碍敲入看跌期权 (double barrier in put), 使得敲入和敲出之和等于普通型期权. 双障碍期权的种类繁多, 此处不再一一赘述.

从上述对障碍期权的描述可以看出, 这类期权的设计具有广泛的灵活性. 我们还可以进一步扩展其结构, 例如将障碍 H 定义为关于时间的函数等. 所有这些以障碍条件为核心的期权统称为障碍期权.

在 [徐 25] 中, 作者多次指出, 投行或券商在衍生证券领域的盈利模式本质上是"空手套白狼", 即主要通过收取手续费获利. 这种模式的成功高度依赖于大量客户的参与. 从公式 (7.1.2) 可以看出, 除个别特殊情况外, 无论是敲出还是敲入期权, 其价格通常低于普通型期权. 这种价格优势能够吸引大众的投机心理, 从而激发市场的广泛参与热情. 如果投行或券商能够有效地复制这些产品并进行风险管理, 便有机会从中获取丰厚的利润. 本章的核心内容将聚焦于障碍期权的定价与复制问题.

例 7.1 如果某机构在交易所卖出 1000 份普通看涨期权 $c(S,t,T,E)$, 同时恰好能分别找到 1000 份敲出看涨期权 $c^{\mathrm{d/o}}(S,t,T,E,H)$ 和敲入看涨期权 $c^{\mathrm{d/i}}(S,t,T,E,H)$ 买家, 那么根据 (7.1.1) 式, 该机构只需通过收取手续费即可实现"空手套白狼"的盈利模式.

除非特别声明, 以下讨论在 BSM 框架下进行.

作业 7.1 假设 S 无股息派发, $v(S,t)$ 满足 BSM 方程

$$\frac{\partial v}{\partial t} + \frac{\sigma^2}{2}S^2\frac{\partial^2 v}{\partial S^2} + rS\frac{\partial v}{\partial S} - rv = 0.$$

给定正常数 H, 求常数 α 使得

$$\left(\frac{S}{H}\right)^\alpha v\left(\frac{H^2}{S}, t\right)$$

也满足 BSM 方程. 要求写出详细过程.

请回顾如下定义:

定义 7.1 一衍生证券的定价有解析表达式, 是指其可以由初等函数和 $N(x)$ 表示.

7.2 PDE 定价障碍期权思路

为了方便叙述, 假设 S 无股息派发. 对于路径无关欧式期权 $v(S,t)$, 在 BSM 框架下, 我们有 BSM 方程和到期价值 $f(S_T)$, 例如, v 为欧式看涨和看跌期权,

$$\begin{cases} \dfrac{\partial v(S,t)}{\partial t} + \dfrac{\sigma^2}{2}S^2\dfrac{\partial^2 v(S,t)}{\partial S^2} + rS\dfrac{\partial v(S,t)}{\partial S} - rv(S,t) = 0, \\ v(S,T) = f(S_T). \end{cases} \quad (7.2.1)$$

令 $x := \ln S$, $k := r - \dfrac{1}{2}\sigma^2$. 现进行以下变换:

$$u(x,t) = v(e^x, t)\exp\left(-\frac{(k+\sigma^2)^2}{2\sigma^2}t + \frac{k}{\sigma^2}x\right), \quad (7.2.2)$$

则方程 (7.2.1) 可以化为 (忽略过程)

$$\begin{cases} \dfrac{\partial}{\partial t}u(x,t) + \dfrac{\sigma^2}{2}\dfrac{\partial^2}{\partial x^2}u(x,t) = 0, \\ u(x,T) = f(e^x)\exp\left(-\dfrac{(k+\sigma^2)^2}{2\sigma^2}T + \dfrac{k}{\sigma^2}x\right). \end{cases} \quad (7.2.3)$$

从 PDE (偏微分方程) 角度看, 这是一个热传导方程, 它的解是比较清楚的. 在得到 $u(x,t)$ 后, 可由 (7.2.2) 式得到 $v(S,t)$.

给定常数 $H \geqslant 0$. 将 H 视为障碍, 且假设当前股价 $S(t) > H$. 一个下跌敲出期权 $\widetilde{v}(S,t)$ 满足

$$\begin{cases} \dfrac{\partial \widetilde{v}(S,t)}{\partial t} + \dfrac{\sigma^2}{2} S^2 \dfrac{\partial^2 \widetilde{v}(S,t)}{\partial S^2} + rS \dfrac{\partial \widetilde{v}(S,t)}{\partial S} - r\widetilde{v}(S,t) = 0, \\ \widetilde{v}(S,T) = f(S_T), \\ \widetilde{v}(H,t) = 0, \quad \forall t. \end{cases} \quad (7.2.4)$$

类似于 (7.2.2) 式, 做变换

$$\widetilde{u}(x,t) = \widetilde{v}(\mathrm{e}^x,t) \exp\left(-\dfrac{(k+\sigma^2)^2}{2\sigma^2} t + \dfrac{k}{\sigma^2} x\right). \quad (7.2.5)$$

方程 (7.2.4) 可转换为

$$\begin{cases} \dfrac{\partial}{\partial t} \widetilde{u}(x,t) + \dfrac{\sigma^2}{2} \dfrac{\partial^2}{\partial x^2} \widetilde{u}(x,t) = 0, \\ \widetilde{u}(x,T) = f(\mathrm{e}^x) \exp\left(-\dfrac{(k+\sigma^2)^2}{2\sigma^2} T + \dfrac{k}{\sigma^2} x\right), \\ \widetilde{u}(\ln H,t) = 0, \quad \forall t. \end{cases} \quad (7.2.6)$$

由 PDE (奇数次) 反射原理可知方程 (7.2.6) 可写成

$$\begin{cases} \dfrac{\partial}{\partial t} \widetilde{u}(x,t) + \dfrac{\sigma^2}{2} \dfrac{\partial^2}{\partial x^2} \widetilde{u}(x,t) = 0, \\ \widetilde{u}(x,T) = f(\mathrm{e}^x) \exp\left(-\dfrac{(k+\sigma^2)^2}{2\sigma^2} T + \dfrac{k}{\sigma^2} x\right), \\ \widetilde{u}(x,t) = u(x,t) - u(2\ln H - x, t), \end{cases} \quad (7.2.7)$$

其中, u 可由方程 (7.2.3) 获得. 我们先不关心反射原理的定义. 假设方程 (7.2.3) 中的 u 满足以上方程和边条件. 由解的唯一性或无套利假定, 我们就得到了 $\widetilde{u}(x,t)$. 再由 (7.2.5) 式, 我们就得到了下跌敲出期权定价 $\widetilde{v}(\mathrm{e}^x,t) \ (= \widetilde{v}(S,t))$. 这个思路概况为: (1) 解方程 (7.2.4); (2) 通过

适当的数学方法, 得到方程 (7.2.4) 的一个解. 再由其解的唯一性便知, 求解方程 (7.2.4) 的过程完成.

利用 (7.2.2) 式和 (7.2.5) 式将方程 (7.2.7) 中的最后一个等式 $\widetilde{u}(x,t) = u(x,t) - u(2\ln H - x, t)$ 还原如下:

$$\begin{aligned}\widetilde{u}(x,t) &= u(x,t) - u(2\ln H - x, t) \\ &= v(e^x, t)\exp\left(-\frac{(k+\sigma^2)^2}{2\sigma^2}t + \frac{k}{\sigma^2}x\right) \\ &\quad - v(e^{2\ln H - x}, t)\exp\left(-\frac{(k+\sigma^2)^2}{2\sigma^2}t + \frac{k}{\sigma^2}(2\ln H - x)\right)\end{aligned}$$

(由 (7.2.2) 式),

即

$$\widetilde{v}(e^x, t) = v(e^x, t) - v(e^{2\ln H - x}, t)\exp\left(\frac{k}{\sigma^2}(2\ln H - 2x)\right)$$

(由 (7.2.5) 式).

进一步化简上式, 有

$$\widetilde{v}(e^x, t) = v(e^x, t) - v\left(\frac{H^2}{e^x}, t\right)\left(\frac{H}{e^x}\right)^{\frac{2k}{\sigma^2}},$$

得到

$$\widetilde{v}(S, t) = v(S, t) - v\left(\frac{H^2}{S}, t\right)\left(\frac{H}{S}\right)^{\frac{2k}{\sigma^2}}. \tag{7.2.8}$$

作业 7.2 假设 S 无股息派发, H 为给定正常数. 当前时刻 $t=0$, $S(0) > H$. 考虑一个 $T > 0$ 时到期的欧式期权 $w(S, t, E, T, H)$. 如果在时间区间 $[0, T]$ 上, 股价 S 不触及 H, 那么 $w(S, T, E, T, H) = \max(S_T - E, 0)$, 否则 w 的持有者获得 0 元. 求 $w(S, 0, E, T, H)$ 的解析表达式.

提示: 利用以上符号和公式 (7.2.8) 得

$$w(S, 0, E, T, H) = v(S, 0) - \left(\frac{S}{H}\right)^{-\frac{2k}{\sigma^2}} v\left(\frac{H^2}{S}, 0\right),$$

并且计算

$$v(S,0) = \frac{\mathrm{e}^{-rT}}{\sqrt{2\pi}} \int_{-\infty}^{+\infty} \mathrm{e}^{-0.5y^2} \max(S_T - E, 0) \mathbb{1}_{\{S_T > H\}} \mathrm{d}y$$
$$= \frac{1}{\sqrt{2\pi}} \int_{-d_2}^{+\infty} \mathrm{e}^{-0.5y^2} \Big(\exp(-0.5\sigma^2 T + \sigma y \sqrt{T}) S_0 - \exp(-rT) E \Big) \mathrm{d}y,$$

其中

$$S_T = \exp(rT - 0.5\sigma^2 T + \sigma \sqrt{T} y),$$
$$d_2 = \frac{1}{\sigma \sqrt{T}} \left(\ln \frac{S_0}{\max(E,H)} + rT - 0.5\sigma^2 T \right).$$

上题 (作业 7.2) 中的 $w(S,t,E,T,H)$ 称为下跌敲出看涨期权, 记为 $c^{\mathrm{d/o}}(S,t,E,T,H)$. 将以上方法推广至一般情形, 易知下面的命题.

命题 7.1 假设 S 连续股息派发, 其股息派发率为非负常数 q. 对于 $S(t) > H$, 下跌敲出看涨期权为

$$c^{\mathrm{d/o}}(S,t,E,T,H) = c\left(S,t,\max(E,H),T,r,q\right)$$
$$-ac\left(\frac{H^2}{S},t,\max(E,H),T,r,q\right), \quad (7.2.9)$$

其中

$$a = \left(\frac{S}{H}\right)^{1-\frac{2(r-q)}{\sigma^2}}. \quad (7.2.10)$$

作业 7.3 假设 S 连续股息派发, 其股息派发率为非负常数 q. 证明: 当 $S(t) \geqslant H > E$ 时, 有

$$c^{\mathrm{d/o}}(S,t,E,T,H) = c\left(S,t,H,T,r,q\right) + (H-E)c^{\mathrm{d}}\left(S,t,H,T,r,q\right)$$
$$- \left(\frac{S}{H}\right)^{1-\frac{2(r-q)}{\sigma^2}} \left(c\left(\frac{H^2}{S},t,H,T,r,q\right) \right.$$
$$\left. + (H-E)c^{\mathrm{d}}\left(\frac{H^2}{S},t,H,T,r,q\right) \right), \quad (7.2.11)$$

并且给出上式的金融意义. 在以上公式中, $c^{\mathrm{d}}(S,t,H,T,r,q)$ 表示一欧式的数字 (digital) 期权, 它的支付只跟 $S(T)$ 有关: 当 $S(T) \geqslant H$ 时, 支付为 1; 否则为 0.

从偏微分角度看, 方程和边条件 (7.2.1), (7.2.4) 的区别是, 后者多了一个反射条件: $\widetilde{v}(H,t) = 0$, $\forall t$. 这个条件在 (7.2.9) 式中是将一欧式期权减去 a 倍另一欧式期权.

我们同样可以采取以下记号:

(1) 下跌敲入看涨期权 (down-and-in call): $c^{\mathrm{d/i}}(S,t,E,T,H)$,

(2) 上涨敲出看涨期权 (up-and-out call): $c^{\mathrm{u/o}}(S,t,E,T,H)$,

(3) 上涨敲入看涨期权 (up-and-in call): $c^{\mathrm{u/i}}(S,t,E,T,H)$,

(4) 下跌敲出看跌期权 (down-and-out put): $p^{\mathrm{d/o}}(S,t,E,T,H)$,

(5) 下跌敲入看跌期权 (down-and-in put): $p^{\mathrm{d/i}}(S,t,E,T,H)$,

(6) 上涨敲出看跌期权 (up-and-out put): $p^{\mathrm{u/o}}(S,t,E,T,H)$,

(7) 上涨敲入看跌期权 (up-and-in put): $p^{\mathrm{u/i}}(S,t,E,T,H)$.

假设 $S(t) < H$. 易知: 当 $E \geqslant H$ 时, 欧式上涨敲出看涨期权 $c^{\mathrm{u/o}}(S,t,E,T,H,r,q) = 0$. 以下假设 $E < H$. 用同样的思路, 我们可以推导出, 当 $S(t) \leqslant H$ 时, 欧式上涨敲出看涨期权 $c^{\mathrm{u/o}}(S,t,E,T,H,r,q)$ 定价公式为

$$\begin{aligned}
& c^{\mathrm{u/o}}(S,t,E,T,H,r,q) \\
&= c(S,t,E,T) - c(S,t,H,T) \\
&\quad - (H-E)\mathrm{e}^{-r(T-t)} N\left(\frac{\ln\frac{S}{H} + \left(r - q - \frac{\sigma^2}{2}\right)(T-t)}{\sigma\sqrt{T-t}} \right) \\
&\quad - a\left[c\left(\frac{H^2}{S}, t, E, T\right) - c\left(\frac{H^2}{S}, t, H, T\right) \right. \\
&\quad \left. - (H-E)\mathrm{e}^{-r(T-t)} N\left(-\frac{\ln\frac{S}{H} + \left(q - r + \frac{\sigma^2}{2}\right)(T-t)}{\sigma\sqrt{T-t}} \right) \right], \quad (7.2.12)
\end{aligned}$$

其中 a 由 (7.2.10) 式给出.

作业 7.4 证明 (7.2.12) 式.

7.3 障碍期权的性质

假设 S 连续股息派发, 其股息派发率为非负常数 q.

命题 7.2

$$\lambda c^{\mathrm{d/o}}(S,t,E,T,H,r,q) = c^{\mathrm{d/o}}(\lambda S,t,\lambda E,T,\lambda H,r,q), \quad \lambda \geqslant 0.$$

命题 7.3

$$\begin{aligned}
&c^{\mathrm{d/o}}(S,t,E,T,H,r,q) + c^{\mathrm{d/i}}(S,t,E,T,H,r,q) \\
&= c(S,t,E,T,r,q), \quad S(t) > H, &(7.3.1)\\
&p^{\mathrm{d/o}}(S,t,E,T,H,r,q) + p^{\mathrm{d/i}}(S,t,E,T,H,r,q) \\
&= p(S,t,E,T,r,q), \quad S(t) > H, &(7.3.2)\\
&c^{\mathrm{u/o}}(S,t,E,T,H,r,q) + c^{\mathrm{u/i}}(S,t,E,T,H,r,q) \\
&= c(S,t,E,T,r,q), \quad S(t) < H, &(7.3.3)\\
&p^{\mathrm{u/o}}(S,t,E,T,H,r,q) + p^{\mathrm{u/i}}(S,t,E,T,H,r,q) \\
&= p(S,t,E,T,r,q), \quad S(t) < H. &(7.3.4)
\end{aligned}$$

命题 7.4

$$c^{\mathrm{d/i}}(S,t,E,T,H,r,q) = p^{\mathrm{u/i}}\left(E,t,S,T,\frac{SE}{H},q,r\right), \quad (7.3.5)$$

$$c^{\mathrm{u/i}}(S,t,E,T,H,r,q) = p^{\mathrm{d/i}}\left(E,t,S,T,\frac{SE}{H},q,r\right), \quad (7.3.6)$$

$$c^{\mathrm{d/o}}(S,t,E,T,H,r,q) = p^{\mathrm{u/o}}\left(E,t,S,T,\frac{SE}{H},q,r\right), \quad (7.3.7)$$

$$c^{\mathrm{u/o}}(S,t,E,T,H,r,q) = p^{\mathrm{d/o}}\left(E,t,S,T,\frac{SE}{H},q,r\right). \quad (7.3.8)$$

由 (7.2.9) 式, (7.2.12) 式和以上两个命题可以给出其他欧式障碍期权的定价.

作业 7.5 证明 (7.3.5) 式.

7.4 双障碍期权

沿用以上符号和约定. 给定 (非随机) 函数 $h(x)$ 和一个 T 时到期的欧式期权 $\xi(S, t, T)$, 满足

(1) 如果 $S(u) \in (H_L, H_U), \forall u \in [0, T]$, 其中 $H_L < H_U$ 为常数, 那么

$$\xi(S, T, T) = h(S_T); \tag{7.4.1}$$

(2) 如果存在 $u \in [0, T]$, 满足 $S(u) \leqslant H_L$ 或 $S(u) \geqslant H_U$, 那么 ξ 的持有者没有收益.

以下用 Fourier 级数求解双障碍期权. 令 $k_1 = 2r/\sigma^2$, $k_2 = 2(r-q)/\sigma^2$. 由于 $H_L < H_U$, 不妨假设 $H_L \neq 0$. 作变量替换:

$$x = \ln \frac{S(t)}{H_L}, \quad t' = (T-t) \frac{\sigma^2}{2}. \tag{7.4.2}$$

若 $H_L = 0$, 则可将 $x = \ln \frac{S(t)}{H_L}$ 改为 $x = \ln \frac{S(t)}{H_U}$. 由

$$\frac{\partial}{\partial t} = -\frac{\sigma^2}{2} \frac{\partial}{\partial t'}, \quad \frac{\partial}{\partial S} = \frac{1}{S} \frac{\partial}{\partial x}$$

可知

$$\frac{\partial \xi}{\partial t} = -\frac{\sigma^2}{2} \frac{\partial \xi}{\partial t'},$$
$$\frac{\partial \xi}{\partial S} = \frac{1}{S} \frac{\partial \xi}{\partial x}, \quad \frac{\partial^2 \xi}{\partial S^2} = -\frac{1}{S^2} \frac{\partial \xi}{\partial x} + \frac{1}{S^2} \frac{\partial^2 \xi}{\partial x^2}. \tag{7.4.3}$$

所以 BSM 方程

$$\frac{\partial \xi}{\partial t} + \frac{\sigma^2}{2} S^2 \frac{\partial^2 \xi}{\partial S^2} + (r-q) S \frac{\partial \xi}{\partial S} - r\xi = 0$$

等价于

$$-\frac{\sigma^2}{2}\frac{\partial \xi}{\partial t'} + \frac{\sigma^2}{2}S^2\frac{\partial^2 \xi}{\partial S^2} + (r-q)S\frac{\partial \xi}{\partial S} - r\xi = 0. \quad (7.4.4)$$

再利用 $k_1 = 2r/\sigma^2$, $k_2 = 2(r-q)/\sigma^2$, 得

$$\frac{\partial \xi}{\partial t'} = S^2\frac{\partial^2 \xi}{\partial S^2} + k_2 S\frac{\partial \xi}{\partial S} - k_1 \xi.$$

将 (7.4.3) 式代入上式, 得

$$\frac{\partial \xi}{\partial t'} = S^2\left(-\frac{1}{S^2}\frac{\partial \xi}{\partial x} + \frac{1}{S^2}\frac{\partial^2 \xi}{\partial x^2}\right) + k_2 S\left(\frac{1}{S}\frac{\partial \xi}{\partial x}\right) - k_1 \xi,$$

即

$$\frac{\partial \xi}{\partial t'} = \frac{\partial^2 \xi}{\partial x^2} + (k_2 - 1)\frac{\partial \xi}{\partial x} - k_1 \xi. \quad (7.4.5)$$

令

$$\xi(S, t, T) = \mathrm{e}^{\alpha x + \beta t'} z(x, t'),$$

代入 (7.4.5) 式得

$$\beta \mathrm{e}^{\alpha x + \beta t'} z(x, t') = \left(\alpha^2 z + 2\alpha \frac{\partial z}{\partial x} + \frac{\partial^2 z}{\partial x^2}\right) \mathrm{e}^{\alpha x + \beta t'}$$
$$+ (k_2 - 1)\left(\alpha z + \frac{\partial z}{\partial x}\right) \mathrm{e}^{\alpha x + \beta t'}$$
$$- k_1 \mathrm{e}^{\alpha x + \beta t'} z(x, t'),$$

即

$$\beta z(x, t') = \left(\alpha^2 z + 2\alpha \frac{\partial z}{\partial x} + \frac{\partial^2 z}{\partial x^2}\right) + (k_2 - 1)\left(\alpha z + \frac{\partial z}{\partial x}\right) - k_1 z(x, t').$$

在上式中, 分别让 z 和 $\frac{\partial z}{\partial x}$ 的系数为 0, 得到

$$\begin{cases} \beta = \alpha^2 + (k_2 - 1)\alpha - k_1, \\ 0 = 2\alpha + (k_2 - 1), \end{cases}$$

解得
$$\begin{cases} \alpha = -\dfrac{1}{2}(k_2 - 1), \\ \beta = -\dfrac{1}{4}[(k_2 - 1)^2 + k_1]. \end{cases}$$

所以
$$\xi(S, t, T) = H_L \exp\left(-\frac{1}{2}(k_2 - 1)x - \frac{1}{4}((k_2 - 1)^2 + k_1)t'\right) z(x, t'). \tag{7.4.6}$$

于是 BSM 方程联立到期价值
$$\begin{cases} \dfrac{\partial \xi}{\partial t} + \dfrac{\sigma^2}{2} S^2 \dfrac{\partial^2 \xi}{\partial S^2} + (r - q) S \dfrac{\partial \xi}{\partial S} - r\xi = 0, \\ \xi(S, T, T) = h(S_T), \end{cases}$$

可化为
$$\begin{cases} \dfrac{\partial z}{\partial t'} = \dfrac{\partial^2 z}{\partial x^2}, \\ z(x, 0) = \exp\left(\dfrac{1}{2}(k_2 - 1)x\right) \dfrac{h(H_L \mathrm{e}^x)}{H_L}. \end{cases}$$

这是一个初值为 $z(x, 0)$ 的热传导方程. 记 $a = \ln \dfrac{H_U}{H_L}$. 数学上可证,
$$z(x, t') = \sum_{n=1}^{\infty} \lambda_n \sin\left(\frac{n\pi}{a} x\right) \exp\left(-\frac{n^2 \pi^2}{a^2} t'\right) \tag{7.4.7}$$

满足
$$\begin{cases} \dfrac{\partial z}{\partial t'} = \dfrac{\partial^2 z}{\partial x^2}, \\ z(a, t') = z(0, t') = 0. \end{cases}$$

将初值代入, 利用三角级数基的正交性, 可得
$$\lambda_n = \frac{2}{a} \int_0^a z(y, 0) \sin\left(\frac{n\pi}{a} y\right) \mathrm{d}y,$$

即
$$\lambda_n = \frac{2}{a}\int_0^a \exp\left(\frac{1}{2}(k_2-1)y\right)\frac{h(H_L e^y)}{H_L}\sin\left(\frac{n\pi}{a}y\right)\mathrm{d}y. \quad (7.4.8)$$

再由 (7.4.2) 式, (7.4.6) 式和 (7.4.7) 式得

$$\begin{aligned}\xi(S,t,T) &= H_L \exp\left(-\frac{1}{2}(k_2-1)\ln\frac{S(t)}{H_L} - \frac{\sigma^2}{8}((k_2-1)^2+k_1)(T-t)\right)\\ &\quad \times \sum_{n=1}^{\infty}\lambda_n \sin\left(\frac{n\pi}{a}\ln\frac{S(t)}{H_L}\right)\exp\left(-\frac{n^2\sigma^2\pi^2}{2a^2}(T-t)\right),\end{aligned} \quad (7.4.9)$$

其中, $k_1 = \dfrac{2r}{\sigma^2}$, $k_2 = \dfrac{2(r-q)}{\sigma^2}$, $a = \ln\dfrac{H_U}{H_L}$, λ_n 由 (7.4.8) 式给出.

例 7.2 给定常数 C, $0 \neq H_L < H_U$. 当前时刻 $t = 0$, $S(0) \in (H_L, H_U)$. 双障碍期权的到期价值为

$$\xi(S,T,T) = \begin{cases} C, & \text{如果 } S \text{ 在 } [0,T] \text{ 上一直在 } (H_L, H_U) \text{ 内,}\\ 0, & \text{其他情形,}\end{cases}$$

则 $\xi(S,t,T)$ 由 (7.4.9) 式给出, 其中

$$\begin{aligned}\lambda_n &= \frac{2}{a}\int_0^a \exp\left(\frac{1}{2}(k_2-1)y\right)\frac{h(H_L e^y)}{H_L}\sin\left(\frac{n\pi}{a}y\right)\mathrm{d}y\\ &= \frac{2}{a}\int_0^a \exp\left(\frac{1}{2}(k_2-1)y\right)\frac{C}{H_L}\sin\left(\frac{n\pi}{a}y\right)\mathrm{d}y\\ &= \left(\frac{4C}{H_L}\right)\frac{(k_2-1)\,a\,e^{\frac{a k_2}{2}}\sin(\pi n) - 2\pi e^{\frac{a k_2}{2}}n\cos(\pi n) + 2\pi e^{\frac{a}{2}}n}{4\pi^2 e^{\frac{a}{2}}n^2 + a^2 e^{\frac{a}{2}}k_2^2 - 2a^2 e^{\frac{a}{2}}k_2 + a^2 e^{\frac{a}{2}}}\end{aligned}$$

(利用软件 Maxima 计算)

$$= \left(\frac{8C\pi n}{H_L}\right)\frac{(-1)^{n-1}e^{\frac{a(k_2-1)}{2}}+1}{4\pi^2 n^2 + a^2 k_2^2 - 2a^2 k_2 + a^2}. \quad (7.4.10)$$

以下用概率论方法定价障碍期权.

7.5 一些 Brown 运动的性质

假设当前时刻 $t = 0$, 对于任意给定 $a \neq 0$, 令

$$T_a = \inf\{t > 0, B(t) = a\}.$$

称 T_a 为 $B(t)$ 到 a 的首达时.

引理 7.1 (反射原理) 反射过程

$$\widetilde{B}(t) := \begin{cases} B(t), & t < T_a, \\ 2a - B(t), & t \geqslant T_a \end{cases}$$

与 Brown 运动 $B(t)$ 分布相同.

可以证明:

$$\Pr(T_a \leqslant t) = \sqrt{\frac{2}{\pi}} \int_{\frac{|a|}{\sqrt{t}}}^{+\infty} e^{-\frac{x^2}{2}} dx. \tag{7.5.1}$$

事实上, 不妨假设 $a < 0$. 于是,

$$\begin{aligned}
\Pr(T_a \leqslant t) &= \Pr(T_a \leqslant t, B(t) > a) + \Pr(T_a \leqslant t, B(t) \leqslant a) \\
&= 2 \Pr(T_a \leqslant t, B(t) \leqslant a) \quad \text{(反射原理)} \\
&= 2 \Pr(B(t) \leqslant a) \\
&= \frac{2}{\sqrt{2\pi t}} \int_{-\infty}^{a} e^{-\frac{y^2}{2t}} dy.
\end{aligned} \tag{7.5.2}$$

记

$$M(t) = \max_{0 \leqslant u \leqslant t} B(u).$$

它是 Brown 运动 B 在 $[0,t]$ 上的最大值. 给定 $t > 0$ 和 $z \in \mathbb{R}$. 假设当前时刻为 0. 我们来讨论 M 在未来 t 时落在区间 $[z, z + dz]$ 的概率. 显然当 $z < 0$ 时, 此概率为 0, 而当 $z \geqslant 0$ 时,

$$\Pr(M(t) \in [z, z+dz]) = \Pr\left(\max_{0 \leqslant u \leqslant t} B(u) \in [z, z+dz]\right). \tag{7.5.3}$$

易知
$$\Pr(M(t) \in [z, z+\mathrm{d}z]) = \frac{\mathrm{d}}{\mathrm{d}z}\Pr(T_z \leqslant t)\mathrm{d}z$$
$$= \frac{2}{\sqrt{2\pi t}}\exp\left(-\frac{z^2}{2}\right)\mathrm{d}z. \qquad (7.5.4)$$

称 $M(t)$ 为极大过程. 它的密度函数 $f_{M(t)}(z)$ 为
$$\mathbb{1}_{\{z\geqslant 0\}}\frac{2}{\sqrt{2\pi t}}\exp\left(-\frac{z^2}{2t}\right). \qquad (7.5.5)$$

作业 7.6 证明: $(B(t), M(t))$ 的联合密度函数 $f_{B(t),M(t)}(x,y)$ 为
$$\mathbb{1}_{\{y\geqslant 0\}}\mathbb{1}_{\{x\leqslant y\}}\frac{2(2y-x)}{\sqrt{2\pi t^3}}\exp\left(-\frac{(2y-x)^2}{2t}\right).$$

提示: 只需计算当 $y\geqslant 0, x\leqslant y$ 时,
$$\int_{-\infty}^{x}\int_{y}^{+\infty} f_{B(t),M(t)}(x,y)\mathrm{d}y\mathrm{d}x = \Pr(B(t)\leqslant x, M(t)\geqslant y)$$
$$= \Pr(B(t)\leqslant x, T_y\leqslant t)$$
$$= \Pr(B(t)\geqslant 2y-x, T_y\leqslant t) \quad \text{(反射原理)}$$
$$= \Pr(B(t)\geqslant 2y-x, M(t)\geqslant y)$$
$$= \Pr(B(t)\geqslant 2y-x)$$
$$= \frac{1}{2\pi t}\int_{-\infty}^{2y-x} \mathrm{e}^{-\frac{u^2}{2}}\mathrm{d}u.$$

于是
$$f_{B(t),M(t)}(x,y) = -\frac{\partial}{\partial x}\frac{\partial}{\partial y}\int_{-\infty}^{x}\int_{y}^{+\infty} f_{B(t),M(t)}(x,y)\mathrm{d}y\mathrm{d}x.$$

7.5.1 一些记号与约定

由于 S 服从几何 Brown 运动, 所以在风险中性测度 Q 下, 有
$$S(T) = S(t)\exp\left(\left(r-q-\frac{\sigma^2}{2}\right)(T-t)+\sigma B^Q(T-t)\right). \qquad (7.5.6)$$

上式等价于

$$\frac{1}{\sigma\sqrt{T-t}}\ln\frac{S(T)}{S(t)} = \frac{1}{\sigma}\left(r-q-\frac{\sigma^2}{2}\right)\sqrt{T-t} + \frac{B^Q(T-t)}{\sqrt{T-t}}. \quad (7.5.7)$$

令

$$x(T) = \frac{\ln\dfrac{S(T)}{S(t)}}{\sigma\sqrt{T-t}}, \quad \mu = \frac{1}{\sigma}\left(r-q-\frac{\sigma^2}{2}\right), \quad (7.5.8)$$

则 x 可以表示为

$$x(T) = \mu\sqrt{T-t} + y, \quad (7.5.9)$$

其中 y 是风险中性测度 Q 下标准正态分布的随机变量. 给定常数 H 和 E, 令

$$k = \frac{\ln\dfrac{H}{S(t)}}{\sigma\sqrt{T-t}}, \quad (7.5.10)$$

$$h = \frac{\ln\dfrac{E}{S(t)}}{\sigma\sqrt{T-t}}. \quad (7.5.11)$$

在下面的讨论中, 我们采用以下记号:

$$d_1 = (\mu+\sigma)\sqrt{T-t} - h = \frac{\ln\dfrac{S}{E} + \left(r-q+\dfrac{\sigma^2}{2}\right)(T-t)}{\sigma\sqrt{T-t}}, \quad (7.5.12)$$

$$d_2 = \mu\sqrt{T-t} - h = \frac{\ln\dfrac{S}{E} + \left(r-q-\dfrac{\sigma^2}{2}\right)(T-t)}{\sigma\sqrt{T-t}}, \quad (7.5.13)$$

$$d_3 = (\mu+\sigma)\sqrt{T-t} - k = \frac{\ln\dfrac{S}{H} + \left(r-q+\dfrac{\sigma^2}{2}\right)(T-t)}{\sigma\sqrt{T-t}}, \quad (7.5.14)$$

$$d_4 = \mu\sqrt{T-t} - k = \frac{\ln\dfrac{S}{H} + \left(r-q-\dfrac{\sigma^2}{2}\right)(T-t)}{\sigma\sqrt{T-t}}, \quad (7.5.15)$$

$$d_5 = -\mu\sqrt{T-t} - k = \frac{\ln\frac{S}{H} + \left(q - r + \frac{\sigma^2}{2}\right)(T-t)}{\sigma\sqrt{T-t}}, \quad (7.5.16)$$

$$d_6 = -(\mu+\sigma)\sqrt{T-t} - k = \frac{\ln\frac{S}{H} + \left(q - r - \frac{\sigma^2}{2}\right)(T-t)}{\sigma\sqrt{T-t}}, \quad (7.5.17)$$

$$d_7 = -\mu\sqrt{T-t} - 2k + h = \frac{\ln\frac{SE}{H^2} + \left(q - r + \frac{\sigma^2}{2}\right)(T-t)}{\sigma\sqrt{T-t}}, \quad (7.5.18)$$

$$d_8 = -(\mu+\sigma)\sqrt{T-t} - 2k + h = \frac{\ln\frac{SE}{H^2} + \left(q - r - \frac{\sigma^2}{2}\right)(T-t)}{\sigma\sqrt{T-t}}. \quad (7.5.19)$$

7.5.2 下跌敲入数字期权

给定常数 $H > 0$, 假设当前股价 $S(t) > H$. 这种期权分为两类:

(1) 在 $(t,T]$ 中, 如果股价 S 一旦达到 H, 那么期权持有者立即在该时刻获得 1 元现金, 然后该期权作废; 如果股价 S 在 $(t,T]$ 中从未达到 H, 那么期权持有者获得 0 元. 此类期权称为触及即付 (pay-at-hit) 期权.

(2) 在 $(t,T]$ 内, 如果股价 S 达到 H, 那么期权持有者在 T 时获得 1 元现金; 如果股价 S 在 $(t,T]$ 中从未达到 H, 那么期权持有者获得 0 元. 此类期权称为期满支付 (pay-at-expiry) 期权.

我们先讨论上述第二类期权. 建议读者把注意力集中在我们使用的方法上. 上述第一类期权放到后面讨论.

记该期权为 $V(S,t,H,T,r,q)$. 它满足

$$V(S,T,H,T,r,q) = \begin{cases} 1, & \text{如果 } S \text{ 在 } (t,T] \text{ 中达到过 } H, \\ 0, & \text{如果 } S \text{ 在 } (t,T] \text{ 中没有达到 } H. \end{cases}$$

我们将 $V(S,t,H,T,r,q)$ 表示成 $\mathrm{e}^{-r(T-t)}(W_1 + W_2)$ 的形式, 其中 W_1 是所有 t 到 T 路径满足 $S(T) \leqslant H$ 的期望. 由于此类路径的支付为 1,

所以 W_1 是所有满足 $S(T) \leqslant H$ 的支付部分; 而 W_2 也是一个期望, 它所对应的路径满足: (1) $S(T) > H$; (2) S 在 $(t,T]$ 中曾经达到过 H, 所以 W_2 对支付部分有贡献. 现在我们来计算 W_1. 记 P 为测度, 使得在其上 $X(T)$ 是标准正态分布的随机变量. 于是由 W_1 的定义知,

$$\begin{aligned} W_1 &= \mathbb{E}^Q\left(1; S(T) \leqslant H\right) \\ &= \mathbb{E}^P\left(\frac{\mathrm{d}Q}{\mathrm{d}P}; S(T) \leqslant H\right) \\ &= \frac{1}{\sqrt{2\pi}} \int_{-\infty}^{k} \mathrm{e}^{-\frac{1}{2}\mu^2(T-t)+\mu x\sqrt{T-t}} \mathrm{e}^{-\frac{x^2}{2}} \mathrm{d}x \\ &= \frac{1}{\sqrt{2\pi}} \int_{-\infty}^{k} \mathrm{e}^{-\frac{1}{2}\left(x-\mu\sqrt{T-t}\right)^2} \mathrm{d}x \\ &= N(k - \mu\sqrt{T-t}) \\ &= N(-d_4) \quad (\text{参看 } (7.5.15) \text{ 式}), \end{aligned}$$

其中 $\dfrac{\mathrm{d}Q}{\mathrm{d}P} = \mathrm{e}^{-\frac{1}{2}\mu^2(T-t)+\mu x\sqrt{T-t}}$ 为 Radon-Nikodým 导数, 下同.

现在计算 W_2. 考虑 Brown 运动, 见图 7.1. Brown 运动到达 D 后上升至 A. 从 D 到 B (虚线) 是 Brown 运动 D 到 A 以水平线 H 为轴 180 度向下反射. 分别记 z_A, z_H 和 z_B 为 A, H 和 B 的纵坐标. 已知: $AC = CB$. 于是, $|z_B| = CB + AC - z_A = 2AC - z_A = 2(z_A+|z_H|) - z_A = 2|z_H| + z_A$. 由图 7.1 可知: $|z_B| = -z_B$, $|z_H| = -z_H$.

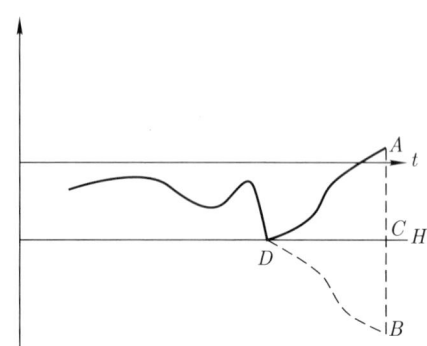

图 7.1 Brown 运动

注: 以下讨论结论不依赖于 A 和 H 的位置 (建议读者补上). 所以,

$$z_B = 2z_H - z_A. \tag{7.5.20}$$

Brown 反射原理告诉我们: 从 D 到 A 的概率分布等于从 D 到 B 的概率分布.

现在回到我们的问题. 由 (7.5.20) 式知

$$\{x \mid S(T) \geqslant H \text{ 并且 } S \text{ 在 } (t,T] \text{ 中曾经到达 } H\},$$

经反射后得

$$\{2k - x \mid S(T) \geqslant H \text{ 并且 } S \text{ 在 } (t,T] \text{ 中曾经到达 } H\}.$$

由 W_2 的定义和反射原理知

$$\begin{aligned} W_2 &= \mathbb{E}^Q \left(1; S(T) \geqslant H \text{ 并且 } S \text{ 在 } (t,T] \text{ 中曾经到达 } H \right) \\ &= \frac{1}{\sqrt{2\pi}} \int_k^{+\infty} e^{-\frac{1}{2}\mu^2(T-t) + \mu x\sqrt{T-t}} e^{-\frac{(2k-x)^2}{2}} dx \\ &= \frac{e^{2\mu k\sqrt{T-t}}}{\sqrt{2\pi}} \int_k^{+\infty} e^{-\frac{1}{2}\left(2k - x + \mu\sqrt{T-t}\right)^2} dx \\ &= \frac{e^{2\mu k\sqrt{T-t}}}{\sqrt{2\pi}} \int_{-\infty}^{k+\mu\sqrt{T-t}} e^{-\frac{z^2}{2}} dz \quad (\text{其中 } z = 2k - x + \mu\sqrt{T-t}) \\ &= e^{2\mu k\sqrt{T-t}} N(k + \mu\sqrt{T-t}) \\ &= \left(\frac{H}{S}\right)^{\frac{2\mu}{\sigma}} N(-d_5) \quad (\text{参看 (7.5.16) 式}). \end{aligned}$$

因此

$$V(S, t, H, T, r, q) = e^{-r(T-t)} N(-d_4) + e^{-r(T-t)} \left(\frac{H}{S}\right)^{\frac{2\mu}{\sigma}} N(-d_5). \tag{7.5.21}$$

7.5.3 上涨敲出看涨期权

此期权记为 $c^{u/o}(S, t, E, T, H, r, q)$. 这个期权的定价只有在 $S(t) < H$ 时才有意义, 否则该期权作废. 下面分两种情形来计算 $c^{u/o}$: (1)

$E < H$; (2) $E \geqslant H$. 现在假定 $E < H$. 与上一段类似我们有 (7.5.6) 式, (7.5.8) 式, (7.5.9) 式和 (7.5.10) 式. 于是

$$c^{\text{u/o}}(S,t,E,T,H,r,q) = e^{-r(T-t)}(W_1 - W_2),$$

其中 W_1 表示那些满足 $S(T) \leqslant H$ 的路径对支付 $\max(S(T)-E,0)$ 的贡献; W_2 表示那些在 $(t,T]$ 内曾经到达 H 并且满足 $S(T) \leqslant H$ 的 S 对支付 $\max(S(T)-E,0)$ 的贡献. 于是,

$$\begin{aligned}
W_1 &= \mathbb{E}^Q\left(\max(S(T)-E,0); 0 \leqslant S(T) \leqslant H\right) \\
&= \mathbb{E}^Q\left(S(T)-E; E \leqslant S(T) \leqslant H\right) \\
&= \mathbb{E}^P\left((S(T)-E)\frac{\mathrm{d}Q}{\mathrm{d}P}; E \leqslant S(T) \leqslant H\right) \\
&= \frac{1}{\sqrt{2\pi}}\int_h^k (S(t)e^{\sigma x\sqrt{T-t}} - E)e^{-\frac{1}{2}\mu^2(T-t)+\mu x\sqrt{T-t}}e^{-\frac{x^2}{2}}\mathrm{d}x \\
&= \frac{e^{-\frac{1}{2}\mu^2(T-t)+\frac{1}{2}(\mu+\sigma)^2(T-t)}}{\sqrt{2\pi}}S(t)\int_h^k e^{-\frac{1}{2}[x-(\mu+\sigma)\sqrt{T-t}]^2}\mathrm{d}x \\
&\quad - \frac{1}{\sqrt{2\pi}}E\int_h^k e^{-\frac{1}{2}(x-\mu\sqrt{T-t})^2}\mathrm{d}x \\
&= \frac{e^{(r-q)(T-t)}}{\sqrt{2\pi}}S(t)\int_{-d_1}^{-d_3} e^{-\frac{1}{2}z^2}\mathrm{d}z - \frac{1}{\sqrt{2\pi}}E\int_{-d_2}^{-d_4} e^{-\frac{1}{2}u^2}\mathrm{d}u \\
&\quad (z = x - (\mu+\sigma)\sqrt{T-t}, u = x - \mu\sqrt{T-t}) \\
&= e^{(r-q)(T-t)}S(t)\left(N(d_1) - N(d_3)\right) - E(N(d_2) - N(d_4)).
\end{aligned}$$

同理,

$$\begin{aligned}
W_2 &= \frac{1}{\sqrt{2\pi}}\int_h^k (S(t)e^{\sigma x\sqrt{T-t}} - E)e^{-\frac{1}{2}\mu^2(T-t)+\mu x\sqrt{T-t}}e^{-\frac{(2k-x)^2}{2}}\mathrm{d}x \\
&= \frac{e^{\left(\frac{\sigma^2}{2}+\mu\sigma\right)(T-t)+(2k\sigma+2k\mu)\sqrt{T-t}}}{\sqrt{2\pi}}\int_h^k S(t)e^{-\frac{1}{2}[x-((\sigma+\mu)\sqrt{T-t}+2k)]^2}\mathrm{d}x \\
&\quad - E\frac{e^{2k\mu\sqrt{T-t}}}{\sqrt{2\pi}}\int_h^k e^{-\frac{1}{2}[x-(\mu\sqrt{T-t}+2k)]^2}\mathrm{d}x
\end{aligned}$$

$$= e^{(r-q)(T-t)} S(t) \left(\frac{H}{S}\right)^{\frac{2(\mu+\sigma)}{\sigma}} (N(d_6) - N(d_8))$$

$$- E \left(\frac{H}{S}\right)^{\frac{2\mu}{\sigma}} (N(d_5) - N(d_7)).$$

这样,

$$c^{u/o}(S, t, E, T, H, r, q) = e^{-r(T-t)}(W_1 + W_2)$$

$$= e^{-q(T-t)} S(t) \left[N(d_1) - N(d_3) - \left(\frac{H}{S(t)}\right)^{2\frac{(r-q)}{\sigma^2}+1} (N(d_6) - N(d_8)) \right]$$

$$- E e^{-r(T-t)} \left[N(d_2) - N(d_4) - \left(\frac{H}{S(t)}\right)^{2\frac{(r-q)}{\sigma^2}-1} (N(d_5) - N(d_7)) \right].$$

$$(7.5.22)$$

以下讨论 $E \geqslant H$ 的情形. 由于我们在本段开始时已经假设 $S(t) < H$, 所以 $E \geqslant H > S(t)$. 在这种情形下, 如果 $S(T)$ 要对支付 $\max(S(T) - E, 0)$ 作贡献, S 在 $[t, T]$ 内必须经过 H. 然而 $c^{u/o}$ 在 $S = H$ 时作废. 所以在这种情形下, $c^{u/o}(t) = 0$.

注意到 $N(x) + N(-x) = 1$ 以及

$$c(S, t, E, T) = e^{-q(T-t)} S(t) N(d_1) - E e^{-r(T-t)} N(d_2),$$

$$c(S, t, H, T) = e^{-q(T-t)} S(t) N(d_3) - H e^{-r(T-t)} N(d_4),$$

$$c\left(\frac{H^2}{S}, t, E, T\right) = e^{-q(T-t)} \frac{H^2}{S} N(-d_8) - E e^{-r(T-t)} N(-d_7),$$

$$c\left(\frac{H^2}{S}, t, H, T\right) = e^{-q(T-t)} \frac{H^2}{S} N(-d_6) - H e^{-r(T-t)} N(-d_5).$$

(7.5.22) 式可以写成

$$c^{u/o}(S, t, E, T, H, r, q)$$
$$= e^{-q(T-t)} S(t) \bigg[N(d_1) - N(d_3) - \left(\frac{H}{S(t)}\right)^{2\frac{(r-q)}{\sigma^2}+1} (-N(-d_6) + N(-d_8)) \bigg]$$

$$-E\mathrm{e}^{-r(T-t)}\left[N(d_2)-N(d_4)-\left(\frac{H}{S(t)}\right)^{2\frac{(r-q)}{\sigma^2}-1}(-N(-d_5)+N(-d_7))\right]$$

$$=c(S,t,E,T)-c(S,t,H,T)-(H-E)\mathrm{e}^{-r(T-t)}N(d_4)$$

$$-\left(\frac{H}{S(t)}\right)^{2\frac{(r-q)}{\sigma^2}-1}\left[c\left(\frac{H^2}{S},t,E,T\right)-c\left(\frac{H^2}{S},t,H,T\right)\right.$$

$$\left.-(H-E)\mathrm{e}^{-r(T-t)}N(-d_5)\right]. \tag{7.5.23}$$

所以, $c^{\mathrm{u/o}}(S,t,E,T,H,r,q)$ 实际上是由上式右边前三项和其镜像反射最后一项构成.

引理 7.2 假设 S 连续股息派发, 其股息派发率为非负常数 q. 当 $S(t)\in[E,H]$ 时, 障碍为 H 的欧式上涨敲出看涨期权满足

$$c^{\mathrm{u/o}}(S,t,E,T,H,r,q)$$
$$=c(S,t,E,T)-c(S,t,H,T)-(H-E)\mathrm{e}^{-r(T-t)}N(d_4)$$
$$-\left(\frac{H}{S(t)}\right)^{2\frac{(r-q)}{\sigma^2}-1}\left[c\left(\frac{H^2}{S},t,E,T\right)-c\left(\frac{H^2}{S},t,H,T\right)\right.$$
$$\left.-(H-E)\mathrm{e}^{-r(T-t)}N(-d_5)\right],$$

其中, d_4 和 d_5 分别由 (7.5.15) 式和 (7.5.16) 式给出.

作业 7.7 在进行动态对冲 $c^{\mathrm{u/o}}(S,t,E,T,H,r,q)$ 时, 是否存在针式风险? 说明理由.

7.5.4 上涨敲出看跌期权

记 $p^{\mathrm{u/o}}(S,t,E,T,H,r,q)$ 为上涨敲出看跌期权. 有了以上基础, 为了简洁起见, 这里不多阐述, 只给出计算过程. 显然我们必须假定 $S(t)<H$, 否则该期权不存在.

当 $E\geqslant H$ 时,

$$p^{\mathrm{u/o}}(S,t,E,T,H,r,q)=\mathrm{e}^{-r(T-t)}(W_1-W_2),$$

其中

$$W_1 = \frac{1}{\sqrt{2\pi}} \int_{-\infty}^{k} (E - S(t)\mathrm{e}^{\sigma x\sqrt{T-t}})\mathrm{e}^{-\frac{1}{2}\mu^2(T-t)+\mu x\sqrt{T-t}}\mathrm{e}^{-\frac{x^2}{2}}\mathrm{d}x$$
$$= E(1 - N(d_4)) - \mathrm{e}^{(r-q)(T-t)}S(t)(1 - N(d_3)),$$
$$W_2 = \frac{1}{\sqrt{2\pi}} \int_{-\infty}^{k} (E - S(t)\mathrm{e}^{\sigma x\sqrt{T-t}})\mathrm{e}^{-\frac{1}{2}\mu^2(T-t)+\mu x\sqrt{T-t}}\mathrm{e}^{-\frac{(2k-x)^2}{2}}\mathrm{d}x$$
$$= E\left(\frac{H}{S}\right)^{\frac{2\mu}{\sigma}} N(d_5) - \mathrm{e}^{(r-q)(T-t)}S(t)\left(\frac{H}{S}\right)^{\frac{2\mu}{\sigma}+2} N(d_6).$$

所以, 当 $E \geqslant H$ 时,

$$\begin{aligned}p^{\mathrm{u/o}}(S,t,E,T,H,r,q) &= \mathrm{e}^{-r(T-t)}(W_1 - W_2) \\ &= \mathrm{e}^{-r(T-t)}E\left(1 - N(d_4) - \left(\frac{H}{S}\right)^{\frac{2\mu}{\sigma}} N(d_5)\right) \\ &\quad - \mathrm{e}^{-q(T-t)}S(t)\left(1 - N(d_3) - \left(\frac{H}{S}\right)^{\frac{2\mu}{\sigma}+2} N(d_6)\right).\end{aligned}$$

当 $E < H$ 时,

$$p^{\mathrm{u/o}}(S,t,E,T,H,r,q) = \mathrm{e}^{-r(T-t)}(W_3 - W_4),$$

其中

$$W_3 = \frac{1}{\sqrt{2\pi}} \int_{-\infty}^{h} (E - S(t)\mathrm{e}^{\sigma x\sqrt{T-t}})\mathrm{e}^{-\frac{1}{2}\mu^2(T-t)+\mu x\sqrt{T-t}}\mathrm{e}^{-\frac{x^2}{2}}\mathrm{d}x$$
$$= E(1 - N(d_2)) - \mathrm{e}^{(r-q)(T-t)}S(t)(1 - N(d_1)),$$
$$W_4 = \frac{1}{\sqrt{2\pi}} \int_{-\infty}^{h} (E - S(t)\mathrm{e}^{\sigma x\sqrt{T-t}})\mathrm{e}^{-\frac{1}{2}\mu^2(T-t)+\mu x\sqrt{T-t}}\mathrm{e}^{-\frac{(2k-x)^2}{2}}\mathrm{d}x$$
$$= E\left(\frac{H}{S}\right)^{\frac{2\mu}{\sigma}} N(d_7) - \mathrm{e}^{(r-q)(T-t)}S(t)\left(\frac{H}{S}\right)^{\frac{2\mu}{\sigma}+2} N(d_8).$$

所以, 当 $E < H$ 时,

$$p^{\mathrm{u/o}}(S,t,E,T,H,r,q) = \mathrm{e}^{-r(T-t)}(W_3 - W_4)$$
$$= \mathrm{e}^{-r(T-t)} E \left(1 - N(d_2) - \left(\frac{H}{S}\right)^{\frac{2\mu}{\sigma}} N(d_7)\right)$$
$$- \mathrm{e}^{-q(T-t)} S(t) \left(1 - N(d_1) - \left(\frac{H}{S}\right)^{\frac{2\mu}{\sigma}+2} N(d_8)\right)$$
$$= \mathrm{e}^{-r(T-t)} E(1 - N(d_2)) - \mathrm{e}^{-q(T-t)} S(t)(1 - N(d_1))$$
$$- \left(\frac{H}{S}\right)^{\frac{2\mu}{\sigma}} (\mathrm{e}^{-r(T-t)} E N(d_7) - \mathrm{e}^{-q(T-t)} \frac{H^2}{S(t)} N(d_8))$$
$$= p(S,t,E,T) - \left(\frac{H}{S}\right)^{\frac{2\mu}{\sigma}} \left(p\left(\frac{H^2}{S},t,E,T\right)\right). \tag{7.5.24}$$

作业 7.8 对于以上上涨敲出看跌期权是否存在类似于引理 7.2 中的表达式？其动态对冲时, 是否存在针式风险? 说明理由.

7.5.5 下跌敲出看涨期权

由于这个期权的计算方法与前面的类似, 在此只列出数学表达式. 当 $E \leqslant H$ 时,

$$c^{\mathrm{d/o}}(S,t,E,T,H,r,q) = \mathrm{e}^{-r(T-t)}(W_1 - W_2),$$

其中

$$W_1 = \frac{1}{\sqrt{2\pi}} \int_k^{+\infty} (S(t)\mathrm{e}^{\sigma x \sqrt{T-t}} - E) \mathrm{e}^{-\frac{1}{2}\mu^2(T-t) + \mu x \sqrt{T-t}} \mathrm{e}^{-\frac{x^2}{2}} \mathrm{d}x$$
$$= \mathrm{e}^{(r-q)(T-t)} S(t) N(d_3) - E N(d_4),$$
$$W_2 = \frac{1}{\sqrt{2\pi}} \int_k^{+\infty} (S(t)\mathrm{e}^{\sigma x \sqrt{T-t}} - E) \mathrm{e}^{-\frac{1}{2}\mu^2(T-t) + \mu x \sqrt{T-t}} \mathrm{e}^{-\frac{(2k-x)^2}{2}} \mathrm{d}x$$
$$= \mathrm{e}^{(r-q)(T-t)} S(t) \left(\frac{H}{S}\right)^{\frac{2(\mu+\sigma)}{\sigma}} N(-d_6) - E \left(\frac{H}{S}\right)^{\frac{2\mu}{\sigma}} N(-d_5)$$
$$= \mathrm{e}^{(r-q)(T-t)} S(t) \left(\frac{H}{S}\right)^{\frac{2(\mu+\sigma)}{\sigma}} (1 - N(d_6)) - E \left(\frac{H}{S}\right)^{\frac{2\mu}{\sigma}} (1 - N(d_5)).$$

所以, 当 $E \leqslant H$ 时,

$$\begin{aligned}&c^{d/o}(S,t,E,T,H,r,q)\\&= \mathrm{e}^{-q(T-t)}S(t)\left(N(d_3) - \left(\frac{H}{S}\right)^{\frac{2(\mu+\sigma)}{\sigma}}(1-N(d_6))\right)\\&\quad -\mathrm{e}^{-r(T-t)}E\left(N(d_4) - \left(\frac{H}{S}\right)^{\frac{2\mu}{\sigma}}(1-N(d_5))\right).\end{aligned} \quad (7.5.25)$$

当 $E > H$ 时, 下跌敲出看涨期权的定价留作思考题.

作业 7.9 对于以上下跌敲出看涨期权是否存在类似于引理 7.2 中的表达式? 其动态对冲时, 是否存在针式风险 (参看第 1 章第 1.2 节)? 说明理由.

7.6 回顾

假设当前时刻 $t = 0$, 对于任意给定的 $a \neq 0$, 令

$$T_a = \inf\{t > 0, B(t) = a\}.$$

称 T_a 为 $B(t)$ 到 a 的首达时.

引理 7.3 (反射原理) 反射过程

$$\widetilde{B}(t) := \begin{cases} B(t), & t < T_a, \\ 2a - B(t), & t \geqslant T_a \end{cases}$$

与 Brown 运动 $B(t)$ 分布相同.

可以证明:

$$\Pr(T_a \leqslant t) = \sqrt{\frac{2}{\pi}} \int_{\frac{|a|}{\sqrt{t}}}^{+\infty} \mathrm{e}^{-\frac{x^2}{2}} \mathrm{d}x. \quad (7.6.1)$$

事实上, 不妨假设 $a < 0$. 于是,

$$\Pr(T_a \leqslant t) = \Pr(T_a \leqslant t, B(t) > a) + \Pr(T_a \leqslant t, B(t) \leqslant a)$$
$$= 2\Pr(T_a \leqslant t, B(t) \leqslant a) \quad (\text{反射原理})$$
$$= 2\Pr(B(t) \leqslant a)$$
$$= \frac{2}{\sqrt{2\pi t}} \int_{-\infty}^{a} e^{-\frac{y^2}{2t}} dy.$$

对 (7.6.1) 式关于 t 求导即得.

引理 7.4 当 $a \neq 0$ 时, 首达时概率密度为

$$f_{T_a}(t) := \frac{|a|}{\sqrt{2\pi t^3}} e^{-\frac{a^2}{2t}}.$$

再结合 (7.5.9) 式和 (7.5.10) 式, 可得以下推论 (细节略).

推论 7.1 假设当前时刻为 $t, \tau > t$. 股价 S 在 $(\tau, \tau + d\tau)$ 内首达 k 的概率为

$$\frac{\eta k}{\sqrt{2\pi (\tau - t)^3}} \exp\left(\mu k - \frac{\mu^2}{2}(\tau - t) - \frac{k^2}{2(\tau - t)}\right) d\tau,$$

其中

$$\eta = \begin{cases} 1, & \text{如果 } S(t) < H, \\ -1, & \text{如果 } S(t) > H, \end{cases}$$
$$k = \frac{\ln \frac{H}{S(t)}}{\sigma},$$
$$\mu = \frac{1}{\sigma}\left(r - q - \frac{\sigma^2}{2}\right). \tag{7.6.2}$$

7.7 下跌敲入数字期权 (触及即付期权) 问题和求解

先回顾一下我们的问题. 假设: $S(t) > H$.

(1) 在 $[t,T]$ 上, 当 S 首次达到 H 时, 期权的持有者立即获得 1 元现金 (触及即付), 然后期权作废.

(2) 在 $[t,T]$ 上, 如果 S 始终没有到达 H, 那么该期权的持有者获得 0 元回报. 期权在 T 时刻收盘后作废.

记该期权在 t 时的价格为 $\mathbb{V}(S,t,H,T)$. 以下求 $\mathbb{V}(S,t,H,T)$. 由 $\mathbb{V}$ 的定义和推论 7.1 知

$$\mathbb{V}(S,t,H,T) = \int_t^T e^{-r(\tau-t)} \frac{-k}{\sqrt{2\pi(\tau-t)^3}}$$
$$\times \exp\left(\mu k - \frac{\mu^2}{2}(\tau-t) - \frac{k^2}{2(\tau-t)}\right) d\tau. \quad (7.7.1)$$

于是

$$\mathbb{V}(S,t,H,T) = \int_t^T e^{-r(\tau-t)} \frac{-k}{\sqrt{2\pi(\tau-t)^3}}$$
$$\times \exp\left(\mu k - \frac{\mu^2}{2}(\tau-t) - \frac{k^2}{2(\tau-t)}\right) d\tau$$
$$= \int_t^T \frac{-k}{\sqrt{2\pi(\tau-t)^3}}$$
$$\times \exp\left(\mu k - \frac{\mu^2+2r}{2}(\tau-t) - \frac{k^2}{2(\tau-t)}\right) d\tau$$
$$= \int_t^T \frac{-k e^{\mu k + k\sqrt{\mu^2+2r}}}{\sqrt{2\pi(\tau-t)^3}}$$
$$\times \exp\left(-\frac{1}{2}\left(\sqrt{\mu^2+2r}\sqrt{\tau-t} + \frac{k}{\sqrt{\tau-t}}\right)^2\right) d\tau$$
$$= \int_t^T \frac{2e^{\mu k + k\sqrt{\mu^2+2r}}}{\sqrt{2\pi}}$$
$$\times \exp\left(-\frac{1}{2}\left(\sqrt{\mu^2+2r}\sqrt{\tau-t} + \frac{k}{\sqrt{\tau-t}}\right)^2\right) d\frac{k}{\sqrt{\tau-t}},$$

$$\mathbb{V}(S,t,H,T) = \int_t^T e^{-r(\tau-t)} \frac{-k}{\sqrt{2\pi(\tau-t)^3}}$$
$$\times \exp\left(\mu k - \frac{\mu^2}{2}(\tau-t) - \frac{k^2}{2(\tau-t)}\right) d\tau$$
$$= \int_t^T \frac{-k}{\sqrt{2\pi(\tau-t)^3}}$$
$$\times \exp\left(\mu k - \frac{\mu^2+2r}{2}(\tau-t) - \frac{k^2}{2(\tau-t)}\right) d\tau$$
$$= \int_t^T \frac{-k e^{\mu k - k\sqrt{\mu^2+2r}}}{\sqrt{2\pi(\tau-t)^3}}$$
$$\times \exp\left(-\frac{1}{2}\left(-\sqrt{\mu^2+2r}\sqrt{\tau-t} + \frac{k}{\sqrt{\tau-t}}\right)^2\right) d\tau$$
$$= \int_t^T \frac{2 e^{\mu k - k\sqrt{\mu^2+2r}}}{\sqrt{2\pi}}$$
$$\times \exp\left(-\frac{1}{2}\left(-\sqrt{\mu^2+2r}\sqrt{\tau-t} + \frac{k}{\sqrt{\tau-t}}\right)^2\right) d\frac{k}{\sqrt{\tau-t}}.$$

将以上两式两边相加再除以 2 得

$$\mathbb{V}(S,t,H,T) = \int_t^T \frac{e^{\mu k + k\sqrt{\mu^2+2r}}}{\sqrt{2\pi}}$$
$$\times \exp\left(-\frac{1}{2}\left(\sqrt{\mu^2+2r}\sqrt{\tau-t} + \frac{k}{\sqrt{\tau-t}}\right)^2\right) d\frac{k}{\sqrt{\tau-t}}$$
$$+ \int_t^T \frac{e^{\mu k - k\sqrt{\mu^2+2r}}}{\sqrt{2\pi}}$$
$$\times \exp\left(-\frac{1}{2}\left(-\sqrt{\mu^2+2r}\sqrt{\tau-t} + \frac{k}{\sqrt{\tau-t}}\right)^2\right) d\frac{k}{\sqrt{\tau-t}}$$
$$= \int_t^T \frac{e^{\mu k + k\sqrt{\mu^2+2r}}}{\sqrt{2\pi}}$$
$$\times e^{-\frac{1}{2}\left(\sqrt{\mu^2+2r}\sqrt{\tau-t} + \frac{k}{\sqrt{\tau-t}}\right)^2} d\left(\sqrt{\mu^2+2r}\sqrt{\tau-t} + \frac{k}{\sqrt{\tau-t}}\right)$$

$$+ \int_t^T \frac{e^{\mu k - k\sqrt{\mu^2+2r}}}{\sqrt{2\pi}} e^{-\frac{1}{2}\left(-\sqrt{\mu^2+2r}\sqrt{\tau-t}+\frac{k}{\sqrt{\tau-t}}\right)^2}$$
$$\times d\left(-\sqrt{\mu^2+2r}\sqrt{\tau-t}+\frac{k}{\sqrt{\tau-t}}\right).$$

将上式写成解析解, 要用到

$$N(x) = \frac{1}{\sqrt{2\pi}} \int_{-\infty}^x e^{-\frac{y^2}{2}} dy,$$

于是

$$\begin{aligned}\mathbb{V}(S,t,H,T) &= e^{\mu k + k\sqrt{\mu^2+2r}} N\left(\sqrt{\mu^2+2r}\sqrt{T-t}+\frac{k}{\sqrt{T-t}}\right) \\ &\quad + e^{\mu k - k\sqrt{\mu^2+2r}} N\left(-\sqrt{\mu^2+2r}\sqrt{T-t}+\frac{k}{\sqrt{T-t}}\right) \\ &= \left(\frac{H}{S(t)}\right)^{\frac{1}{\sigma}(\mu+\sqrt{\mu^2+2r})} N\left(\sqrt{\mu^2+2r}\sqrt{T-t}+\frac{\ln\frac{H}{S}}{\sigma\sqrt{T-t}}\right) \\ &\quad + \left(\frac{H}{S(t)}\right)^{\frac{1}{\sigma}(\mu-\sqrt{\mu^2+2r})} N\left(-\sqrt{\mu^2+2r}\sqrt{T-t}+\frac{\ln\frac{H}{S}}{\sigma\sqrt{T-t}}\right).\end{aligned}$$
(7.7.2)

作业 7.10 假设当前时刻为 t. 给定常数 $H > 0$. 股价 $S(t) < H$. 与 (7.7.2) 式类似, 证明障碍为 H 的上涨敲入数字期权 (触及即付期权) 公式为

$$\begin{aligned}\mathbb{V}(S,t,H,T) &= \left(\frac{K_{\text{out}}}{S(t)}\right)^{\frac{1}{\sigma}(\mu+\sqrt{\mu^2+2r})} N\left(-\sqrt{\mu^2+2r}\sqrt{T-t}-\frac{\ln\frac{K_{\text{out}}}{S}}{\sigma\sqrt{T-t}}\right) \\ &\quad + \left(\frac{K_{\text{out}}}{S(t)}\right)^{\frac{1}{\sigma}(\mu-\sqrt{\mu^2+2r})} N\left(\sqrt{\mu^2+2r}\sqrt{T-t}-\frac{\ln\frac{K_{\text{out}}}{S}}{\sigma\sqrt{T-t}}\right).\end{aligned}$$
(7.7.3)

例 7.3 假设 S 连续股息派发,其股息派发率为非负常数 q. 当前时刻为 t. 给定正常数 H, 已知 $S(t) > H$. 考虑一个没有到期日的期权. 在未来股价 $S(\tau)$ 首次下达 H 时, 该期权持有者获得现金 $\mathrm{e}^{-\alpha(\tau-t)}$, 其中 α 为正常数. 问该期权在 t 时的价格.

参考 (7.7.1) 式的被积函数中, 所求期权在 t 时的价格为

$$\int_t^T \mathrm{e}^{-\alpha(\tau-t)}\mathrm{e}^{-r(\tau-t)} \frac{-k}{\sqrt{2\pi(\tau-t)^3}} \exp\left(\mu k - \frac{\mu^2}{2}(\tau-t) - \frac{k^2}{2(\tau-t)}\right) \mathrm{d}\tau.$$

在上式的被积函数中, $\mathrm{e}^{-\alpha(\tau-t)}\mathrm{e}^{-r(\tau-t)}$ 可写为 $\mathrm{e}^{-(\alpha+r)(\tau-t)}$, 其他都不显含 r. 所以, 可先将 (7.7.2) 式中的 r 用 $(\alpha+r)$ 替代, 再取 $T \to +\infty$, 得到该期权在 t 时的价格为

$$\left(\frac{H}{S(t)}\right)^{\frac{1}{\sigma}\left(\mu+\sqrt{\mu^2+2(\alpha+r)}\right)}, \tag{7.7.4}$$

其中 μ 由 (7.6.2) 式给出.

以下是另一解法 (利用 BSM 方程). 要用 BSM 方程, 首先要考虑在 S 首达 H 前的动态对冲. 记首达时为 τ. 已知 t 是当前时刻. 取 $u \in [t, \tau)$.

在 u 时, 股价 S 在未来时间区间 $[\tau, \tau+\mathrm{d}\tau]$ 上首次到达 H 的概率记为

$$f(S, u, \tau)\mathrm{d}\tau.$$

当 S 固定时, 由 Brown 运动的性质, $f(S, u, \tau)$ 只与 $\tau - u$ 有关. 所以 f 可写成 $f(S, \tau - u)$. 在 u 时, 合约的价格为

$$v_u := \int_u^{+\infty} \mathrm{e}^{-r(\tau-u)}\mathrm{e}^{-\alpha(\tau-t)} f(S, \tau-u)\mathrm{d}\tau, \tag{7.7.5}$$

上式积分中的支付取 $\mathrm{e}^{-\alpha(\tau-t)}$, 这是由于合约 v 在 t 时签订, v 的支付形式由那时确定. 作变量替换 $z = \tau - u$, (7.7.5) 式的积分可化为

$$v_u = \mathrm{e}^{-\alpha(u-t)} \int_0^{+\infty} \mathrm{e}^{-(r+\alpha)z} f(S, z)\mathrm{d}z := \mathrm{e}^{-\alpha(u-t)} g(S),$$

其中
$$g(S) = \int_0^{+\infty} e^{-(r+\alpha)z} f(S,z) dz.$$

将 $v_u = e^{-\alpha(u-t)} g(S)$ 代入 BSM 方程:
$$\frac{\partial v}{\partial u} + \frac{\sigma^2}{2} S^2 \frac{\partial^2 v}{\partial S^2} + (r-q)S \frac{\partial v}{\partial S} - rv = 0,$$

得
$$\frac{\sigma^2}{2} S^2 g''(S) + (r-q) S g(S) - (r+\alpha) g(S) = 0.$$

令 $g(S) = S^\gamma$, 其中 γ 为待定常数, 则
$$\frac{\sigma^2}{2} \gamma(\gamma-1) + (r-q)\gamma - (r+\alpha) = 0,$$

即
$$\frac{\sigma^2}{2} \gamma^2 + \left(r - q - \frac{\sigma^2}{2}\right) \gamma - (r+\alpha) = 0.$$

解得
$$\gamma_\pm = \frac{-\left(r - q - \frac{\sigma^2}{2}\right) \pm \sqrt{\left(r - q - \frac{\sigma^2}{2}\right)^2 + 2\sigma^2 (r+\alpha)}}{\sigma^2}$$
$$= \frac{-\mu \pm \sqrt{\mu^2 + 2(r+\alpha)}}{\sigma}, \quad \text{令 } \mu = \frac{1}{\sigma}\left(r - q - \frac{\sigma^2}{2}\right).$$

所以, $g(S)$ 的通解为 $g(S) = C_+ S^{\gamma_+} + C_- S^{\gamma_-}$, 其中 $C_\pm$ 为待定常数. 由题意, 当 $S \to +\infty$ 时, $g(S) \to 0$. 所以, $C_+ = 0$. 当 $S(\tau)$ 首达 H 时, $v_\tau = e^{-\alpha(\tau-t)}$. 所以, $g(S) = 1$, 即 $C_- H^{\gamma_-} = 1$, $C_- = H^{-\gamma_-}$. 这与 (7.7.4) 式一致.

作业 7.11 假设 S 连续股息派发, 其股息派发率为非负常数 q. 当前时刻为 t. 给定正常数 H, 已知 $0 < S(t) < H$. 考虑一个没有到期日的期权. 在未来股价 $S(\tau)$ 首次上达 H 时候, 该期权持有者获得现金 $e^{-\alpha(\tau-t)}$, 其中 α 为正常数. 应用 BSM 方程的方法 (如前述), 给出该期权在 t 时的价格.

7.8 障碍期权的希腊字母简介

障碍期权的希腊字母计算较为烦琐,这里挑选下跌敲入看涨期权作为例子. 感兴趣的读者可以计算其他期权的希腊字母.

例 7.4 假设 S 连续股息派发, 其股息派发率为非负常数 q. 假设 $E > H$, 对于 $S(t) > H$, 下跌敲出看涨期权定价由 (7.2.9) 式给出:

$$c^{\mathrm{d/o}}(S,t,E,T,H) = c(S,t,E,T,r,q) - ac\left(\frac{H^2}{S},t,E,T,r,q\right),$$

其中

$$a = \left(\frac{S}{H}\right)^{1-\frac{2(r-q)}{\sigma^2}} = \left(\frac{S}{H}\right)^{-\frac{2\mu}{\sigma}}.$$

再由 (7.3.1) 式知:

$$c^{\mathrm{d/i}}(S,t,E,T,H) = ac\left(\frac{H^2}{S},t,E,T,r,q\right).$$

于是 $c^{\mathrm{d/i}}(S,t,E,T,H)$ 的 Δ 为

$$\begin{aligned}\Delta &= \frac{\partial}{\partial S}c^{\mathrm{d/i}}(S,t,E,T,H)\\ &= \frac{\partial}{\partial S}\left(ac\left(\frac{H^2}{S},t,E,T,r,q\right)\right)\\ &= \frac{\partial a}{\partial S}c\left(\frac{H^2}{S},t,E,T,r,q\right) + a\frac{\partial}{\partial S}c\left(\frac{H^2}{S},t,E,T,r,q\right).\end{aligned}$$

利用普通欧式期权希腊字母结果得到

$$\begin{aligned}\Delta = &\left(1 - \frac{2(r-q)}{\sigma^2}\right)\left(\frac{S}{H}\right)^{-\frac{2(r-q)}{\sigma^2}}\frac{1}{H}c\left(\frac{H^2}{S},t,E,T,r,q\right)\\ &-a\frac{H^2}{S^2}\mathrm{e}^{-q(T-t)}N\left(\frac{\ln\frac{H^2}{SE} + \left(r - q + \frac{\sigma^2}{2}\right)(T-t)}{\sigma\sqrt{T-t}}\right),\end{aligned}$$

$$\frac{\partial}{\partial \sigma}c^{\mathrm{d/i}}(S,t,E,T,H,\sigma)$$
$$=\frac{\partial}{\partial \sigma}\left(a(\sigma)c\left(\frac{H^2}{S},t,E,T,r,q,\sigma\right)\right)$$
$$=x\frac{\partial a(\sigma)}{\partial \sigma}c\left(\frac{H^2}{S},t,E,T,r,q,\sigma\right)+a(\sigma)\frac{\partial}{\partial \sigma}c\left(\frac{H^2}{S},t,E,T,r,q,\sigma\right)$$
$$=\frac{4\,(r-q)}{\sigma^3}a\ln\frac{S}{H}c\left(\frac{H^2}{S},t,E,T,r,q,\sigma\right)$$
$$+a\frac{H^2}{S}\sqrt{T-t}\mathrm{e}^{-q(T-t)}N'\left(\frac{\ln\dfrac{H^2}{SE}+\left(r-q+\dfrac{\sigma^2}{2}\right)(T-t)}{\sigma\sqrt{T-t}}\right).$$

例 7.5 我们可以计算上涨敲出看跌期权 (7.5.24) 式的 Δ. 已知

$$p^{\mathrm{u/o}}(S,t,E,T,H,r,q)=p(S,t,E,T)-\left(\frac{H}{S}\right)^{\frac{2\mu}{\sigma}}\left(p\left(\frac{H^2}{S},t,E,T\right)\right)$$
$$=p(S,t,E,T)-\left(\frac{S}{H}\right)^{\frac{-2\mu}{\sigma}}p\left(\frac{H^2}{S},t,E,T\right)$$
$$=p(S,t,E,T)-ap\left(\frac{H^2}{S},t,E,T\right),$$

其中,

$$a=\left(\frac{S}{H}\right)^{-\frac{2\mu}{\sigma}}=\left(\frac{S}{H}\right)^{1-\frac{2(r-q)}{\sigma^2}},\quad \mu=\frac{1}{\sigma}\left(r-q-\frac{\sigma^2}{2}\right).$$

所以, $p^{\mathrm{u/o}}(S,t,E,T,H,r,q)$ 的 Δ 为

$$\Delta=\frac{\partial}{\partial S}p^{\mathrm{u/o}}(S,t,E,T,H,r,q)$$
$$=\frac{\partial}{\partial S}p(S,t,E,T)-a\frac{\partial}{\partial S}p\left(\frac{H^2}{S},t,E,T\right)-p\left(\frac{H^2}{S},t,E,T\right)\frac{\partial a}{\partial S}$$
$$=\mathrm{e}^{-q(T-t)}(N(d_1)-1)+\frac{H^2a}{S^2}\mathrm{e}^{-q(T-t)}(N(-d_8)-1)$$
$$+\frac{1}{H}\frac{2\mu}{\sigma}p\left(\frac{H^2}{S},t,E,T\right)a^{-\frac{2\mu}{\sigma}-1},$$

其中

$$d_1 = \frac{\ln\dfrac{S}{E} + \left(r - q + \dfrac{\sigma^2}{2}\right)(T-t)}{\sigma\sqrt{T-t}},$$

$$d_8 = \frac{\ln\dfrac{SE}{H^2} + \left(q - r - \dfrac{\sigma^2}{2}\right)(T-t)}{\sigma\sqrt{T-t}}.$$

所以,

$$\lim_{S \to H^-} \Delta = 2\mathrm{e}^{-q(T-t)}\left(N\left(\frac{\ln\dfrac{H}{E} + \left(r - q + \dfrac{\sigma^2}{2}\right)(T-t)}{\sigma\sqrt{T-t}}\right) - 1\right)$$
$$+ \frac{1}{H}\frac{2\mu}{\sigma}p(H, t, E, T) \neq 0.$$

而当 $S \geqslant H$ 时, $p^{u/o}(S, t, E, T, H, r, q) = 0$(作废). 所以

$$\lim_{S \to H^+} \Delta = 0.$$

也就是说, 当股价 S 上穿障碍 H 时, $p^{u/o}$ 的 Δ 不连续. 当 $E < H$ 时, $p^{u/o}(S, t, E, T, H, r, q)$ 和 $p(S, t, E, T)$ 关于 S 的曲线见图 7.2. 在 A 左边, 两条线几乎重合. 在 A 的右边, 实线为上涨敲出看跌期权, 虚线为普通型看跌期权.

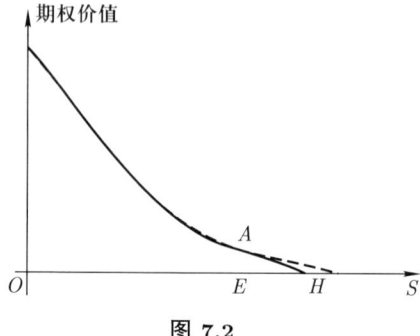

图 7.2

7.9 欧式浮动看跌期权例子

以下在 BSM 框架下讨论.

本例直接计算欧式浮动 (floating) 看跌期权 $V(S,t,T)$. 它的到期价值为
$$\max_{t \leqslant \tau \leqslant T} S(\tau) - S(T).$$

易知
$$\begin{aligned} V(S,t,T) &= \mathrm{e}^{-r(T-t)}\mathbb{E}^Q\left[\max_{t \leqslant \tau \leqslant T} S(\tau) - S(T)\Big|\mathcal{F}_t\right] \\ &= \mathrm{e}^{-r(T-t)}\mathbb{E}^Q\left[\max_{t \leqslant \tau \leqslant T} S(\tau)\Big|\mathcal{F}_t\right] - \mathrm{e}^{-r(T-t)}\mathbb{E}^Q[S(T)|\mathcal{F}_t], \end{aligned}$$

其中
$$\begin{aligned} &\mathrm{e}^{-r(T-t)}\mathbb{E}^Q[S(T)|\mathcal{F}_t] \\ &= \mathrm{e}^{-r(T-t)}\mathbb{E}^Q[S(t)\mathrm{e}^{(r-q-\frac{1}{2}\sigma^2)(T-t)+\sigma(B(T)-B(t))}|\mathcal{F}_t] \\ &= \mathrm{e}^{-q(T-t)}S(t), \\ &\mathrm{e}^{-r(T-t)}\mathbb{E}^Q\left[\max_{t \leqslant \tau \leqslant T} S(\tau)\Big|\mathcal{F}_t\right] \\ &= \mathrm{e}^{-r(T-t)}\mathbb{E}^Q\left[\max_{t \leqslant \tau \leqslant T} S(t)\mathrm{e}^{(r-q-\frac{1}{2}\sigma^2)(\tau-t)+\sigma(B(\tau)-B(t))}\Big|\mathcal{F}_t\right]. \end{aligned}$$

在上式中
$$\begin{aligned} M[t,T] &:= \max_{t \leqslant \tau \leqslant T}\left\{\frac{r-q-\frac{1}{2}\sigma^2}{\sigma}(\tau-t) + B(\tau) - B(t)\right\} \\ &= \max_{t \leqslant \tau \leqslant T}\{\mu(\tau-t) + B(\tau) - B(t)\}, \end{aligned} \tag{7.9.1}$$

其中 $\mu = \dfrac{r-q-\frac{1}{2}\sigma^2}{\sigma}$ 为常数.

令
$$M_b(u) := \max_{0 \leqslant \tau \leqslant u} B(\tau).$$

如果 $y \geqslant x$ 并且 $y \geqslant 0$, 那么

$$\begin{aligned}\Pr(B(u) \leqslant x, M_b(u) \leqslant y) &= \Pr(B(u) \leqslant x) - \Pr(B(u) \leqslant x, M_b(u) \geqslant y) \\ &= \Pr(B(u) \leqslant x) - \Pr(B(u) \geqslant 2y - x).\end{aligned}$$

易证 $(B(u), M_b(u))$ 的联合分布密度 (对上式求偏导数) 为

$$f_{B(u), M_b(u)}(x, y) = \begin{cases} \dfrac{2(2y-x)}{\sqrt{2\pi u^3}} \mathrm{e}^{-\frac{(2y-x)^2}{2u}}, & y \geqslant x, y \geqslant 0, \\ 0, & \text{其他情形}. \end{cases}$$

作测度变换, 使得 $\widetilde{B}(u) = \mu u + B(u)$ 在这个新的测度下为 (标准) Brown 运动, 则

$$\begin{aligned}&\mathbb{E}^Q[\mathrm{e}^{\sigma M[t,T]} | \mathcal{F}_t] \\ &= \widetilde{\mathbb{E}}^Q[\mathrm{e}^{\sigma M[t,T]} \mathrm{e}^{\mu(\widetilde{B}(T) - \widetilde{B}(t)) - \frac{1}{2}\mu^2(T-t)} | \widetilde{\mathcal{F}}_t] \\ &= \int_{-\infty}^{+\infty} \int_{-\infty}^{+\infty} \mathrm{e}^{\sigma y} \frac{2(2y-x)}{\sqrt{2\pi(T-t)^3}} \mathrm{e}^{-\frac{(2y-x)^2}{2(T-t)}} \mathrm{e}^{\mu x - \frac{1}{2}\mu^2(T-t)} \mathbb{1}_{\{y \geqslant x, y \geqslant 0\}} \mathrm{d}x \mathrm{d}y.\end{aligned}$$

作变量替换 $z = 2y - x, y = y$, 并且注意 $\mathrm{d}x\mathrm{d}y \to \mathrm{d}z\mathrm{d}y$ 变换的 Jacobi 行列式为 -1, 于是

$$\begin{aligned}&\mathbb{E}^Q[\mathrm{e}^{\sigma M[t,T]} | \mathcal{F}_t] \\ &= \int_{-\infty}^{+\infty} \int_{+\infty}^{-\infty} \mathrm{e}^{\sigma y} \frac{-2z}{\sqrt{2\pi(T-t)^3}} \mathrm{e}^{-\frac{z^2}{2(T-t)}} \mathrm{e}^{\mu(2y-z) - \frac{1}{2}\mu^2(T-t)} \mathbb{1}_{\{z \geqslant y, y \geqslant 0\}} \mathrm{d}z \mathrm{d}y \\ &= \int_{-\infty}^{+\infty} \int_{-\infty}^{+\infty} \mathrm{e}^{\sigma y} \frac{2z}{\sqrt{2\pi(T-t)^3}} \mathrm{e}^{-\frac{z^2}{2(T-t)}} \mathrm{e}^{\mu(2y-z) - \frac{1}{2}\mu^2(T-t)} \mathbb{1}_{\{z \geqslant y, y \geqslant 0\}} \mathrm{d}z \mathrm{d}y \\ &= \int_0^{+\infty} \mathrm{d}z \int_0^z \mathrm{d}y \mathrm{e}^{\sigma y} \frac{2z}{\sqrt{2\pi(T-t)^3}} \mathrm{e}^{-\frac{z^2}{2(T-t)}} \mathrm{e}^{\mu(2y-z) - \frac{1}{2}\mu^2(T-t)} \quad \text{(Fubini 定理)} \\ &= \int_0^{+\infty} \frac{2z}{\sqrt{2\pi(T-t)^3}} \mathrm{e}^{-\frac{z^2}{2(T-t)} - \mu z - \frac{1}{2}\mu^2(T-t)} \mathrm{d}z \int_0^z \mathrm{d}y \mathrm{e}^{y(\sigma + 2\mu)}.\end{aligned}$$

当 $\sigma + 2\mu \neq 0$ 时,

$$\mathbb{E}^Q[\mathrm{e}^{\sigma M[t,T]}|\mathcal{F}_t]$$
$$= \int_0^{+\infty} \frac{2z}{\sqrt{2\pi(T-t)^3}} \mathrm{e}^{-\frac{z^2}{2(T-t)}-\mu z-\frac{1}{2}\mu^2(T-t)} \frac{\mathrm{e}^{z(\sigma+2\mu)}-1}{\sigma+2\mu} \mathrm{d}z$$
$$= \int_0^{+\infty} \frac{2z}{\sqrt{2\pi(T-t)^3}} \mathrm{e}^{-\frac{z^2}{2(T-t)}+(\mu+\sigma)z-\frac{1}{2}\mu^2(T-t)} \frac{1}{\sigma+2\mu} \mathrm{d}z$$
$$\quad - \int_0^{+\infty} \frac{2z}{\sqrt{2\pi(T-t)^3}} \mathrm{e}^{-\frac{z^2}{2(T-t)}-\mu z-\frac{1}{2}\mu^2(T-t)} \frac{1}{\sigma+2\mu} \mathrm{d}z$$
$$= \int_0^{+\infty} \frac{2z}{\sqrt{2\pi(T-t)^3}} \mathrm{e}^{-\frac{[z-(\mu+\sigma)(T-t)]^2}{2(T-t)}+\frac{1}{2}[(\mu+\sigma)^2-\frac{1}{2}\mu^2](T-t)} \frac{1}{\sigma+2\mu} \mathrm{d}z$$
$$\quad - \int_0^{+\infty} \frac{2z}{\sqrt{2\pi(T-t)^3}} \mathrm{e}^{-\frac{[z+\mu(T-t)]^2}{2(T-t)}} \frac{1}{\sigma+2\mu} \mathrm{d}z$$
$$= \int_{-(\mu+\sigma)(T-t)}^{+\infty} \frac{2[z+(\mu+\sigma)(T-t)]}{\sqrt{2\pi(T-t)^3}} \mathrm{e}^{-\frac{z^2}{2(T-t)}+\frac{1}{2}[(\mu+\sigma)^2-\frac{1}{2}\mu^2](T-t)} \frac{1}{\sigma+2\mu} \mathrm{d}z$$
$$\quad - \int_{\mu(T-t)}^{+\infty} \frac{2[z-\mu(T-t)]}{\sqrt{2\pi(T-t)^3}} \mathrm{e}^{-\frac{z^2}{2(T-t)}} \frac{1}{\sigma+2\mu} \mathrm{d}z.$$

注意到

$$\int_{-(\mu+\sigma)(T-t)}^{+\infty} \frac{2z(T-t)}{\sqrt{2\pi(T-t)^3}} \mathrm{e}^{-\frac{z^2}{2(T-t)}+\frac{1}{2}[(\mu+\sigma)^2-\frac{1}{2}\mu^2](T-t)} \mathrm{d}z$$
$$\quad - \int_{\mu(T-t)}^{+\infty} \frac{2z(T-t)}{\sqrt{2\pi(T-t)^3}} \mathrm{e}^{-\frac{z^2}{2(T-t)}} \mathrm{d}z = 0,$$

所以

$$\mathbb{E}^Q[\mathrm{e}^{\sigma M[t,T]}|\mathcal{F}_t]$$
$$= \int_{-(\mu+\sigma)(T-t)}^{+\infty} \frac{2(\mu+\sigma)}{\sqrt{2\pi(T-t)}} \mathrm{e}^{-\frac{z^2}{2(T-t)}+\frac{1}{2}[(\mu+\sigma)^2-\frac{1}{2}\mu^2](T-t)} \frac{1}{\sigma+2\mu} \mathrm{d}z$$
$$\quad + \int_{\mu(T-t)}^{+\infty} \frac{2\mu}{\sqrt{2\pi(T-t)}} \mathrm{e}^{-\frac{z^2}{2(T-t)}} \frac{1}{\sigma+2\mu} \mathrm{d}z$$

$$= 2\mathrm{e}^{\frac{1}{2}[(\mu+\sigma)^2 - \frac{1}{2}\mu^2](T-t)} \frac{\mu+\sigma}{\sigma+2\mu} N((\mu+\sigma)\sqrt{T-t}) + \frac{2\mu}{\sigma+2\mu} N(-\mu\sqrt{T-t})$$

$$= \mathrm{e}^{(r-q)(T-t)} \frac{r-q+\dfrac{\sigma^2}{2}}{r-q} N\left(\frac{1}{\sigma}\left(r-q+\frac{\sigma^2}{2}\right)\sqrt{T-t}\right)$$

$$+ \frac{r-q-\dfrac{\sigma^2}{2}}{r-q} N\left(-\frac{1}{\sigma}\left(r-q-\frac{\sigma^2}{2}\right)\sqrt{T-t}\right).$$

于是

$$V(S,t,T) = \mathrm{e}^{-r(T-t)} S(t)\left(\mathbb{E}^Q[\mathrm{e}^{\sigma M[t,T]}|\mathcal{F}_t] - \mathbb{E}^Q[S(T)|\mathcal{F}_t]\right)$$

$$= \mathrm{e}^{-q(T-t)} S(t) \frac{r-q+\frac{\sigma^2}{2}}{r-q} N\left(\frac{1}{\sigma}\left(r-q+\frac{\sigma^2}{2}\right)\sqrt{T-t}\right)$$

$$+ \mathrm{e}^{-r(T-t)} S(t) \frac{r-q-\frac{\sigma^2}{2}}{r-q} N\left(-\frac{1}{\sigma}\left(r-q-\frac{\sigma^2}{2}\right)\sqrt{T-t}\right)$$

$$- \mathrm{e}^{-q(T-t)} S(t).$$

下面我们求 $\lim\limits_{\sigma+2\mu\to 0} V(S,t,T)$. 首先将上式改写成

$$V(S,t,T) = \mathrm{e}^{-q(T-t)} S(t) N\left(\frac{1}{\sigma}\left(r-q+\frac{\sigma^2}{2}\right)\sqrt{T-t}\right)$$

$$+ \mathrm{e}^{-r(T-t)} S(t) N\left(-\frac{1}{\sigma}\left(r-q-\frac{\sigma^2}{2}\right)\sqrt{T-t}\right)$$

$$+ \mathrm{e}^{-q(T-t)} S(t) \frac{\sigma^2}{2(r-q)} N\left(\frac{1}{\sigma}\left(r-q+\frac{\sigma^2}{2}\right)\sqrt{T-t}\right)$$

$$- \mathrm{e}^{-r(T-t)} S(t) \frac{\sigma^2}{2(r-q)} N\left(-\frac{1}{\sigma}\left(r-q-\frac{\sigma^2}{2}\right)\sqrt{T-t}\right)$$

$$- \mathrm{e}^{-q(T-t)} S(t).$$

由 (7.9.1) 式知

$$\sigma + 2\mu = \sigma + 2\frac{1}{\sigma}\left(r-q-\frac{\sigma^2}{2}\right) = \frac{2(r-q)}{\sigma}.$$

让 $\sigma + 2\mu \to 0$，这等价于 $r \to q$. 注意到

$$\lim_{r \to q} \left[e^{-q(T-t)} S(t) \frac{\sigma^2}{2(r-q)} N\left(\frac{1}{\sigma}\left(r-q+\frac{\sigma^2}{2}\right)\sqrt{T-t}\right) \right.$$
$$\left. - e^{-r(T-t)} S(t) \frac{\sigma^2}{2(r-q)} N\left(-\frac{1}{\sigma}\left(r-q-\frac{\sigma^2}{2}\right)\sqrt{T-t}\right) \right]$$
$$= e^{-q(T-t)} S(t) \sigma^2 \lim_{r \to q} \frac{1}{2(r-q)} \left[N\left(\frac{1}{\sigma}\left(r-q+\frac{\sigma^2}{2}\right)\sqrt{T-t}\right) \right.$$
$$\left. - e^{-(r-q)(T-t)} N\left(-\frac{1}{\sigma}\left(r-q-\frac{\sigma^2}{2}\right)\sqrt{T-t}\right) \right]$$
$$= -\frac{e^{-q(T-t)} S(t) \sigma^2 (T-t)}{2\sqrt{2\pi}} e^{-\frac{\sigma^2}{8}(T-t)} \quad \text{(应用 L'Hospital 法则)}.$$

于是

$$\lim_{r \to q} V(S,t,T,r,q) = 2 e^{-q(T-t)} S(t) N\left(\frac{\sigma}{2}\sqrt{T-t}\right).$$

上式的右边就是当 $\sigma + 2\mu = 0$ 时的 $V(S,t,T)$ 的值.

作业 7.12 假设 S 无股息派发. 在 BSM 框架下，记 $w(S,t,T)$ 为欧式期权，其到期价值为

$$S(T) - \inf_{t \leqslant \tau \leqslant T} S_\tau.$$

求 $w(S,t,T)$ 的解析表达式.

7.10 封顶看涨期权

我们在 BSM 框架下讨论问题. 假设 S 连续股息派发，其股息派发率为正常数 q.

取 $H > E > 0$. 注意到

$$f(S_t, E, H) := \min(\max(S(t)-E, 0), H-E) = \max(\min(S(t), H) - E, 0)$$
$$= \max(S(t) - E, 0) - \max(S(t) - H, 0)$$
$$= \begin{cases} H - E, & S(t) \geqslant H, \\ S(t) - E, & E \leqslant S(t) < H, \\ 0, & S(t) < E. \end{cases}$$

定义 7.2 称期权 $c_{\text{cap}}(S, t, E, T, H)$ 为**欧式封顶看涨 (capped call) 期权**, 如果其到期价值为

$$c_{\text{cap}}(S, T, E, T, H) = f(S_T, E, H).$$

称期权 $\mathbb{C}_{\text{cap}}(S, t, E, T, H)$ 为**美式封顶看涨期权**:

(1) 如果期权持有者在 $t < T$ 提前执行时, 那么其支付为

$$\mathbb{C}_{\text{cap}}(S, t, E, T, H) = f(S_t, E, H);$$

(2) 如果期权持有者不提前执行, 那么其到期价值为

$$\mathbb{C}_{\text{cap}}(S, T, E, T, H) = f(S_T, E, H).$$

引理 7.5 当 $E < H$ 时,

$$c_{\text{cap}}(S, 0, E, T, H) = c(S, 0, E, T) - c(S, 0, H, T).$$

作业 7.13 证明引理 7.5, 并写出 $\mathbb{C}_{\text{cap}}(S, 0, E, T, H)$ 的解析表达式.

记: $c^{\text{u/o}}(S, 0, E, T, H)$ 是欧式障碍为 H 的上涨敲出看涨期权, $\mathbb{V}^{\text{d}}(S, 0, H, T)$ 是障碍 H (触及即付) 数字期权, 补偿金为 $H - E$.

引理 7.6 当 $S(0) \in [E, H]$ 时,

$$\mathbb{C}(S, 0, E, T) \geqslant \mathbb{C}_{\text{cap}}(S, 0, E, T, H) \geqslant c^{\text{u/o}}(S, 0, E, T, H) + \mathbb{V}^{\text{d}}(S, 0, H, T).$$

证明 假设 $\mathbb{C}(S,0,E,T) < \mathbb{C}_{\text{cap}}(S,0,E,T,H)$，则我们可以卖出 1 份 $\mathbb{C}_{\text{cap}}(S,0,E,T,H)$，再买入 1 份 $\mathbb{C}(S,0,E,T)$. 如果在 $t \in [0,T)$ 时，$\mathbb{C}_{\text{cap}}(S,t,E,T,H)$ 的持有者提前执行, 那么

$$\mathbb{C}_{\text{cap}}(S,t,E,T,H) = \min(\max(S(t)-E,0), H-E)$$
$$\leqslant \max(S(t)-E,0) \leqslant \mathbb{C}(S,t,E,T).$$

平仓 $\mathbb{C}(S,t,E,T)$ 后即可套利. 同理, 如果 $\mathbb{C}_{\text{cap}}$ 不提前执行, 那么我们在 T 时也可实现套利. 所以, $\mathbb{C}(S,0,E,T) \geqslant \mathbb{C}_{\text{cap}}(S,0,E,T,H)$.

假设 $\mathbb{C}_{\text{cap}}(S,0,E,T,H) < c^{\text{u/o}}(S,0,E,T,H) + \mathbb{V}^{\text{d}}(S,0,H,T)$.

情形 1 当 $S(0) \geqslant H$ 时,

$$c^{\text{u/o}}(S,0,E,T,H) + \mathbb{V}^{\text{d}}(S,0,H,T) = 0 + H - E = H - E.$$

$\mathbb{C}_{\text{cap}}(S,t,E,T,H)$ 无论提前执行还是持有到 T, 其支付不超过 $H - E$. 这与假设矛盾, 得证.

情形 2 当 $S(0) < H$ 时, 我们可以卖出 1 份 $c^{\text{u/o}}(S,0,E,T,H)$ 和 1 份 $\mathbb{V}^{\text{d}}(S,0,H,T)$, 再买入 1 份 $\mathbb{C}_{\text{cap}}(S,0,E,T,H)$. 如果在 $t \in [0,T]$ 上 S 首次到达 H, 那么 $c^{\text{u/o}}(S,t,E,T,H) = 0$ 且 $\mathbb{V}^{\text{d}}(S,t,H,T) = H - E$. 此时我们执行 $\mathbb{C}_{\text{cap}}(S,t,E,T,H)$ 得到支付 $\min(\max(H-E,0), H-E) = H - E$ 实现套利. 如果在 $[0,T]$ 上 S 从未触及 H, 那么

$$c^{\text{u/o}}(S,T,E,T,H) + \mathbb{V}^{\text{d}}(S,T,H,T) = \max(S(T)-E,0) + 0,$$
$$\mathbb{C}_{\text{cap}}(S,T,E,T,H) = \min(\max(S(T)-E,0), H-E)$$
$$= \max(S(T)-E,0) \quad (\text{因为 } S(T) < H),$$

也可实现套利. $\square$

引理 7.6 告诉我们: $c^{\text{u/o}}(S,0,E,T,H) + \mathbb{V}^{\text{d}}(S,0,H,T)$ 是 $\mathbb{C}(S,0,E,T)$ 的下界, 即

$$\mathbb{C}(S,0,E,T) \geqslant c^{\text{u/o}}(S,0,E,T,H) + \mathbb{V}^{\text{d}}(S,0,H,T) \quad (E < H).$$

所以, $\mathbb{C}(S,0,E,T)$ 大于或等于集合

$$\{c^{\mathrm{u/o}}(S,0,E,T,H) + \mathbb{V}^{\mathrm{d}}(S,0,H,T) \mid E < H\}$$

中任意元素. 易知

$$\lim_{H \to +\infty} \left(c^{\mathrm{u/o}}(S,0,E,T,H) + \mathbb{V}^{\mathrm{d}}(S,0,H,T)\right) = c(S,0,E,T).$$

当 $S > H > E$ 时,

$$\lim_{H \to S} \left(c^{\mathrm{u/o}}(S,0,E,T,H) + \mathbb{V}^{\mathrm{d}}(S,0,H,T)\right) = S - E.$$

所以, 我们有下面的命题.

命题 7.5

$$\mathbb{C}(S,0,E,T) \geqslant \sup_{H} \left\{c^{\mathrm{u/o}}(S,0,E,T,H) + \mathbb{V}^{\mathrm{d}}(S,0,H,T)\right\}$$
$$\geqslant \max(S(0) - E, 0).$$

作业 7.14 写出命题 7.5 的证明细节.

命题 7.5 给出了美式看涨期权下界的更好估计. 在求出以上不等式 $c^{\mathrm{u/o}}(S,0,E,T) + \mathbb{V}^{\mathrm{d}}(S,0,H,T)$ 的解析表达式前, 先讲一下我们的意图. 从数学上, $\mathbb{C}(S,0,E,T)$ 可由以下方程和边条件解出:

$$\begin{cases} \mathbb{C}(S,T,E,T) = \max(S_T - E, 0), \\ \dfrac{\partial \mathbb{C}}{\partial t} + \dfrac{\sigma^2}{2} S^2 \dfrac{\partial^2 \mathbb{C}}{\partial S^2} + (r-q)S \dfrac{\partial \mathbb{C}}{\partial S} - r\mathbb{C} = 0, \quad S_t < S_{*\mathbb{C}}(t,E,T), \\ \lim_{S_t \to +\infty} \mathbb{C}(S,t,E,T) = S_t, \\ \lim_{S_t \to 0^+} \mathbb{C}(S,t,E,T) = 0, \\ \lim_{S_t \to S_{*\mathbb{C}}(t,E,T)^-} \mathbb{C}(S,t,E,T) = S_{*\mathbb{C}}(t,E,T) - E, \\ \lim_{S_t \to S_{*\mathbb{C}}(t,E,T)^-} \dfrac{\partial \mathbb{C}}{\partial S} = 1. \end{cases}$$

求解数值解过程较为复杂. 然而, 在一些实际应用中, 命题 7.5 中不等式

$$\mathbb{C}(S,0,E,T) \geqslant \sup_{H} \left\{ c^{u/o}(S,0,E,T,H) + \mathbb{V}^{d}(S,0,H,T) \right\} \quad (7.10.1)$$

可以近似视为等式 (见 [Lip09]) 的 414 页). 采用二分法等方法即可直接找到不等式 (7.10.1) 右边数值. 这为我们分析和解决问题提供了方便.

利用 (7.7.2) 式和引理 7.2 可得下面的命题.

命题 7.6 假设 S 连续股息派发, 其股息派发率为非负常数 q.

$$c^{u/o}(S,0,E,T,H) + \mathbb{V}^{d}(S,0,H,T)$$
$$= c(S,t,E,T) - c(S,t,H,T) - (H-E)e^{-r(T-t)}N(d_4)$$
$$- \left(\frac{H}{S(t)}\right)^{2\frac{(r-q)}{\sigma^2}-1} \left[c\left(\frac{H^2}{S},t,E,T\right) \right.$$
$$\left. -c\left(\frac{H^2}{S},t,H,T\right) - (H-E)e^{-r(T-t)}N(-d_5) \right]$$
$$+ (H-E)\left(\frac{H}{S(t)}\right)^{\frac{1}{\sigma}(\mu+\sqrt{\mu^2+2r})} N\left(\sqrt{\mu^2+2r}\sqrt{T-t} + \frac{\ln\frac{H}{S}}{\sigma\sqrt{T-t}}\right)$$
$$+ (H-E)\left(\frac{H}{S(t)}\right)^{\frac{1}{\sigma}(\mu-\sqrt{\mu^2+2r})} N\left(-\sqrt{\mu^2+2r}\sqrt{T-t} + \frac{\ln\frac{H}{S}}{\sigma\sqrt{T-t}}\right),$$

其中

$$\mu = \frac{1}{\sigma}\left(r - q - \frac{\sigma^2}{2}\right),$$

$$d_4 = \frac{\ln\frac{S}{H} + \left(r - q - \frac{\sigma^2}{2}\right)(T-t)}{\sigma\sqrt{T-t}},$$

$$d_5 = \frac{\ln\frac{S}{H} + \left(q - r + \frac{\sigma^2}{2}\right)(T-t)}{\sigma\sqrt{T-t}}.$$

作业 7.15 找几组数据, 利用 (7.10.1) 式和命题 7.6, 估计误差

$$\left| \mathbb{C}(S,t,E,T) - \sup_H \left\{ c^{\mathrm{u/o}}(S,0,E,T,H) + \mathbb{V}^{\mathrm{d}}(S,0,H,T) \right\} \right|.$$

7.11 保底看跌期权

我们在 BSM 框架下讨论问题. 假设 S 连续股息派发, 其股息派发率为非负常数 q.

取 $E > H > 0$. 注意到

$$\begin{aligned} g(S_t, E, H) &:= \min(\max(E - S(t), 0), E - H) \\ &= \max(E - \max(S(t), H), 0) \\ &= \max(E - S(t), 0) - \max(H - S(t), 0) \\ &= \begin{cases} 0, & S(t) \geqslant E, \\ E - S(t), & H \leqslant S(t) < E, \\ E - H, & S(t) < H. \end{cases} \end{aligned}$$

定义 7.3 称期权 $p_{\mathrm{floor}}(S,t,E,T,H)$ 为**欧式保底看跌 (floored put) 期权**, 如果其到期价值为

$$p_{\mathrm{floor}}(S,T,E,T,H) = g(S_T, E, H).$$

称期权 $\mathbb{P}_{\mathrm{floor}}(S,t,E,T,H)$ 为**美式保底看跌期权**:

(1) 如果期权持有者在 $t < T$ 提前执行, 那么其支付为

$$\mathbb{P}_{\mathrm{floor}}(S,t,E,T,H) = g(S_t, E, H);$$

(2) 如果期权持有者不提前执行, 那么其到期价值为

$$\mathbb{P}_{\mathrm{floor}}(S,T,E,T,H) = g(S_T, E, H).$$

引理 7.7 当 $E < H$ 时,

$$p_{\mathrm{floor}}(S,0,E,T,H) = p(S,0,E,T) - p(S,0,H,T).$$

作业 7.16 证明引理 7.7 并写出 $\mathbb{P}_{\text{floor}}(S,0,E,T,H)$ 的解析表达式.

类似于第 7.10 节, 我们可以得到 $\mathbb{P}(S,0,E,T)$ 估计, 并将细节留给读者.

8 雪球期权 (自动赎回) 简介

8.1 一些记号和约定

记 $\mathbb{R}_{++} = \{x > 0 \mid x \in \mathbb{R}\}$. 给定集合

$$G := \{T, K_{\text{in}}, K_{\text{out}} \in \mathbb{R}_{++} \mid K_{\text{out}} > K_{\text{in}}\}.$$

除非特别声明, 我们在 BSM 框架下讨论, 并且假定 G 中的所有元素为常数.

给定股票或股票指数 S, 假设当前时刻 $t = 0$, 且股价 $S(0)$ 满足

$$K_{\text{in}} \leqslant S(0) \leqslant K_{\text{out}}.$$

引入记号

$$\tau_{\text{in}} := \inf_{t \geqslant 0}\{t \mid S(t) \leqslant K_{\text{in}}\}, \quad \tau_{\text{out}} := \inf_{t \geqslant 0}\{t \mid S(t) \geqslant K_{\text{out}}\}. \quad (8.1.1)$$

分别称 τ_{in} 和 τ_{out} 为 S 在 $t = 0$ 之后的首次敲入和敲出时间, 以下简称为敲入和敲出时间. 注意: (1) 在概率论中, 它们称为首达时; (2) 分别称 K_{in} 和 K_{out} 为敲入和敲出价; (3) 在 $t = 0$ 时, τ_{in} 和 τ_{out} 是不确定的, 此时我们无法确定 τ_{in} 和 τ_{out} 哪一个更大.

图 8.1 是股价、敲入和敲出价格示意图. 图中我们没有罗列 S 所有可能走势, 以下详述.

直观上, S "上下振幅越大", τ_{in} 和 τ_{out} 就会越小, 其中 "上下振幅越大" 用双引号意思是, 这里没有给出这个表述的严格的数学定义.

股价 S 敲入和敲出的行为分为:

(1) 股价 S 在 T 以后敲入:

$$\underbrace{\{t < T < \tau_{\text{out}} < \tau_{\text{in}}\}, \quad \{t < T < \tau_{\text{in}} < \tau_{\text{out}}\}, \quad \{t < \tau_{\text{out}} \leqslant T < \tau_{\text{in}}\}}_{\{T < \tau_{\text{in}}\}}.$$

$$(8.1.2)$$

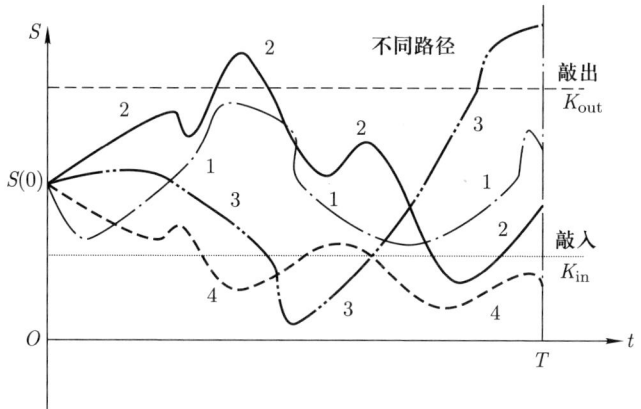

图 8.1　股价 S 在 $t=0$ 以后的不同走势

(2) 股价 S 在 T 或以前敲入,见图 8.1 中第 3 条和第 4 条:

$$\{t<\tau_{\text{in}}<\tau_{\text{out}}\leqslant T\},\quad \{t<\tau_{\text{out}}<\tau_{\text{in}}\leqslant T\},\quad \{t<\tau_{\text{in}}\leqslant T<\tau_{\text{out}}\}.$$
(8.1.3)

以上分类相当于先固定 t,再将 τ_{in}, τ_{out} 和 T 不重复替换图 8.2 中的 e, f 和 g:

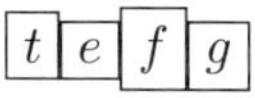

$$\boxed{t}\,\boxed{e}\,\boxed{f}\,\boxed{g}$$

图 8.2

共有 $3!=6$ 种可能.

8.2　股价敲出和敲入的集合分类

股价 S 在 $[0,T]$ 上敲出,见图 8.1 中第 2 条和第 3 条:

$$U_1:=\{t<\tau_{\text{out}}\leqslant T<\tau_{\text{in}}\}\cup\{t<\tau_{\text{in}}<\tau_{\text{out}}\leqslant T\}\cup\{t<\tau_{\text{out}}<\tau_{\text{in}}\leqslant T\}.$$

股价 S 在 $[0,T]$ 上既不敲出也不敲入,见图 8.1 中第 1 条:

$$U_2:=\{t<T<\tau_{\text{in}}<\tau_{\text{out}}\}\cup\{t<T<\tau_{\text{out}}<\tau_{\text{in}}\}.$$

股价 S 在 $[0,T]$ 上只敲入不敲出,见图 8.1 中第 4 条:

$$U_3 := \{t < \tau_{\text{in}} \leqslant T < \tau_{\text{out}}\}.$$

记

$$I_1 := \mathbb{1}_{\{T<\tau_{\text{in}}\}} + \mathbb{1}_{\{t<\tau_{\text{in}}<\tau_{\text{out}}\leqslant T\}} + \mathbb{1}_{\{t<\tau_{\text{out}}<\tau_{\text{in}}\leqslant T\}}, \quad (8.2.1)$$

$$I_2 := \mathbb{1}_{\{t<\tau_{\text{in}}\leqslant T<\tau_{\text{out}}\}}, \quad (8.2.2)$$

其中 $\mathbb{1}_{\{\}}$ 为示性函数. 易知, I_1 和 I_2 对应的事件互斥, 显然有

$$I_1 = \mathbb{1}_{U_1} + \mathbb{1}_{U_2}, \quad I_2 = \mathbb{1}_{U_3}, \quad (8.2.3)$$

命题 8.1

$$\mathbb{1}_{U_3} = \mathbb{1}_{\{t<T<\tau_{\text{out}}\}} - \mathbb{1}_{\{t\leqslant T\leqslant \min(\tau_{\text{in}},\tau_{\text{out}})\}}. \quad (8.2.4)$$

证明 (8.2.4) 式可由直观图像 (图 8.1) 立即得到, 或利用以下引理给出较严格的证明. □

引理 8.1

$$\mathbb{1}_{U_3} = (1 - \mathbb{1}_{\{t<\tau_{\text{out}}<T\}}) - (1 - \mathbb{1}_{\{t<\tau_{\text{out}}\leqslant T\}\cup\{t<\tau_{\text{in}}\leqslant T\}}).$$

证明 利用示性函数的性质: 给定集合 A 和 B, 有

$$\mathbb{1}_{A\cup B} = \mathbb{1}_A + \mathbb{1}_B - \mathbb{1}_{A\cap B}. \quad (8.2.5)$$

取 $A = \{t<\tau_{\text{out}}<T\}$, $B = \{t<\tau_{\text{in}}\leqslant T\}$, 则

$$\begin{aligned}
&(1 - \mathbb{1}_{\{t<\tau_{\text{out}}<T\}}) - (1 - \mathbb{1}_{\{t<\tau_{\text{out}}\leqslant T\}\cup\{t<\tau_{\text{in}}\leqslant T\}}) \\
&= \mathbb{1}_{\{t<\tau_{\text{out}}\leqslant T\}\cup\{t<\tau_{\text{in}}\leqslant T\}} - \mathbb{1}_{\{t<\tau_{\text{out}}<T\}} \\
&= \mathbb{1}_{\{t<\tau_{\text{out}}\leqslant T\}} + \mathbb{1}_{\{t<\tau_{\text{in}}\leqslant T\}} - \mathbb{1}_{\{t<\tau_{\text{out}}\leqslant T\}\cap\{t<\tau_{\text{in}}\leqslant T\}} - \mathbb{1}_{\{t<\tau_{\text{out}}\leqslant T\}} \\
&= \mathbb{1}_{\{t<\tau_{\text{in}}\leqslant T\}} - \mathbb{1}_{\{t<\tau_{\text{out}}\leqslant T\}\cap\{t<\tau_{\text{in}}\leqslant T\}}. \quad (8.2.6)
\end{aligned}$$

而

$$\{t<\tau_{\text{in}}\leqslant T\} = (\{t<\tau_{\text{out}}\leqslant T\}\cap\{t<\tau_{\text{in}}\leqslant T\})\cup\{t<\tau_{\text{in}}\leqslant T<\tau_{\text{out}}\},$$

并且

$$(\{t < \tau_{\text{out}} \leqslant T\} \cap \{t < \tau_{\text{in}} \leqslant T\}) \cap \{t < \tau_{\text{in}} \leqslant T < \tau_{\text{out}}\} = \varnothing.$$

再利用 (8.2.5) 式, 取 $A = \{t < \tau_{\text{out}} \leqslant T\} \cap \{t < \tau_{\text{in}} \leqslant T\}$, $B = \{t < \tau_{\text{in}} \leqslant T < \tau_{\text{out}}\}$, 得

$$\mathbb{1}_{\{t<\tau_{\text{in}}\leqslant T\}} = \mathbb{1}_{\{t<\tau_{\text{out}}\leqslant T\}\cap\{t<\tau_{\text{in}}\leqslant T\}} + \mathbb{1}_{\{t<\tau_{\text{in}}\leqslant T<\tau_{\text{out}}\}}.$$

将上式结合 (8.2.6) 式得证. □

(8.2.4) 式将在今后用到.

8.3 雪球期权的定义

雪球期权的定义存在多种表述形式. 下文将采用一种相对特殊但数学处理上更具一般性的定义.

我们采用以上记号和约定. 回忆 (8.2.1) 式和 (8.2.2) 式

$$I_1 = \mathbb{1}_{\{T<\tau_{\text{in}}\}} + \mathbb{1}_{\{t<\tau_{\text{in}}<\tau_{\text{out}}\leqslant T\}} + \mathbb{1}_{\{t<\tau_{\text{out}}<\tau_{\text{in}}\leqslant T\}},$$
$$I_2 = \mathbb{1}_{\{t<\tau_{\text{in}}\leqslant T<\tau_{\text{out}}\}}.$$

假设当前时刻为 $t = 0$. 雪球 (snowball) 期权是一张 T 时到期合约, 合约双方分别称为买方和卖方. 具体内容如下:

(1) 在 $t = 0$ 时, 买方支付给卖方 A 元现金, 其中常数 A 称为本金.

(2) 记 $\tau = \min(\tau_{\text{out}}, T)$. 在时间区间 $[0, T]$ 上:

(i) 若 $I_1 = 1$, 则在 τ 时, 卖方支付给买方现金 $\dfrac{\tau}{T}Y + A$. 之后该合约立即作废, 其中常数 Y 是在 $t = 0$ 时确定的.

(ii) 若 $I_2 = 1$, 则在 T 时, 卖方支付给买方现金 $-\dfrac{A}{S(0)}\max(S(0) - S(T), 0)$, 即买方不盈利或亏损. 之后该合约作废.

以上 (1) 和 (2) 称为合约的条款.

注 8.1 以下是对雪球期权注解.

(1) 称 y 为雪球期权票息收益率, 如果其满足
$$A(1+y\tau) = \frac{\tau}{T}Y + A,$$
即
$$y = \frac{Y}{AT} \times 100\%. \tag{8.3.1}$$

通常机构给出的敲入敲出价采用以下方式:
$$\text{敲入价} = \frac{K_{\text{in}}}{S(0)} \times 100\%,$$
$$\text{敲出价} = \frac{K_{\text{out}}}{S(0)} \times 100\%.$$

(2) 以上我们只给出了雪球期权理论上的定义. 在实际应用中, 雪球期权中的条款可能不同. 事实上, 市面上的雪球期权品种繁多, 但基本思路是相同的.

(3) 雪球期权买方收益与路径有关: 对于不同的路径 $S(0) \to S(T)$ (时间起点和终点固定), 买卖双方的现金流可能不同.

(4) 雪球期权的买方需要缴纳保证金. 见下面 8.6 节. 事实上, 这主要是为了避免 $I_2 = 1$ 发生. 在这种情形下, 合约买方相当于做空看跌期权 $p(S, t, S_0, T)$.

8.4 雪球期权吸引买方之处

假设当前时刻为 t. 一位投资者认为, 在时间区间 $[t, T]$ 上, 标的资产 S 路径将一直在区间 $(K_{\text{in}}, K_{\text{out}})$ 内. 这就是通常所说的, "股价或指数 S 在未来一段时间内不会大涨, 也没有系统性风险导致 S 大跌". 假设该投资者买入雪球期权, 而且其判断正确, 那么他获得的收益为 Y, 要求其大于银行存款收益. 在实际案例中, 有时 Y 可以高达银行定期存款年利率的 5 倍或更多.

在 $\tau = \min(\tau_{\text{out}}, T)$ 时, 这份雪球期权作废. 此时, 如果这位投资者认为在新的时间区间 $[\tau, \tau + T']$ 上, 标的资产 S 路径将一直在另一

区间 $(K'_{\text{in}}, K'_{\text{out}})$ 内, 则他可以再买一份 $[\tau, \tau+T']$ 上的雪球期权, 而将原区间 $(K_{\text{in}}, K_{\text{out}})$ 改成 $(K'_{\text{in}}, K'_{\text{out}})$. 此时, 票息可能取新的值 Y'.

这位投资者可以重复以上操作. 最理想的情形是, 这位投资者始终得到比银行存款更高的收益. 这有点像滚雪球, 只要"路面没有大坑", 投资者可以每隔一段时间 (例如上文中 τ) 滚动一次 (买入一个雪球期权), 将雪球 (收益) 越滚越大.

8.5 雪球期权吸引卖方之处

雪球期权属于场外交易期权. 机构在向客户出售期权后, 并非与客户"对赌", 而是通过在金融市场中对冲风险, 实现"空手套白狼"(即收取手续费). 机构通常会大量卖出此类期权, 追求客户总体盈利, 但并不能保证每个客户在单个期权上都盈利. 只有当大多数客户盈利时, 才能吸引更多客户持续买入此类期权.

机构发行雪球期权的初衷主要是收取手续费. 然而, 由于 A 股市场的 $t+1$ 交易制度和涨跌停限制等因素, A 股市场的有效性受到一定限制. 这可能导致机构在对冲雪球期权风险时, 除了收取手续费外, 还能获得额外收益.

例 8.1 现在以一只股票 S 为例, 将其看成一金融产品. 大量买入 S 导致股价上涨, 从而使买入者获利 (至少在账面上). 所以, 直观上, 大量买入某金融产品会推动该产品的价格走势向有利于买入者盈利的方向变动, 除非遇到巨大的"外力"干扰, 如上市公司 S 遭遇重大利空, 或经济大环境发生显著变化等.

(1) 类似于例 8.1, 买入雪球产品的投资者获利最大的情形是, 其对应的标的在到期前既不敲出也不敲入.

(2) 直观上, 大量买入雪球产品将会导致其标的"向着投资者盈利的方向变动", 即其标的既不敲出也不敲入, 或通俗地讲, 其标的"既不大涨也不大跌". 所以, 大量买入雪球产品将会导致其标的的波动率降低.

(3) 客户买入雪球产品这个行为是与机构签约，这一行为本身对市场没有直接影响.

(4) 然而，与之签约的机构会在市场上对冲风险. 若无巨大"外力"(如金融或经济大环境的变化等) 影响，其对冲操作会导致标的波动率减小.

(5) 为了使雪球期权既不敲出也不敲入，机构在对冲客户买入的雪球产品时，需要对其标的进行"高抛低吸". 这与第 6 章中提到的策略类似. 但由于雪球期权的条款比第 6 章中的例子更为复杂，机构在对冲时并非总是"高抛低吸"，但总体而言会遵循这一策略.

(6) 现在以"高抛"为例 ("低吸"类似). A 股实行 $t+1$ 制度，即当天买入的股票只能在次日或之后卖出. A 股又实行涨跌停制度. 若当天出"重大利好"导致当天股价涨停或曾经涨停，考虑到市场流动性，机构和游资通常只能在涨停时买卖入大量股票 (观察涨停时的封单量即可了解，细节略)，而 $t+1$ 制度使得买入该股票的投资者当日无法抛售. 若在涨停后或盘后公告辟谣，则当日或次日可能因抛压集中释放而导致股价跌停. 这种现象有利于雪球产品的卖方 (机构) 在股价大涨或涨停时"高抛"存量持仓.

(7) 万一股价连续涨停，则雪球期权就会敲出，合约结束.

(8) 因此，机构在对冲雪球产品时，除了收取手续费还可能有盈利. 参见第 6 章提及的做多 Gamma.

(9) 这也许是雪球产品在 A 股市场比较"火爆"的原因之一. 但是，从 2024 年初以来存在经济大环境等"巨大的外力"导致该产品迅速降温.

8.6 雪球期权买方的风险

假设某投资者在 $t = 0$ 时买入 1 份雪球期权. 随后，股价在到期前触发敲入条件，且在到期日 T 前未触发敲出条件. 那么，该投资者的雪球期权价值为 $-\dfrac{A}{S(0)}\max(S(0)-S(T),0)$. 相当于卖空 $\dfrac{A}{S(0)}$ 份 $p(S,t,S(0),T)$ 的到期价值. 由于 $S(T)\geqslant 0$，因此该雪球期权价值最小

值为 $-A$. 正因如此, 购买雪球期权需要缴纳或追缴保证金.

8.7 实际市场中雪球期权条款的修改

在实际市场中, 采集股价的行为是离散的. 以每个交易日采集股价一次为例, τ_{in} 定为首次股价 $\leqslant K_{\text{in}}$ 的日期; τ_{out} 定为首次股价 $\geqslant K_{\text{out}}$ 的日期. 也可以将以上"日期"改成月份 (每个月定期采集一次数据). 有时也将这些不等号中的等号去掉. 这取决于合约条款的内容.

8.7.1 雪球期权的名义本金

为了吸引雪球期权买家, 机构采用名义本金的做法. 例如: 1 份合约对应的标的为 100 万股 S, 在签约时 ($t = 0$ 时), 买家只需缴纳 100 万$S(0) \times 30\%$ 作为保证金, 其中 100 万$S(0)$ 称为名义本金. 机构可以宣传: 购买这个合约是不用花钱的, 只需缴纳保证金.

大作业 8.1

1. 选择标的 S 和历史时间节点 $a < b < c$, 满足 $b - a = c - b =$ 一年以上.

2. 选择 K_{out} 和 K_{in}.

3. 了解使用 Monte Carlo 方法定价雪球期权的方法, 并给出 100 万元名义本金从 a 到 b 的收益, 其中 a 和 b 分别为产品的起始日和到期日.

4. 对于所选择的 S 和其在时间区间 $[a, b]$ 上的历史数据, 利用 Monte Carlo 方法给出每个交易日的雪球期权的 Δ 对冲头寸.

5. 利用 Δ 对冲

$$-v(S, t', T) + \frac{\partial v}{\partial S} S(t')$$

得到在 $[a, b]$ 上的累计盈亏.

6. 假设某一机构打算在 b 时发行一个 100 万元名义本金雪球期权, 到期日为 c, K_{out} 和 K_{in} 需要再次选择. 请向买家报出收益率 y.

7. 在 $[b, c]$ 上, 利用 Δ 对冲得到在 $[b, c]$ 上的累计盈亏.

8. 计算发行该产品在 $[b, c]$ 上机构的总收益.

9 在 BSM 框架下雪球期权定价简述

记 $v(S,0,T)$ 为 8.3 节中定义的雪球期权在发行时 ($t=0$ 时) 的价格. 此后其价格为 $v(S,t,T)$, $\forall t \in (0,T]$, 即在 t 时, 买方可以价格 $v(S,t,T)$ 将合约转手给第三方. 由合约内容知: 可以调整 Y, 使得 $v(S,0,T) = S(0) =: A$ (常数). 我们视其为初值, 此后 A 和 Y 都不变.

在 BSM 框架下, $\mathrm{e}^{-rt} v(S,t,T)$ 关于 σ 域流 $\mathcal{F}_t$ 的风险中性测度 Q 是一个鞅. 于是,

$$v(S,t,T) = \mathbb{E}^Q\left[I_1 \mathrm{e}^{-r(\tau-t)}\left(\frac{\tau}{T}Y+A\right)\bigg|\mathcal{F}_0\right]$$
$$-\mathbb{E}^Q[\mathrm{e}^{-r(T-t)} I_2 \max(S(0)-S(T),0)|\mathcal{F}_0],$$

其中 $\tau = \min(\tau_{\mathrm{out}}, T)$, I_1 和 I_2 见 (8.2.1) 式和 (8.2.2) 式. 要想给出雪球期权的定价, 我们利用一些已知的期权计算结果. 为此, 利用 (8.2.3) 式改写上式,

$$v(S,t,T) = \mathbb{E}^Q\left[(\mathbb{1}_{\{U_1\}} + \mathbb{1}_{\{U_2\}})\mathrm{e}^{-r(\tau-t)}\left(\frac{\tau}{T}Y+A\right)\bigg|\mathcal{F}_0\right]$$
$$-\mathbb{E}^Q[\mathrm{e}^{-r(T-t)}\mathbb{1}_{\{U_3\}}[\max(S(0)-S(T),0)]|\mathcal{F}_0]. \quad (9.0.1)$$

要计算 $v(S,t,T)$, 只需计算以下期望:

(1) $B_1 := \mathbb{E}^Q\left[\mathbb{1}_{\{U_1\}}\mathrm{e}^{-r(\tau-t)}\left(\frac{\tau}{T}Y+A\right)\bigg|\mathcal{F}_0\right],$ \quad (9.0.2)

(2) $B_2 := \mathbb{E}^Q\left[\mathbb{1}_{\{U_2\}}\mathrm{e}^{-r(T-t)}(Y+A)\bigg|\mathcal{F}_0\right],$ \quad (9.0.3)

(3) $B_3 := -\mathbb{E}^Q\left[\mathrm{e}^{-r(T-t)}\mathbb{1}_{\{U_3\}}[\max(S(0)-S(T),0)]|\mathcal{F}_0\right].$ \quad (9.0.4)

最后将其相加: $v(S,t,T) = B_1 + B_2 + B_3$. 给定名义本金为 N, 则其雪球期权价格为 $Nv(S,t,T)/S(0)$.

9.1 定价 B_1

在 (9.0.2) 式中提及的 B_1 是向上触碰期权 (one-touch-up) (触及即付). 这种期权只有一个障碍 $K_{\text{out}} > S(t)$. 当股价 S 首次满足 $S(\tau) \geqslant K_{\text{out}}$ 时, 该期权的持有者立即获得 $\frac{\tau}{T} Y + A$ 元现金, 之后期权作废. 记

$$k = \frac{1}{\sigma} \ln \frac{K_{\text{out}}}{S}, \quad \mu = \frac{1}{\sigma} \left(r - q - \frac{\sigma^2}{2} \right).$$

由首达时性质, 我们有下面的引理 (见 [Shr04] 的 113 页).

引理 9.1 假设当前时刻为 $t, \tau > t$. 股价 S 在 $(\tau, \tau + \mathrm{d}\tau)$ 内首达 k 的概率为

$$\frac{k}{\sqrt{2\pi(\tau-t)^3}} \exp\left(\mu k - \frac{\mu^2}{2}(\tau-t) - \frac{k^2}{2(\tau-t)} \right) \mathrm{d}\tau,$$

其中 $\mathrm{e}^{\mu k - \frac{\mu^2}{2}(\tau-t)}$ 是 Radon-Nikodým 导数.

Feynman 技巧的一个应用: 将 τ_{out} 简记为 τ, 于是 (9.0.2) 式中,

$$\begin{aligned}
B_1 &= \int_t^T \mathrm{e}^{-r(\tau-t)} \frac{k}{\sqrt{2\pi(\tau-t)^3}} \left(\frac{\tau}{T} Y + A \right) \\
&\quad \times \exp\left(\mu k - \frac{\mu^2}{2}(\tau-t) - \frac{k^2}{2(\tau-t)} \right) \mathrm{d}\tau \\
&= \underbrace{\frac{Y}{T} \int_t^T \mathrm{e}^{-r(\tau-t)} \frac{k\tau}{\sqrt{2\pi(\tau-t)^3}} \exp\left(\mu k - \frac{\mu^2}{2}(\tau-t) - \frac{k^2}{2(\tau-t)} \right) \mathrm{d}\tau}_{=: f(\mu)} \\
&\quad + \underbrace{A \int_t^T \mathrm{e}^{-r(\tau-t)} \frac{k}{\sqrt{2\pi(\tau-t)^3}} \exp\left(\mu k - \frac{\mu^2}{2}(\tau-t) - \frac{k^2}{2(\tau-t)} \right) \mathrm{d}\tau}_{=: g(\mu)} \\
&= \frac{Y}{T} f(\mu) + A g(\mu),
\end{aligned}$$

$$g'(\mu) = \int_t^T \mathrm{e}^{-r(\tau-t)} \frac{k[k-\mu(\tau-t)]}{\sqrt{2\pi(\tau-t)^3}}$$
$$\times \exp\left(\mu k - \frac{\mu^2}{2}(\tau-t) - \frac{k^2}{2(\tau-t)}\right) \mathrm{d}\tau$$
$$= (k+\mu t)g(\mu) - \mu \int_t^T \mathrm{e}^{-r(\tau-t)} \frac{k\tau}{\sqrt{2\pi(\tau-t)^3}}$$
$$\times \exp\left(\mu k - \frac{\mu^2}{2}(\tau-t) - \frac{k^2}{2(\tau-t)}\right) \mathrm{d}\tau$$
$$= (k+\mu t)g(\mu) - \mu f(\mu). \tag{9.1.1}$$

所以,
$$f(\mu) = \begin{cases} \dfrac{1}{\mu}\left[(k+\mu t)g(\mu) - g'(\mu)\right], & \text{当 } \mu \neq 0 \text{ 时}, \\ \lim\limits_{\mu \to 0} \dfrac{1}{\mu}\left[(k+\mu t)g(\mu) - g'(\mu)\right], & \text{当 } \mu = 0 \text{ 时}. \end{cases}$$

由 (9.1.1) 式知
$$g'(0) = \lim_{\mu \to 0}[(k+\mu t)g(\mu) - \mu f(\mu)] = kg(0).$$

利用 L'Hospital 法则, 有
$$f(\mu) = \begin{cases} \dfrac{1}{\mu}\left[(k+\mu t)g(\mu) - g'(\mu)\right], & \text{当 } \mu \neq 0 \text{ 时}, \\ kg'(0) + tg(0) - g''(0), & \text{当 } \mu = 0 \text{ 时}. \end{cases}$$

因此, 要求出 $B_1 = \dfrac{Y}{T}f(\mu) + Ag(\mu)$, 只需求出 $g(\mu)$ 即可. 利用 (7.7.3) 式或 [RR91] 可知,

$$g(\mu) = \left(\frac{K_{\mathrm{out}}}{S(t)}\right)^{\frac{1}{\sigma}(\mu+\sqrt{\mu^2+2r})} N\left(-\sqrt{\mu^2+2r}\sqrt{T-t} - \frac{\ln\dfrac{K_{\mathrm{out}}}{S}}{\sigma\sqrt{T-t}}\right)$$
$$+ \left(\frac{K_{\mathrm{out}}}{S(t)}\right)^{\frac{1}{\sigma}(\mu-\sqrt{\mu^2+2r})} N\left(\sqrt{\mu^2+2r}\sqrt{T-t} - \frac{\ln\dfrac{K_{\mathrm{out}}}{S}}{\sigma\sqrt{T-t}}\right).$$
$$\tag{9.1.2}$$

这样, 我们完成了 $B_1 = \dfrac{Y}{T} f(\mu) + A g(\mu)$ 的计算.

9.2 定价 B_2

参考 7.4 节中 (7.4.9) 式, 取 $H_L = K_{\text{in}}$, $H_U = K_{\text{out}}$, $h(K_{\text{in}} e^y) = Y + A$, 代入后得

$$\xi(S, t, T)$$
$$= K_{\text{in}} \exp\left(-\frac{1}{2}(k_2 - 1)\ln\frac{S(t)}{K_{\text{in}}} - \frac{\sigma^2}{8}\left((k_2-1)^2 + k_1\right)(T-t)\right)$$
$$\times \sum_{n=1}^{\infty} \lambda_n \sin\left(\frac{n\pi}{a}\ln\frac{S(t)}{K_{\text{in}}}\right) \exp\left(-\frac{n^2\sigma^2\pi^2}{2a^2}(T-t)\right), \qquad (9.2.1)$$

其中, $k_1 = \dfrac{2r}{\sigma^2}$, $k_2 = \dfrac{2(r-q)}{\sigma^2}$, $a = \ln\dfrac{K_{\text{out}}}{K_{\text{in}}}$,

$$\lambda_n = \frac{2}{aK_{\text{in}}}(Y+A)\int_0^a \exp\left(\frac{1}{2}(k_2-1)y\right)\sin\left(\frac{n\pi}{a}y\right)\mathrm{d}y. \quad (9.2.2)$$

参考 (7.4.10) 式, 上述积分可以用 Maxima 软件计算, 结果如下:

$$\lambda_n = 4\left(\frac{Y+A}{K_{\text{in}}}\right)\frac{(k_2-1)\,a\,e^{\frac{ak_2}{2}}\sin(\pi n) - 2\pi e^{\frac{ak_2}{2}} n\cos(\pi n) + 2\pi e^{\frac{a}{2}} n}{4\pi^2 e^{\frac{a}{2}} n^2 + a^2 e^{\frac{a}{2}} k_2^2 - 2a^2 e^{\frac{a}{2}} k_2 + a^2 e^{\frac{a}{2}}}$$

$$= 8\left(\frac{Y+A}{K_{\text{in}}}\right)\frac{(-1)^{n-1} n\pi\, e^{\frac{ak_2}{2}} + \pi n e^{\frac{a}{2}}}{4\pi^2 e^{\frac{a}{2}} n^2 + a^2 e^{\frac{a}{2}} k_2^2 - 2a^2 e^{\frac{a}{2}} k_2 + a^2 e^{\frac{a}{2}}}$$

$$= 8n\pi\left(\frac{Y+A}{K_{\text{in}}}\right)\frac{(-1)^{n-1} e^{\frac{a(k_2-1)}{2}} + 1}{4\pi^2 n^2 + a^2 k_2^2 - 2a^2 k_2 + a^2}.$$

这样就得到 $B_2 = \xi(S, t, T)$.

9.3 定价 B_3

结合 (8.2.4) 式和 (9.0.4) 式, 得

$$\begin{aligned}B_3 :&= -\mathbb{E}^Q\left[\mathrm{e}^{-r(T-t)}\mathbb{1}_{\{U_3\}}[\max(S(0)-S(T),0)]\big|\mathcal{F}_0\right]\\ &= -\mathbb{E}^Q\left[\mathrm{e}^{-r(T-t)}[\mathbb{1}_{\{t<T<\tau_{\mathrm{out}}\}} - \mathbb{1}_{\{t\leqslant T\leqslant\min(\tau_{\mathrm{in}},\tau_{\mathrm{out}})\}}]\right.\\ &\qquad\times[\max(S(0)-S(T),0)]\big|\mathcal{F}_0\Big]\\ &= \underbrace{\mathbb{E}^Q\left[\mathrm{e}^{-r(T-t)}\mathbb{1}_{\{t\leqslant T\leqslant\min(\tau_{\mathrm{in}},\tau_{\mathrm{out}})\}}[\max(S(0)-S(T),0)]\big|\mathcal{F}_0\right]}_{\text{双障碍敲出看跌期权}}\\ &\quad - \underbrace{\mathbb{E}^Q\left[\mathrm{e}^{-r(T-t)}\mathbb{1}_{\{t<T<\tau_{\mathrm{out}}\}}[\max(S(0)-S(T),0)]\big|\mathcal{F}_0\right]}_{\text{上涨敲出看跌期权}}. \quad (9.3.1)\end{aligned}$$

现在定价 (9.3.1) 式中的双障碍敲出看跌期权 (double-knockout put), 记为 $p^{\mathrm{db}}(S,t,S(0),T)$. 在 (7.4.9) 式中, 取 $h(S_T) = \max(S(0)-S(T),0)$, $H_L = K_{\mathrm{in}}$, $H_U = K_{\mathrm{out}}$, $a = \ln\dfrac{K_{\mathrm{out}}}{K_{\mathrm{in}}}$, 得到

$$\begin{aligned}&p^{\mathrm{db}}(S,t,S(0),T)\\ &= K_{\mathrm{in}}\exp\left(-\frac{1}{2}(k_2-1)\ln\frac{S(t)}{K_{\mathrm{in}}} - \frac{\sigma^2}{8}((k_2-1)^2+k_1)(T-t)\right)\\ &\quad\times\sum_{n=1}^{\infty}\lambda_n^{\mathrm{dbput}}\sin\left(\frac{n\pi}{a}\ln\frac{S(t)}{K_{\mathrm{in}}}\right)\exp\left(-\frac{n^2\sigma^2\pi^2}{2a^2}(T-t)\right), \quad (9.3.2)\end{aligned}$$

其中, $k_1 = 2r/\sigma^2$, $k_2 = 2(r-q)/\sigma^2$, $\lambda_n^{\mathrm{dbput}}$ 由 (7.4.8) 式给出:

$$\begin{aligned}\lambda_n^{\mathrm{dbput}} &= \frac{2}{a}\int_0^a \exp\left(\frac{1}{2}(k_2-1)y\right)\frac{h(K_{\mathrm{in}}\mathrm{e}^y)}{K_{\mathrm{in}}}\sin\left(\frac{n\pi}{a}y\right)\mathrm{d}y\\ &= \frac{2}{a}\int_0^a \exp\left(\frac{1}{2}(k_2-1)y\right)\frac{\max(K_{\mathrm{in}}\mathrm{e}^y - S(0),0)}{K_{\mathrm{in}}}\sin\left(\frac{n\pi}{a}y\right)\mathrm{d}y\\ &= \frac{2}{aK_{\mathrm{in}}}\int_{\ln\frac{S(0)}{K_{\mathrm{in}}}}^{\ln\frac{K_{\mathrm{out}}}{K_{\mathrm{in}}}} \exp\left(\frac{1}{2}(k_2-1)y\right)\sin\left(\frac{n\pi}{a}y\right)\mathrm{d}y. \quad (9.3.3)\end{aligned}$$

上述积分可以用 Maxima 软件计算, 结果如下:

$$\lambda_n^{\mathrm{dbput}} = -\frac{4(k_2-1)a\left(\dfrac{S_0}{K_{\mathrm{in}}}\right)^{\frac{k_2-1}{2}}\sin\left(\dfrac{n\pi}{a}\ln\dfrac{S_0}{K_{\mathrm{in}}}\right)}{4\pi^2 K_{\mathrm{in}} n^2 + (k_2-1)^2 K_{\mathrm{in}} a^2}$$

$$+\frac{8\pi\left(\dfrac{S_0}{K_{\mathrm{in}}}\right)^{\frac{k_2-1}{2}} n\cos\left(\dfrac{n\pi}{a}\ln\dfrac{S_0}{K_{\mathrm{in}}}\right)}{4\pi^2 K_{\mathrm{in}} n^2 + (k_2-1)^2 K_{\mathrm{in}} a^2}$$

$$+\frac{4(k_2-1)a\left(\dfrac{K_{\mathrm{out}}}{K_{\mathrm{in}}}\right)^{\frac{k_2-1}{2}}\sin\left(\dfrac{n\pi}{a}\ln\dfrac{K_{\mathrm{out}}}{K_{\mathrm{in}}}\right)}{4\pi^2 K_{\mathrm{in}} n^2 + (k_2-1)^2 K_{\mathrm{in}} a^2}$$

$$-\frac{8\pi\left(\dfrac{K_{\mathrm{out}}}{K_{\mathrm{in}}}\right)^{\frac{k_2-1}{2}} n\cos\left(\dfrac{n\pi}{a}\ln\dfrac{K_{\mathrm{out}}}{K_{\mathrm{in}}}\right)}{4\pi^2 K_{\mathrm{in}} n^2 + (k_2-1)^2 K_{\mathrm{in}} a^2}$$

$$= -\frac{4(k_2-1)a\left(\dfrac{S_0}{K_{\mathrm{in}}}\right)^{\frac{k_2-1}{2}}\sin\left(\dfrac{n\pi}{a}\ln\dfrac{S_0}{K_{\mathrm{in}}}\right)}{4\pi^2 K_{\mathrm{in}} n^2 + (k_2-1)^2 K_{\mathrm{in}} a^2}$$

$$+\frac{8\pi\left(\dfrac{S_0}{K_{\mathrm{in}}}\right)^{\frac{k_2-1}{2}} n\cos\left(\dfrac{n\pi}{a}\ln\dfrac{S_0}{K_{\mathrm{in}}}\right)}{4\pi^2 K_{\mathrm{in}} n^2 + (k_2-1)^2 K_{\mathrm{in}} a^2}$$

$$+\frac{(-1)^{n-1}8\pi n\left(\dfrac{K_{\mathrm{out}}}{K_{\mathrm{in}}}\right)^{\frac{k_2-1}{2}}}{4\pi^2 K_{\mathrm{in}} n^2 + (k_2-1)^2 K_{\mathrm{in}} a^2} \quad (\text{利用 } a = \ln(K_{\mathrm{out}}/K_{\mathrm{in}})).$$

(9.3.1) 式中的上涨敲出看跌期权 ($S(t) < K_{\mathrm{out}}$) 到期时定价可参考 (7.5.24) 式,

$$p^{\mathrm{u/o}}(S,t,S(0),T,K_{\mathrm{out}},r,q)$$
$$= p(S,t,E,T) - \left(\frac{H}{S}\right)^{\frac{2\mu}{\sigma}}\left(p\left(\frac{H^2}{S},t,E,T\right)\right), \qquad (9.3.4)$$

其中

$$\mu = \frac{1}{\sigma}\left(r - q - \frac{\sigma^2}{2}\right).$$

9.4　雪球期权定价总结

总结 9.1 节 ~ 9.3 节, 回忆 $k_1 = 2r/\sigma^2$, $k_2 = 2(r-q)/\sigma^2$, $a = \ln\frac{K_{\text{out}}}{K_{\text{in}}}$ 和 $S(0) \in (K_{\text{in}}, K_{\text{out}})$, 则在 $t = 0$ 发行的雪球期权定价公式为

$$\begin{aligned}
v(S,t,T) &= \frac{Y}{T}f(\mu) + Ag(\mu) \\
&\quad + K_{\text{in}}\exp\left(-\frac{1}{2}(k_2-1)\ln\frac{S(t)}{K_{\text{in}}} - \frac{\sigma^2}{8}((k_2-1)^2 + k_1)(T-t)\right) \\
&\quad \times \sum_{n=1}^{\infty} \lambda_n \sin\left(\frac{n\pi}{a}\ln\frac{S(t)}{K_{\text{in}}}\right)\exp\left(-\frac{n^2\sigma^2\pi^2}{2a^2}(T-t)\right) \\
&\quad + K_{\text{in}}\exp\left(-\frac{1}{2}(k_2-1)\ln\frac{S(t)}{K_{\text{in}}} - \frac{\sigma^2}{8}((k_2-1)^2 + k_1)(T-t)\right) \\
&\quad \times \sum_{n=1}^{\infty} \lambda_n^{\text{dbput}} \sin\left(\frac{n\pi}{a}\ln\frac{S(t)}{K_{\text{in}}}\right)\exp\left(-\frac{n^2\sigma^2\pi^2}{2a^2}(T-t)\right) \\
&\quad - p^{\text{u/o}}(S,t,S(0),T,K_{\text{out}},r,q),
\end{aligned} \tag{9.4.1}$$

其中, λ_n 和 λ_n^{dbput} 分别由 9.2 节和 9.3 节给出, 而 (参考 9.1 节)

$$\begin{aligned}
g(\mu) &= \left(\frac{K_{\text{out}}}{S(t)}\right)^{\frac{1}{\sigma}(\mu + \sqrt{\mu^2 + 2r})} N\left(-\sqrt{\mu^2 + 2r}\sqrt{T-t} - \frac{\ln\frac{K_{\text{out}}}{S}}{\sigma\sqrt{T-t}}\right) \\
&\quad + \left(\frac{K_{\text{out}}}{S(t)}\right)^{\frac{1}{\sigma}(\mu - \sqrt{\mu^2 + 2r})} N\left(\sqrt{\mu^2 + 2r}\sqrt{T-t} - \frac{\ln\frac{K_{\text{out}}}{S}}{\sigma\sqrt{T-t}}\right),
\end{aligned} \tag{9.4.2}$$

$$f(\mu) = \begin{cases} \dfrac{1}{\mu}\left[(k+\mu t)g(\mu) - g'(\mu)\right], & \text{当 } \mu \neq 0 \text{ 时,} \\ kg'(0) + tg(0) - g''(0), & \text{当 } \mu = 0 \text{ 时,} \end{cases}$$

$p^{\mathrm{u/o}}(S, t, S(0), T, K_{\mathrm{out}}, r, q)$ 由 (9.3.4) 式给出. 由例 7.5 知, 其 Δ 在 K_{out} 处不连续.

10　理论上雪球期权的 Δ 对冲

在 9.4 节中, 我们给出了雪球期权的定价表达式, 见公式 (9.4.1). 逻辑上, 我们可以求得

$$\Delta := \frac{\partial}{\partial S} v(S, t, T).$$

这将是一个烦琐的工作. 在实际应用中, Δ 可通过 Monte Carlo 模拟或有限差分法等方法得到. 以下给出雪球期权的 Δ 的大致轮廓.

由于 (9.4.1) 式中的 $v(S, t, T)$ 可以看成 S 和 $T - t$ 的函数, 即 $v(S, t, T)$ 可以写成 $v(S, T - t)$, 所以当 $T \to +\infty$ 时, $v(S, t, T)$ 可写成

$$v(S) = \lim_{T \to +\infty} v(S, T - t).$$

引理 10.1

$$v(S) = \begin{cases} A \left(\dfrac{K_{\text{out}}}{S(t)} \right)^{\frac{1}{\sigma}(\mu - \sqrt{\mu^2 + 2r})}, & S \leqslant K_{\text{out}}, \\ 0, & S > K_{\text{out}}. \end{cases}$$

证明　在 (9.4.1) 式中, 无穷级数含因子 $\exp\left(-\dfrac{n^2 \sigma^2 \pi^2}{2a^2}(T - t)\right)$. 当 $T \to +\infty$ 时, 这些因子趋于 0. 由看跌–看涨平价公式:

$$p(S, t, E, T) = c(S, t, E, T) + E e^{-r(T-t)} - S(t).$$

而由无套利假定知: $S \geqslant c(S, t, E, T)$, $p(S, t, E, T) \geqslant 0$. 所以,

$$0 = \lim_{T \to +\infty} p(S, t, E, T) \geqslant \lim_{T \to +\infty} p^{\text{u/o}}(S, t, S(0), T, K_{\text{out}}, r, q) \geqslant 0,$$

推出

$$\lim_{T \to +\infty} p^{\text{u/o}}(S, t, S(0), T, K_{\text{out}}, r, q) = 0.$$

证明的剩下部分请读者自行完成. 　□

推论 10.1

$$v'(S) = \begin{cases} \dfrac{\sqrt{\mu^2 + 2r} - \mu}{\sigma S} v(S), & S \leqslant K_{\text{out}}, \\ 0, & S > K_{\text{out}}. \end{cases}$$

于是

$$\lim_{S \to K_{\text{out}}^+} v'(S) = 0 \neq \dfrac{\sqrt{\mu^2 + 2r} - \mu}{\sigma K_{\text{out}}} = \lim_{S \to K_{\text{out}}^-} v'(S).$$

这显示当 $T \to +\infty$ 时, v 的 Δ 在 $S = K_{\text{out}}$ 处不连续且上式右边的极限大于 0.

在实际市场中, 雪球期权 $v(S, t, T)$ 中的 T 是有限的, 通常 T 不大于 2 年. 此时, (9.4.1) 式中的无穷级数的首项因子

$$\begin{aligned} G := & K_{\text{in}} \exp\left(-\dfrac{1}{2}(k_2 - 1)\ln \dfrac{S(t)}{K_{\text{in}}} - \dfrac{\sigma^2}{8}((k_2 - 1)^2 + k_1)(T - t)\right) \\ & \times \lambda_1 \sin\left(\dfrac{\pi}{a} \ln \dfrac{S(t)}{K_{\text{in}}}\right) \\ & + K_{\text{in}} \exp\left(-\dfrac{1}{2}(k_2 - 1)\ln \dfrac{S(t)}{K_{\text{in}}} - \dfrac{\sigma^2}{8}((k_2 - 1)^2 + k_1)(T - t)\right) \\ & \times \lambda_1^{\text{dbput}} \sin\left(\dfrac{\pi}{a} \ln \dfrac{S(t)}{K_{\text{in}}}\right) \end{aligned}$$

不能忽略, 其中 $a = \ln(K_{\text{out}}/K_{\text{in}})$. 记

$$\Delta_1 := \dfrac{\partial G}{\partial S}.$$

作业 10.1 证明:

$$\lim_{S \to K_{\text{in}}^+} \Delta_1 > 0,$$
$$\lim_{S \to K_{\text{out}}^-} \Delta_1 < 0.$$

提示: 利用 (9.2.2) 式和 (9.3.3) 式, 先证明 $\lambda_1, \lambda_1^{\text{dbput}} > 0$.

当 $S \notin (K_{\text{in}}, K_{\text{out}})$ 时, 无穷级数对应的双障碍作废, 所以 $\Delta_1 = 0$.

从数学角度, 我们可以继续探讨雪球期权在障碍处 K_{out} 的不连续性. 然而, 当 S 从 K_{out} 下方向上突破后, 雪球期权 v 作废. 市场参与者 (包括发行机构和投资者) 更为关注的风险焦点集中在 S 敲入障碍 K_{in} 时的情形, 即当 S 从 K_{in} 上方下穿 K_{in} 时:

(1) 机构对冲多头头寸 Δ_1 由正跳跃至 0, 即机构集中平掉头寸 Δ_1 后导致 S 瞬时下跌, 从而造成市场流动性风险.

(2) 对于期权买方而言, 在标的资产价格 S 后续未触及上方障碍 K_{out} 的前提下, 其相当于持有欧式看跌期权的空头. 这可能给其带来巨大损失.

总体而言, 机构在卖出雪球期权后, 对冲操作是多头 Gamma, 参见 8.5 节所述. 在不发生极端行情前提下, 雪球期权无论对机构和客户都有较大吸引力.

注 10.1 当 S 从 K_{in} 上方下穿 K_{in} 时, 存在一些风险把控的方法. 这些方法不一定很奏效, 但可以参考.

(1) 考虑到
$$\begin{cases} \lim_{S \to K_{\text{in}}^+} \Delta_1 > 0, & S > K_{\text{in}}, \\ \Delta_1 = 0, & S \leqslant K_{\text{in}}. \end{cases}$$

机构将在 S 首次触及 K_{in} 时, 抛出 Δ_1 股 S. 假设这个行为导致机构缴纳手续费, 并且市场流动性问题使得 S 下跌, 将所有这些损失记为 $k\Delta_1$, k 为正常数. 所以对机构而言, 雪球期权 v 在触及 K_{in} 时不为 0, 而是

$$v(K_{\text{in}}, t, T) = -k\Delta_1 K_{\text{in}}. \tag{10.0.1}$$

利用 Taylor 展开, 有

$$v((k+1)K_{\text{in}}, t, T) = 0. \tag{10.0.2}$$

事实上, 将上式对 $k = 0$ 做 Taylor 展开, 并取近似

$$\Delta_1 \approx \frac{\partial v}{\partial S},$$

便可得到 (10.0.1) 式. 以上考虑建议机构将边条件 $v(K_{\text{in}}, t, T) = 0$ 改为 (10.0.2) 式, 参见 [Wil06] 的 406 页.

(2) 理论上, v 的 Δ_v 为

$$\Delta_v = \frac{\partial v}{\partial S} \approx \frac{\Delta v}{\Delta S}.$$

但是在实际市场中, Δ_v 按照上式取法会在障碍附近产生较大误差.

电视剧《繁花》中有这样一句台词: "你知道纽约帝国大厦吗? 从底下跑到顶楼要一个钟头, 但从屋顶跳下来只要 8.8 秒 —— 这就是股市."

虽然电视剧中的台词有点夸张, 但它形象地说明了股价上涨和下跌的速度往往不同. 考虑到市场"滑点"等因素, 股价在某个点的涨跌可能会导致 $\Delta V/\Delta S$ 取不同值. 为了解决这个问题, 一种方法是将 Δ_v 修正为

$$\text{modified } \Delta_v = \frac{1}{2}\left(\frac{\Delta v}{\Delta S^-} + \frac{\Delta v}{\Delta S^+}\right),$$

其中 ΔS^- 和 ΔS^+ 分别表示 S 向下和向上的增量, 参见 [Tal97] 的 118 页. 估计 modified Δ_v 在 S 未触及障碍前的值, 可以预估触及障碍时的值.

11 静态复制/对冲

除特别声明, 本节在 BSM 框架下讨论. 假设 S 连续股息派发, 其股息派发率为非负常数 q.

回顾: 记 c^{d} 和 $c^{\mathrm{a/n}}$ 分别为数字式看涨期权和资产或零看涨期权, 其到期价值分别为

$$c^{\mathrm{d}}(S,T,E,T) = \begin{cases} 1, & S(T) > E, \\ 0, & S(T) \leqslant E, \end{cases} \quad (11.0.1)$$

$$c^{\mathrm{a/n}}(S,T,E,T) = \begin{cases} S(T), & S(T) > E, \\ 0, & S(T) \leqslant E. \end{cases} \quad (11.0.2)$$

分别称 $p^{\mathrm{d}}(S,t,E,T)$ 和 $p^{\mathrm{a/n}}(S,t,E,T)$ 为欧式数字式看跌期权和欧式资产或零看跌期权, 如果其到期价值分别为

$$p^{\mathrm{d}}(S,T,E,T) = \begin{cases} 0, & S(T) > E, \\ 1, & S(T) \leqslant E, \end{cases} \quad (11.0.3)$$

$$p^{\mathrm{a/n}}(S,T,E,T) = \begin{cases} 0, & S(T) > E, \\ S(T), & S(T) \leqslant E. \end{cases} \quad (11.0.4)$$

给定欧式期权 $v(S,t,T)$, 其资产或零看跌期权为 $f(S_T)$ 的定价公式为

$$\begin{aligned} v(S,t,T) = & \frac{\mathrm{e}^{-r(T-t)}}{\sqrt{2\pi}} \int_{-\infty}^{+\infty} \mathrm{d}y \mathrm{e}^{-\frac{y^2}{2}} \\ & \times f\left(S_t \exp\left(\left(r-q-\frac{\sigma^2}{2}\right)(T-t) + \sigma y \sqrt{T-t}\right)\right). \end{aligned}$$

所以, 对于 $t < T$, (11.0.1) ~ (11.0.4) 式中不等式取等号与不取等号, 或在哪一个不等式取等号, 不影响上式中的积分, 或不影响 $v(S,t,T)$

的定价. 易知:
$$c^{\mathrm{d}}(S,T,E,T) + p^{\mathrm{d}}(S,T,E,T) = 1,$$
$$c^{\mathrm{a/n}}(S,T,E,T) + p^{\mathrm{a/n}}(S,T,E,T) = S(T),$$
$$c(S,T,E,T) = c^{\mathrm{a/n}}(S,T,E,T) - Ec^{\mathrm{d}}(S,T,E,T),$$
$$p(S,T,E,T) = Ep^{\mathrm{d}}(S,T,E,T) - p^{\mathrm{a/n}}(S,T,E,T).$$

这里有个量纲上的考虑: 以人民币计价期权为例, 如果 $c^{\mathrm{d}}(S,T,E,T)$ 计价为人民币 (元), 那么 $Ec^{\mathrm{d}}(S,T,E,T)$ 可以写成
$$\left(\frac{E}{1}\right) \cdot c^{\mathrm{d}}(S,T,E,T),$$
其中 1 的量纲为人民币 (元). 这样, 上式可被认为 $(E/1)$ 份 $c^{\mathrm{d}}(S,T,E,T)$. 类似地, $Ep^{\mathrm{d}}(S,T,E,T)$ 可被认为 $(E/1)$ 份 $p^{\mathrm{d}}(S,T,E,T)$.

由无套利假定得,
$$c^{\mathrm{d}}(S,t,E,T) + p^{\mathrm{d}}(S,t,E,T) = \mathrm{e}^{-r(T-t)}, \tag{11.0.5}$$
$$c(S,t,E,T) = c^{\mathrm{a/n}}(S,t,E,T) - Ec^{\mathrm{d}}(S,t,E,T), \tag{11.0.6}$$
$$p(S,t,E,T) = Ep^{\mathrm{d}}(S,t,E,T) - p^{\mathrm{a/n}}(S,t,E,T). \tag{11.0.7}$$

引理 11.1
$$c^{\mathrm{d}}(S,t,E,T) = \mathrm{e}^{-r(T-t)}N(d_2), \tag{11.0.8}$$
$$c^{\mathrm{a/n}}(S,t,E,T) = \mathrm{e}^{-q(T-t)}S(t)N(d_1), \tag{11.0.9}$$
$$p^{\mathrm{d}}(S,t,E,T) = \mathrm{e}^{-r(T-t)}N(-d_2), \tag{11.0.10}$$
$$p^{\mathrm{a/n}}(S,t,E,T) = \mathrm{e}^{-q(T-t)}S(t)N(-d_1), \tag{11.0.11}$$

其中
$$d_1 = \frac{\ln\frac{S}{E} + \left(r - q + \frac{\sigma^2}{2}\right)(T-t)}{\sigma\sqrt{T-t}},$$
$$d_2 = \frac{\ln\frac{S}{E} + \left(r - q - \frac{\sigma^2}{2}\right)(T-t)}{\sigma\sqrt{T-t}} = d_1 - \sigma\sqrt{T-t}.$$

引理 11.2

$$c^d(S,t,E,T) = -\frac{\partial}{\partial E}c(S,t,E,T),$$
$$p^d(S,t,E,T) = \frac{\partial}{\partial E}p(S,t,E,T).$$

证明

$$\begin{aligned}
&-\frac{\partial}{\partial E}c(S,t,E,T)\\
&= -\frac{\partial}{\partial E}\left(Se^{-q(T-t)}N(d_1) - Ee^{-r(T-t)}N(d_2)\right)\\
&= -Se^{-q(T-t)}N'(d_1)\frac{\partial d_1}{\partial E} + Ee^{-r(T-t)}N'(d_2)\frac{\partial d_2}{\partial E} + e^{-r(T-t)}N(d_2)\\
&= e^{-r(T-t)}N(d_2).
\end{aligned}$$

由看跌-看涨平价公式

$$p(S,t,E,T) = c(S,t,E,T) + Ee^{-r(T-t)} - S(t)e^{-q(T-t)}$$

得到

$$\begin{aligned}
\frac{\partial}{\partial E}p(S,t,E,T) &= \frac{\partial}{\partial E}c(S,t,E,T) + e^{-r(T-t)}\\
&= -e^{-r(T-t)}N(d_2) + e^{-r(T-t)}\\
&= e^{-r(T-t)}(1 - N(d_2))\\
&= e^{-r(T-t)}N(-d_2)\\
&= p^d(S,t,E,T).
\end{aligned}$$ □

作业 11.1 回答以下问题.

(1) 证明:

$$c^d(S,t,E,T) \approx \frac{1}{\Delta E}\big(c(S,t,E-\Delta E,T) - c(S,t,E,T)\big), \quad (11.0.12)$$
$$p^d(S,t,E,T) \approx \frac{1}{\Delta E}\big(p(S,t,E+\Delta E,T) - p(S,t,E,T)\big), \quad (11.0.13)$$

其中 ΔE 为充分小的正数.

(2) 证明:
$$c^{\mathrm{d}}(S,t,E,T) = \mathrm{e}^{-r(T-t)}N(d_2).$$

(3) 证明:
$$\frac{\partial c^{\mathrm{d}}}{\partial S}(S,t,E,T) = \frac{\mathrm{e}^{-r(T-t)}N'(d_2)}{\sigma S\sqrt{T-t}},$$

其中 $N'(x) = \mathrm{e}^{-\frac{x^2}{2}}/\sqrt{2\pi}$.

(4) 已知: 用自融资方法推导 BSM 方程的方法适用于 c^{d}. 在推导过程中, 我们构造了投资组合:
$$\Pi(0) := -c^{\mathrm{d}}(S,0,E,T) + \alpha S(0) + \beta = 0.$$

但是当 t 接近 T 且 S 在 E 附近时, 证明: 以上 α 的选取会产生巨大误差. 此类误差是针式风险 (参看 1.2 节).

动态对冲欧式期权 $c^{\mathrm{d}}(S,t,E,T)$ 存在针式风险. 但是, $c(S,t,E,T)$ 和 $p(S,t,E,T)$ 都不存在针式风险. 由 (11.0.5) $\sim$ (11.0.7) 式知: $c^{\mathrm{a/n}}(S,t,E,T)$, $p^{\mathrm{d}}(S,t,E,T)$ 和 $p^{\mathrm{a/n}}(S,t,E,T)$ 存在针式风险.

我们再举一个存在针式风险的例子.

例 11.1 假设 S 无股息派发, 且 $S(0) > H > E$. 已知
$$c^{\mathrm{d/o}}(S,0,E,T,H) = v(S,0) - \left(\frac{H}{S_0}\right)^{\alpha} v\left(\frac{H^2}{S},0\right), \quad (11.0.14)$$

其中
$$v(S,0) = S_0 N(d_+(S_0)) - \mathrm{e}^{-rT}EN(d_-(S_0)),$$
$$d_\pm(S_0) = \frac{\ln\frac{S(0)}{H} + (r \pm 0.5\sigma^2)T}{\sigma\sqrt{T}}.$$

当 $S(T-\varepsilon)$ 下落至 H 附近时, $c^{\mathrm{d/o}}$ 的对冲实际上就隐含了针式风险. 以

下用数学表述. 将 $v(S,0)$ 改写成

$$v(S,0) = \underbrace{S_0 N(d_+) - e^{-rT} H N(d_-)}_{=c(S,0,H,T)} + (H-E)\underbrace{e^{-rT} N(d_-)}_{\substack{=c^d(S,0,H,T) \\ \text{由 (11.0.8) 式}}}$$

$$= c(S,0,H,T) + (H-E)c^d(S,0,H,T).$$

结合 (11.0.14) 式, 有

$$\begin{aligned}c^{d/o}(S,0,E,T,H) = {}& c(S,0,H,T) + (H-E)c^d(S,0,H,T) \\& - \left(\frac{H}{S_0}\right)^\alpha \left(c\left(\frac{H^2}{S},0,H,T\right) \right. \\& \left. + (H-E)c^d\left(\frac{H^2}{S},0,H,T\right)\right). \quad (11.0.15)\end{aligned}$$

由于对普通欧式看涨期权 c 不存在针式风险, 所以我们只需讨论以下 Δ 是否存在针式风险:

$$\frac{\partial}{\partial S}\left[c^d(S,0,H,T) - \left(\frac{H}{S}\right)^\alpha c^d\left(\frac{H^2}{S},0,H,T\right)\right].$$

由 (11.0.8) 式,

$$\begin{aligned}& \left.\frac{\partial}{\partial S}\left[c^d(S,0,H,T) - \left(\frac{H}{S}\right)^\alpha c^d\left(\frac{H^2}{S},0,H,T\right)\right]\right|_{S=S_0} \\={}& \frac{e^{rT}}{S_0 \sigma \sqrt{2\pi T}}\left[\exp(-0.5 d_-^2(S_0)) + \left(\frac{H}{S_0}\right)^\alpha \exp(-0.5 d_-^2(H/S_0))\right] \\& + \frac{\alpha}{S_0}\left(\frac{H}{S_0}\right)^\alpha c^d\left(\frac{H^2}{S},0,H,T\right) \\={}& \frac{e^{rT}}{S_0 \sigma \sqrt{2\pi T}}\left[\exp(-0.5 d_-^2(S_0)) + \left(\frac{H}{S_0}\right)^\alpha \exp(-0.5 d_-^2(H/S_0))\right] \\& + \frac{\alpha}{S_0}\left(\frac{H}{S_0}\right)^\alpha e^{-rT} N\left(d_-\left(\frac{H^2}{S_0}\right)\right).\end{aligned}$$

对充分小的 $\varepsilon > 0$,

讨论区间 $[T-\varepsilon, T]$ 期权的针式风险

$\iff$ 讨论区间 $[0,T]$ 期权的针式风险, 其中 $T > 0$ 充分小.

所以，我们只需讨论，当 T 为充分小正常数时，S_0 在 H 附近，上式是否存在针式风险. 注意到上式最后一项始终有限, 不存在针式风险. 因此, 我们只需讨论

$$\frac{\mathrm{e}^{rT}}{S_0\sigma\sqrt{2\pi T}}\left[\exp(-0.5d_-^2(S_0)) + \left(\frac{H}{S_0}\right)^{\alpha}\exp(-0.5d_-^2(H/S_0))\right] \tag{11.0.16}$$

是否存在针式风险.

作业 11.2 当 T 为充分小正常数时，S_0 在 H 附近，证明 (11.0.16) 式存在针式风险.

例 11.2 复制到期价值为 (11.0.1) 式的欧式期权 $c^{\mathrm{d}}(S,0,E,T)$. 取 $\Delta E > 0$ 充分小. 在 $t = 0$ 时, 买入 $1/\Delta E$ 份 $c(S,0,E,T)$, 卖出入 $1/\Delta E$ 份 $c(S,0,E+\Delta E,T)$. 此时这个投资组合的价值为

$$\Pi(0) := \frac{1}{\Delta E}\big(c(S,0,E,T) - c(S,0,E+\Delta E,T)\big).$$

持有这个组合到 T,

$$\Pi(T) = \frac{1}{\Delta E}\big(\max(S_T - E, 0) - \max(S_T - E - \Delta E, 0)\big)$$

$$= \begin{cases} 1, & S_T \geqslant E + \Delta E, \\ \dfrac{S_T - E}{\Delta E}, & E \leqslant S_T < E + \Delta E, \\ 0, & S_T \leqslant E. \end{cases}$$

当 $E \leqslant S_T < E + \Delta E$ 时, $\Pi(T) \in [0,1)$. 由于 ΔE 充分小, 股价 S 从 $t = 0$ 到 $t = T$ 发生此情形的概率可以忽略 (为什么). 所以, $\Pi(0) \approx c^{\mathrm{d}}(S,0,E,T)$. 由此, $\Pi(0)$ 复制了 $c^{\mathrm{d}}(S,0,E,T)$, 并且整个复制过程在 $t = 0$ 时完成. 这就规避了动态复制的针式风险.

定义 11.1 给定一 T 时到期的欧式衍生证券 $v(S,t,T), t \leqslant T$. 假设 $v(S,t,T)$ 在市场上或在交易所没有交易, 在当前时刻 $t = 0$ 时, 如果存在投资组合 $\Pi(0)$ 满足以下条件:

(1)
$$\Pi(0) := \sum_{i=1}^{N} \alpha_i S_i(0),$$

其中, S_i 为在市场上可以买卖的证券, 如股票、期权等, 常数 α_i 为持有 S_i 的份额, $\alpha_i < 0$ 表示卖空, $\forall i$.

(2) 在时间区间 $(0, T)$ 内一直持有 Π (不操作).

(3) $\Pi(t) \approx v(S, t, T)$, $\forall t \in [0, T]$.

那么称投资组合 Π 是 $v(S, t, T)$ 的一个**静态复制**, 或**静态对冲**.

例 11.3 给定二次可微函数 $f(x)$ 和欧式期权 $v(S, t, T)$, 其到期价值为 $v(S, T, T) = f(S_T)$. 我们想在 $t = 0$ 时, 买卖一系列欧式看涨期权 $c(S, 0, E, T)$ 静态复制 $v(S, 0, T)$. 只需找到函数 $g(x)$, 使得

$$v(S, t, T) = \int_0^{+\infty} g(x) c(S, t, x, T) \mathrm{d}x, \quad \forall t \in [0, T]. \quad (11.0.17)$$

取 $t = T$, 上式化为

$$\begin{aligned} f(S_T) &= \int_0^{+\infty} g(x) \max(S_T - x, 0) \mathrm{d}x \\ &= \int_0^{S_T} g(x)(S_T - x) \mathrm{d}x \\ &= S_T \int_0^{S_T} g(x) \mathrm{d}x - \int_0^{S_T} g(x) x \mathrm{d}x. \end{aligned}$$

对 S_T 求一次导:

$$\begin{aligned} f'(S_T) &= \int_0^{S_T} g(x) \mathrm{d}x + S_T g(S_T) - g(S_T) S_T \\ &= \int_0^{S_T} g(x) \mathrm{d}x, \end{aligned}$$

继续求二次导可得

$$f''(S_T) = g(S_T).$$

因此, $g(x) = f''(x)$.

以上所有计算均基于 (11.0.17) 式成立的假设. 反例: 取 $f(S_T) \equiv 1$. 根据无套利假设, 可得 $v(S,t,T) = \mathrm{e}^{-r(T-t)}$. 然而, 此时 $g(x) = f''(x) \equiv 0$.

注 11.1 在 (11.0.17) 式中, 我们可以将 $f(x)$ 二次可微条件减弱. 例如: 如果 $g(x)$ 在有限多个点不连续, 但左右连续, 且在这些点的邻域内 $g(x)$ 有限, 那么 (11.0.17) 式中的积分仍存在. 细节略.

作业 11.3 给定二次可微函数 $f(x)$ 和欧式期权 $v(S,t,T)$, 其到期价值为 $v(S,T,T) = f(S_T)$. 参考例 11.3 的做法. 在 $t=0$ 时, 如何买卖一系列欧式看跌期权 $p(S,0,E,T)$ 静态复制 $v(S,0,T)$?

例 11.4 在 $t=0$ 时, 我们要通过买卖一系列欧式看涨 c 和看跌 p 静态对冲 (11.0.15) 式中的 $c^{\mathrm{d/o}}$. 由例 11.2, 我们只需静态对冲

$$\left(\frac{H}{S_0}\right)^\alpha \left(c\left(\frac{H^2}{S},0,H,T\right) + (H-E)c^{\mathrm{d}}\left(\frac{H^2}{S},0,H,T\right)\right) \quad (11.0.18)$$

即可. 计算其到期价值

$$\left(\frac{H}{S_T}\right)^\alpha \left(\max\left(\frac{H^2}{S_T}-H,0\right) + (H-E)\mathbb{1}_{\{H^2/S_T \geqslant H\}}\right),$$

其中 $\mathbb{1}_{\{x\}}$ 是示性函数. 我们现在对上式中的

$$\left(\frac{H}{S_T}\right)^\alpha \max\left(\frac{H^2}{S_T}-H,0\right)$$

做静态对冲. 参见 [How]. 如果将例 11.3 中的 f 写成

$$f(x) = \left(\frac{H}{x}\right)^\alpha \max\left(\frac{H^2}{x}-H,0\right),$$

那么 $f'(x)$ 在 $x=H$ 时不连续. 所以, 我们不能直接用例 11.3 的方法.

现作变换

$$\left(\frac{H}{S_T}\right)^\alpha \max\left(\frac{H^2}{S_T} - H, 0\right)$$
$$= \left(\frac{H}{S_T}\right)^{\alpha+1} \max\left(H - S_T, 0\right)$$
$$= \left(\left(\frac{H}{S_T}\right)^{\alpha+1} - 1\right) \max\left(H - S_T, 0\right) + \max\left(H - S_T, 0\right).$$

令

$$f(x) := \left(\left(\frac{H}{x}\right)^{\alpha+1} - 1\right) \max\left(H - x, 0\right).$$

将其看成例 11.3 中的 $f(x)$. 于是 $g(x) = f''(x)$ (在 $x = H$ 时, 在 (11.0.17) 式中取 $g(H) = f''(H^-)$). 因此, 在 (11.0.18) 式中

$$\left(\frac{H}{S_0}\right)^\alpha c\left(\frac{H^2}{S}, 0, H, T\right) = \int_0^{+\infty} g(x) c(S, 0, x, T) \mathrm{d}x + p(S, 0, H, T).$$

作业 11.4 参考例 11.4, 给出 (11.0.18) 式中

$$\left(\frac{H}{S_0}\right)^\alpha (H - E) c^{\mathrm{d}}\left(\frac{H^2}{S}, 0, H, T\right)$$

静态对冲的操作策略.

11.1 Breeden-Litzenberger 公式

假设 S 连续股息派发, 其股息派发率为非负常数 q. 无风险利率 r 为常数. 给定市场价 $\widetilde{c}(S, t, E, T)$, 假设

$$\widetilde{c}(S, 0, E, T) = \mathrm{e}^{-rT} \mathbb{E}^Q[\max(S_T - E, 0)|\mathcal{F}_0].$$

在测度 Q 下, 记 $\widetilde{g}^Q(S_T, T; S_0, 0)$ 为转移概率密度:

$$(S_0, 0) \longrightarrow (S_T, T).$$

于是

$$\widetilde{c}(S,0,E,T) = \mathrm{e}^{-rT} \int_{-\infty}^{+\infty} \max(S_T - E, 0) \widetilde{g}^Q(S_T, T; S_0, 0) \mathrm{d}S_T$$
$$= \mathrm{e}^{-rT} \int_{E}^{+\infty} (S_T - E) \widetilde{g}^Q(S_T, T; S_0, 0) \mathrm{d}S_T.$$

易知

$$\frac{\partial \widetilde{c}}{\partial E} = -\mathrm{e}^{-rT} \int_{E}^{+\infty} \widetilde{g}^Q(S_T, T; S_0, 0) \mathrm{d}S_T$$
$$= -\mathrm{e}^{-rT} \widetilde{\mathrm{Pr}}^Q(S_T > E),$$
$$\frac{\partial^2 \widetilde{c}}{\partial E^2} = \mathrm{e}^{-rT} \widetilde{g}^Q(E, T; S_0, 0).$$

命题 11.1 (Breeden-Litzenberger (1978)) 对任意 $E > 0$, 有

$$\frac{\partial \widetilde{c}}{\partial E} = -\mathrm{e}^{-rT} \widetilde{\mathrm{Pr}}^Q(S_T > E),$$
$$\widetilde{g}^Q(E, T; S_0, 0) = \mathrm{e}^{rT} \frac{\partial^2}{\partial E^2} \widetilde{c}(S, 0, E, T). \tag{11.1.1}$$

由看跌–看涨平价公式知下面推论.

推论 11.1 对任意 $E > 0$, 有

$$\widetilde{g}^Q(E, T; S_0, 0) = \mathrm{e}^{rT} \frac{\partial^2}{\partial E^2} \widetilde{p}(S, 0, E, T).$$

注 11.2 (1) 以上风险中性转移概率密度 $\widetilde{g}^Q$ 不是 $(0, S_0) \longrightarrow (T, E)$ 市场转移概率密度, 这类似于赌博公司给出赔率与实际胜率没有必然联系, 参见 [徐 25].

(2) 命题 11.1 和推论 11.1 并不要求 S 服从几何 Brown 运动.

例 11.5 在实际市场中, 我们只能找到有限多个 E. 在 $t = 0$ 时, 假设以下是市场全部期权数据:

$$\{\widetilde{c}(S, 0, E_i, T), \widetilde{p}(S, 0, E_j, T) \mid 1 \leqslant i \leqslant N, 1 \leqslant j \leqslant M\}.$$

对于这些市场数据, 可做多项式拟合: 找多项式 $h_c(x)$ 和 $h_p(x)$, 使得

$$h_c(E) = \widetilde{c}(S,0,E,T) \quad \text{和} \quad h_p(E) = \widetilde{p}(S,0,E,T).$$

多项式拟合不能保证 $h_c''(E)$ 和 $h_p''(E)$ 相等. 我们采用以下原则: 通常价外期权 (out of the money, OTM) 的 $\widetilde{c}$ 和 $\widetilde{p}$ 流动性较大, 其更能反映市场本质. 所以在 $h_c''(E)$ 和 $h_p''(E)$ 中取 OTM 的值作为 $\widetilde{g}^Q(E,T;S_0,0)$ 的真实值.

例 11.6 考虑一个欧式衍生证券 $w(S,0,T)$, 其到期价值 $w(S,T,T) = 1$, 则

$$\begin{aligned} w(S,0,T) &= e^{-rT} \widetilde{\mathbb{E}}^Q[1|\mathcal{F}_0] \\ &= e^{-rT} \int_0^{+\infty} 1 \cdot \widetilde{g}^Q(S_T,T;S_0,0) dS_T \\ &= e^{-rT}. \end{aligned}$$

这与无套利假定的结果一致. 这也从另一侧面证明了

$$\int_0^{+\infty} \widetilde{g}^Q(S_T,T;S_0,0) dS_T = 1.$$

例 11.7 考虑一个欧式衍生证券 $w(S,0,T)$, 其到期价值 $w(S,T,T)$ 为已知函数 $f(S_T)$, 则

$$\begin{aligned} w(S,0,T) &= e^{-rT} \widetilde{\mathbb{E}}^Q[f(S_T)|\mathcal{F}_0] \\ &= e^{-rT} \int_0^{+\infty} f(S_T) \cdot \widetilde{g}^Q(S_T,T;S_0,0) dS_T \\ &= e^{-rT} \int_0^{+\infty} f(E) \cdot \widetilde{g}^Q(E,T;S_0,0) dE \\ &= e^{-rT} \int_0^{+\infty} f(E) e^{rT} \frac{\partial^2}{\partial E^2} \widetilde{c}(S,0,E,T) dE \\ &= \int_0^{+\infty} f(E) \frac{\partial^2}{\partial E^2} \widetilde{c}(S,0,E,T) dE. \end{aligned} \quad (11.1.2)$$

上式倒数第二个积分由命题 11.1 得出, 给出了静态复制 $w(S,0,T)$ 的思路. 具体操作见下例.

例 11.8 回忆例 11.5 后面的讨论. 在所有可交易的市场价

$$\{\widetilde{c}(S,0,E_i,T), \widetilde{p}(S,0,E_j,T) | 1 \leqslant i \leqslant N, 1 \leqslant j \leqslant M\}$$

中, 假设存在一临界值 $\widetilde{E}$, 使得

$$E_1 < E_2 < \cdots \leqslant \widetilde{E} < \cdots < E_N,$$

并且满足

(1) 当 $E_i \geqslant \widetilde{E}$ 时, $\widetilde{c}(S,0,E_i,T)$ 的流动性较大;

(2) 当 $E_j < \widetilde{E}$ 时, $\widetilde{p}(S,0,E_j,T)$ 的流动性较大.

因而 (11.1.2) 式可改写为

$$\begin{aligned} w(S,0,T) &= \int_0^{+\infty} f(E) \frac{\partial^2}{\partial E^2} \widetilde{c}(S,0,E,T) \mathrm{d}E \\ &= \underbrace{\int_0^{E_0} f(E) \frac{\partial^2}{\partial E^2} \widetilde{p}(S,0,E,T) \mathrm{d}E}_{\text{由命题 11.1 和推论 11.1}} + \int_{E_0}^{+\infty} f(E) \frac{\partial^2}{\partial E^2} \widetilde{c}(S,0,E,T) \mathrm{d}E. \end{aligned}$$

请回顾: $w(0,T)$ 是一个欧式衍生证券, 其到期价值 $w(T,T)$ 为已知函数 $f(S_T)$. 分部积分上式可得 (细节略)

$$\begin{aligned} w(0,T) = {} & f(E)\mathrm{e}^{-rT} + f'(E_0)(S_0 - E_0 \mathrm{e}^{-rT}) \\ & + \int_0^{E_0} f''(E) \widetilde{p}(S,0,E,T) \mathrm{d}E \\ & + \int_{E_0}^{+\infty} f''(E) \widetilde{c}(S,0,E,T) \mathrm{d}E. \end{aligned} \quad (11.1.3)$$

上式给出了静态复制 $w(t,T)$ 的方法.

作业 11.5 由 (11.1.3) 式, 给出静态复制 $w(t,T)$ 的操作细节.

作业 11.6 假设 S 连续股息派发, 其股息派发率为非负常数 q. 记 $w(0,T)$ 是一个欧式衍生证券, 其到期价值 $w(T,T)$ 为 S_T^2. 回答以下问题:

(1) 在 BSM 框架下, 给出 $w(0,T)$ 的解析表达式.

(2) 假设 $\widetilde{c}(S,0,E,T)$ 的隐含波动率为 $\sqrt{E}$. 画出隐含波动率曲线的草图和 (隐含) 风险中性概率的草图. 给出静态对冲方法复制 $w(t,T)$.

作业 11.7 假设 S 无股息派发, 无风险利率 $r=0, H<E<S(0)$. 回答以下问题:

(1) 在 BSM 框架下, 证明:

$$c^{\mathrm{d/o}}(S,0,E,T,H) = c(S,0,E,T) - \frac{S(0)}{H} c\left(\frac{H^2}{S_0}, 0, E, T\right).$$

(2) 假设 $\widetilde{c}^{\mathrm{d/o}}(S,0,E,T,H)$ 在市场上可以交易, 能否利用买卖 c 和/或 p 静态复制 $\widetilde{c}^{\mathrm{d/o}}$? 请说明理由. 提示:

$$\frac{S_T}{H} \max\left(\frac{H^2}{S_T} - E, 0\right) = \frac{E}{H} \max\left(\frac{H^2}{E} - S_T, 0\right).$$

例 11.9 (DEK)　参考文献 [DEK94]. 这里只是简述. 假设集合

$$\{c(S,t,E,T) \mid E \geqslant 0, T \geqslant t\}$$

中的任一期权在交易所交易. 我们想通过买卖这些期权静态复制一个给定上涨敲出看涨期权 $c^{\mathrm{u/o}}(S,t,E,H,T)$.

在展开具体例子之前, 先作几点说明: 文献 [DEK94] 中给出的一些期权数值解与本书作者计算的结果在小数点后两位存在细微差异. 为了便于读者阅读和理解, 本例将直接引用文中提供的期权数值. 此外, 需要指出的是, 从数学角度来看, 文献 [DEK94] 中采用的方法显得较为烦琐. 事实上, 如果仅为了解决下例中的问题, 使用线性代数的方法可以更高效地得到答案. 然而, 本例之所以花费一定篇幅详细介绍 [DEK94] 中的方法, 是因为这种 "修修补补" 的思路在实际问题中具有广泛的应用价值. 因此, 希望通过本例的阐述, 读者能够对这一方法有更深入的理解, 并熟悉其在实际场景中的应用.

以下考虑一个上涨敲出看涨期权的定价: $S(t) = 100, E = 100, H = 120, T = 1(年), r = 10\%/年, q = 5\%/年, \sigma = 25\%/\sqrt{年}$. 可以算出:

$$c^{\mathrm{u/o}}(S=100, t=0, E=100, H=120, T=1) = 0.656.$$

再由普通看涨期权公式可以算得

$$c(S=100, t=0, E=100, T=1) = 11.434.$$

可见,上涨敲出看涨期权比普通看涨期权小很多.

下面我们想通过在 $t=0$ 时买卖一些普通看涨期权来复制

$$c^{\mathrm{u/o}}(S=100, t=0, E=100, H=120, T=1).$$

首先,我们买入一张 $c(S=100, t=0, E=100, T=1)$. 由于股价 S 是一个随机量,所以当 t 经过一个无穷小量 $\delta > 0$ 后,$S(\delta)$ 可能到达 120. 此时 $c^{\mathrm{u/o}}$ 作废,而

$$c(S=120, t=\delta, E=100, T=1) \approx c(S=120, t=0, E=100, T=1)$$
$$= 25.610.$$

由此可见,用 c 作为 $c^{\mathrm{u/o}}$ 的近似误差较大. 为此我们卖 x 张

$$c(S=100, t=0, E=120, T=1),$$

使得

$$xc(S=120, t=0, E=120, T=1) = c(S=120, t=0, E=100, T=1)$$
$$= 25.610.$$

可以算出:

$$c(S=120, t=0, E=120, T=1) = 13.721.$$

所以,$x = 1.866$. 这样,通过买 1 张 $c(S=100, t=0, E=100)$ 和卖 1.866 张 $c(S=100, t=0, E=120)$,将股价 $S(\delta) = 120$ 的情形的 c 和 $c^{\mathrm{u/o}}$ 认同. 同时,如果股价在时间区间 $[0,1]$ 上从没到达 $H=120$,那么这个投资组合的到期价值和 $c^{\mathrm{u/o}}$ 的相同. 所以

$$\Pi_1(t=0, S=100) = c(S=100, t=0, E=100, T=1)$$
$$-1.866 c(S=100, t=0, E=120, T=1)$$
$$= 11.434 - 1.866 \times 4.610$$
$$= 2.832 \tag{11.1.4}$$

是 $c^{\mathrm{u/o}}$ 的一个近似. 但是这个近似还可以进一步改进. 回忆一下我们刚才的做法: 利用 $c^{\mathrm{u/o}}$ 在 $t \approx 0$ 和 $t = 1$ 的某些表现行为来构造一个 c 的投资组合 (11.1.4), 使得这个组合成为 $c^{\mathrm{u/o}}$ 的一个近似. 现在取 $t = 0.75$(年) (即 9 个月). 这时, 我们可以算出

$$\Pi_1(t = 0.75, S = 120) = 21.322 - 1.866 \times 6.635 = 8.941.$$

然而, $c^{\mathrm{u/o}}(S = 120, t = 0.75) = 0$. 为了让我们的复制在 $S(t = 0.75) = 120$ 时与 $c^{\mathrm{u/o}}$ 一致, 我们要卖 y 张

$$c(S = 100, t = 0, E = 120, T = 1),$$

使得

$$yc(S = 120, t = 0.75, E = 120, T = 1) = \Pi_1(t = 0.75, S = 120) = 8.941.$$

可以算出:

$$c(S = 120, t = 0.75, E = 120, T = 1) = 6.635.$$

所以, $y = 1.348$. 这样, 我们构造如下的投资组合:

$$\begin{aligned}\Pi_2(t = 0, S = 100) := &\, c(S = 100, t = 0, E = 100, T = 1) \\ &- 1.866 c(S = 100, t = 0, E = 120, T = 1) \\ &- 1.348 c(S = 100, t = 0, E = 120, T = 1) \\ = &\, c(S = 100, t = 0, E = 100, T = 1) \\ &- 3.214 c(S = 100, t = 0, E = 120, T = 1) \\ = &\, 11.434 - 3.214 \times 4.610 \\ = &\, -3.383.\end{aligned}$$
(11.1.5)

细心的读者也许发现了一个问题: Π_2 将起点值改变了, 即

$$\begin{aligned}\Pi_2(t = 0, S = 120) = &\, c(S = 120, t = 0, E = 100, T = 1) \\ &- 3.214 c(S = 120, t = 0, E = 120, T = 1) \\ = &\, 25.610 - 3.214 \times 13.721 \\ = &\, -18.489 \neq 0.\end{aligned}$$

所以, 我们还必须将这个值抹去: 买入 z 张

$$c(S=100, t=0, E=120, T=0.75),$$

使得

$$zc(S=120, t=0, E=120, T=0.75) = |\Pi_2(t=0, S=120)|.$$

由于

$$c(S=120, t=0, E=120, T=0.75) = 12.053,$$

所以, $z = 1.534$. 现在构造第三个投资组合:

$$\begin{aligned}\Pi_3(t=0, S=100) :=& c(S=100, t=0, E=100, T=1) \\ & - 3.214 c(S=100, t=0, E=120, T=1) \\ & + 1.534 c(S=100, t=0, E=120, T=0.75) \\ =& 11.434 - 3.214 \times 4.610 + 1.534 \times 3.364 \\ =& 1.778.\end{aligned}$$

当 $S = H = 120$ 时, 这个投资组合在 $t = 0, 0.75, 1$ 三个时间点上同 $c^{u/o}$ 一致. 现在, 我们来构造投资组合使得 t 在 $0, 0.5, 0.75, 1$ 四个时间点上同 $c^{u/o}$ 都一致. 先计算 $\Pi_3(S=120, t=0.5)$:

$$\begin{aligned}\Pi_3(t=0.5, S=120) =& c(S=120, t=0.5, E=100, T=1) \\ & - 3.214 c(S=120, t=0.5, E=120, T=1) \\ & + 1.534 c(S=120, t=0.5, E=120, T=0.75) \\ =& 22.767 - 3.214 \times 9.538 + 1.534 \times 6.635 \\ =& 2.290.\end{aligned}$$

现在将这个量抹去: 卖 u 张

$$c(S=100, t=0, E=120, T=0.75),$$

使得

$$uc(S=120, t=0.5, E=120, T=0.75) = \Pi_3(t=0.5, S=120),$$

即
$$6.635u = 2.290,$$

得 $u = 0.345$. 所以,

$$\begin{aligned}
\Pi_4(t=0, S=100) &= c(S=100, t=0, E=100, T=1)\\
&\quad -3.214c(S=100, t=0, E=120, T=1)\\
&\quad +1.534c(S=100, t=0, E=120, T=0.75)\\
&\quad -0.345c(S=100, t=0, E=120, T=0.75)\\
&= c(S=100, t=0, E=100, T=1)\\
&\quad -3.214c(S=100, t=0, E=120, T=1)\\
&\quad +1.189c(S=100, t=0, E=120, T=0.75).
\end{aligned}$$

这个投资组合又会影响到起点, 即

$$\begin{aligned}
\Pi_4(t=0, S=120) &:= c(S=120, t=0, E=100, T=1)\\
&\quad -3.214c(S=120, t=0, E=120, T=1)\\
&\quad +1.189c(S=120, t=0, E=120, T=0.75)\\
&= 25.610 - 3.214 \times 13.721 + 1.189 \times 12.053\\
&= -4.158 \neq 0.
\end{aligned}$$

现在将这个量抹去: 买进 w 张

$$c(S=100, t=0, E=120, T=0.5) = 1.903,$$

使得

$$wc(S=120, t=0, E=120, T=0.5) = |\Pi_4(t=0, S=120)|,$$

即

$$9.497w = 4.158.$$

所以, $w = 0.438$. 于是, 当 $S = H = 120$ 时, 以下的投资组合使得 t 在 $0, 0.5, 0.75, 1$ 四个时间点上同 $c^{u/o}$ 都一致:

$$\begin{aligned}\Pi_5(t=0, S=100) = {} & c(S=100, t=0, E=100, T=1) \\ & -3.214 c(S=100, t=0, E=120, T=1) \\ & +1.189 c(S=100, t=0, E=120, T=0.75) \\ & +0.438 c(S=100, t=0, E=120, T=0.5) \\ = {} & 11.434 - 3.214 \times 4.610 + 1.189 \times 3.364 + 0.438 \times 1.903 \\ = {} & 1.451. \end{aligned} \qquad (11.1.6)$$

注 11.3 如果不采用 [DEK94] 的现成结果, 那么以上的数值在 1.35 左右. 原则上我们可以继续添加时间参考点来改进复制精度. 但是, 在实际应用中, 随着添加越来越多的期权, 交易费也在不断增加.

以下用线性代数方法求静态对冲中看涨期权的头寸:

$$\begin{aligned}\Pi(0) := {} & c(S=100, t=0, E=100, T=1) \\ & -x_1 c(S=100, t=0, E=120, T=1) \\ & -x_2 c(S=100, t=0, E=120, T=0.75) \\ & -x_3 c(S=100, t=0, E=120, T=0.5), \end{aligned} \qquad (11.1.7)$$

使得

$$\begin{cases} c(120, 0.75, 100, 1) - x_1 c(120, 0.75, 120, 1) = 0, \\ c(120, 0.5, 100, 1) - x_1 c(120, 0.5, 120, 1) - x_2 c(120, 0.5, 120, 0.75) = 0, \\ c(120, 0, 100, 1) - x_1 c(120, 0, 120, 1) \\ \qquad - x_2 c(120, 0, 120, 0.75) - x_3 c(120, 0, 120, 0.5) = 0. \end{cases}$$

解得 $x_1 = 3.214, x_2 = -1.189, x_3 = -0.438$. 将解代入 (11.1.7) 式, 计算得到的 $\Pi(0)$ 与 (11.1.6) 式一致.

作业 11.8 阅读文献 [DEK94] 中的对应本例的内容.

例 11.10 (Mark Joshi) 我们想用静态对冲方法复制 $c^{\mathrm{d/o}}(S,0,E,T,H)$, 参考文献 [Jos01]. 在 $t=0$ 时, 固定

$$0 < t_1 < \cdots < t_{n-1} < t_n < T, \tag{11.1.8}$$

$$0 \leqslant x_1^{(i)} < x_2^{(i)} < \cdots < x_{m(i)}^{(i)} < H, \quad i = 1, \cdots, n, \tag{11.1.9}$$

其中正整数 $m(i)$ 由 i 确定. (11.1.8) 式和 (11.1.9) 式类似于定积分中的分划.

以下构造静态对冲投资组合. 这个投资组合在 $t=0$ 时构造, 然后一直持有到 T. 思路与例 11.9 类似. 这里只简述一下. 首先获得以下方程组的解 $\{y_{ij}\}$:

$$\begin{cases} c(H, t_i, E, T) - y_{i1} H = 0, \\ c(x_{m(i)}^{(i)}, t_i, E, T) - y_{i1} H - y_{i2} p(x_{m(i)}^{(i)}, t_i, H, t_i) = 0, \\ \cdots \cdots \\ c(x_{m(i)-k_i+2}^{(i)}, t_i, E, T) - y_{i1} H - y_{i2} p(x_{m(i)-k_i+2}^{(i)}, t_i, H, t_i) \\ \quad - \sum_{j=3}^{k_i} y_{ij} p(x_{m(i)-k_i+2}^{(i)}, t_i, x_{m(i)-j+3}^{(i)}, t_i) = 0 \\ (k_i = 3, \cdots, m(i)+1). \end{cases} \tag{11.1.10}$$

在 $t=0$ 时, 构造投资组合

$$c(S,0,E,T) - y_{i1} H p^{\mathrm{d}}(S,0,H,t_i) - y_{i2} p(S,0,H,t_i)$$
$$- \sum_{j=3}^{k_i} y_{ij} p(S, 0, x_{m(i)-j+3}^{(i)}, t_i).$$

这个投资组合在 $(t,S) = (t_i, x_j^{(i)})$ 点为 0, $\forall j$. 而上式中 p^{d} 可由方程组 (11.0.13) 静态复制. 因此, 投资组合

$$c(S,0,E,T) - \sum_{i=1}^{n} \Big(y_{i1} H p^{\mathrm{d}}(S,0,H,t_i) - y_{i2} p(S,0,H,t_i)$$
$$+ \sum_{j=3}^{m(i)+1} y_{ij} p(S, 0, x_{m(i)-j+2}^{(i)}, t_i) \Big) \tag{11.1.11}$$

就是 $c^{d/o}(S, 0, E, T, H)$ 近似.

下面给出一个数值解的例子. 已知数据: 假设 S 无股息派发, 无风险利率 $r = 5\%$, S 的波动率 $\sigma = 20\%$, 当前时刻 $t = 0$, $S(0) = 100$, $T = 1$, 障碍 $H = 90$, 敲定价 $E = 80$.

将以上数据代入解析表达式

$$c(S, 0, E, T) = SN\left(\frac{\ln\frac{S}{E} + \left(r + \frac{\sigma^2}{2}\right)T}{\sigma\sqrt{T}}\right)$$

$$-Ee^{-rT}N\left(\frac{\ln\frac{S}{E} + \left(r - \frac{\sigma^2}{2}\right)T}{\sigma\sqrt{T}}\right),$$

$$c^{d/o}(S, 0, E, T, H) = c(S, 0, H, T) + (H - E)c^d(S, 0, H, T)$$
$$- \left(\frac{S}{H}\right)^{1-\frac{2r}{\sigma^2}}\left(c\left(\frac{H^2}{S}, 0, H, T\right)\right.$$
$$\left. + (H - E)c^d\left(\frac{H^2}{S}, 0, H, T\right)\right),$$

其中

$$c^d(S, 0, E, T) = e^{-rT}N\left(\frac{\ln\frac{S}{E} + \left(r - \frac{\sigma^2}{2}\right)T}{\sigma\sqrt{T}}\right),$$

可求得 $c(S, 0, E, T) = 24.5889$ 和 $c^{d/o}(S, 0, E, T, H) = 17.0611$.

取 $t_1 = 1/4$, $t_2 = 1/2$, $t_3 = 3/4$, $x_1^{(1)} = x_1^{(2)} = x_1^{(3)} = H/4$, $x_2^{(1)} = x_2^{(2)} = x_2^{(3)} = H/2$, $x_3^{(1)} = x_3^{(2)} = x_3^{(3)} = 3H/4$.

步骤 1 将以上数据和已知数据代入方程组 (11.1.10) 求解 $\{y_{ij}\}$,

$$\begin{cases} y_{11} = 0.15999, \\ y_{12} = -0.56908, \\ y_{13} = 0.49833, \\ y_{14} = 0.07063, \end{cases} \begin{cases} y_{21} = 0.14381, \\ y_{22} = -0.53905, \\ y_{23} = 0.50285, \\ y_{24} = 0.03619, \end{cases} \begin{cases} y_{31} = 0.12639, \\ y_{32} = -0.49755, \\ y_{33} = 0.48954, \\ y_{34} = 0.00801. \end{cases}$$

步骤 2 由步骤 1 得到 $\{y_{ij}\}$，再由 (11.1.11) 式得到 $c^{\mathrm{d/o}}(S,0,E,T,H)$ 近似值：

$c(S,0,E,T)$
$-\big(y_{11}Hp^{\mathrm{d}}(S,0,H,1/4) + y_{12}p(S,0,H,1/4) + y_{13}p(S,0,3H/4,1/4)$
$+y_{14}p(S,0,H/2,1/4)\big)$
$-\big(y_{21}Hp^{\mathrm{d}}(S,0,H,1/2) + y_{22}p(S,0,H,1/2) + y_{23}p(S,0,3H/4,1/2)$
$+y_{24}p(S,0,H/2,1/2)\big)$
$-\big(y_{31}Hp^{\mathrm{d}}(S,0,H,3/4) + y_{32}p(S,0,H,3/4) + y_{33}p(S,0,3H/4,3/4)$
$+y_{34}p(S,0,H/2,3/4)\big),$

其中 p 和 p^{d} 可由 (11.0.7) 式和引理 11.1 得到. 将步骤 1 得到的 $\{y_{ij}\}$ 和已知数据代入上式后得到 19.6397. 与理论值 17.0611 比较, 误差为

$$\frac{19.6397 - 17.0611}{17.0611} \times 100\% = 15.1206\%.$$

附录第 3 节是本例计算示意代码, 其将步骤 1 和 2 合并, 供参考.

这个方法的优势在于, (11.1.11) 式括号中的 p^{d} 和 p 是同一到期日 t_i, 系数 y_{ij} 的选取只依赖于 t_i 时的数据. 所以, 想要增加计算精度只需直接添加新的时空节点和选择对应的 $\{y_{ij}\}$, 而不改变其他已经选好的数据 $\{y_{ij}\}$.

12 Longstaff & Schwartz 方法

请回顾: 在 BSM 框架下, 对于到期日为 T, 支付为 $\xi(S_t)$ 的美式期权 $\mathbb{V}(S,t,T)$, 有

$$\mathbb{V}(S,t,T) = \sup_{\tau \in \mathcal{T}} \mathbb{E}^Q\left[e^{-r(\tau-t)}\xi(S_\tau)\big|\mathcal{F}_t\right], \tag{12.0.1}$$

其中, $\mathcal{T}$ 为停时集合/策略 [徐 25].

Longstaff & Schwartz 方法定价美式期权的思路与以上公式类似. 在此不做展开. 此方法由 Longstaff 和 Schwartz 提出, 也称为最小二乘法 (least-squares) (或简称为 LS 方法). LS 方法在定价美式期权方面非常有效. 可参考的文献: Longstaff 和 Schwartz 的文章 [LS01] 和 John Hull 的书 [Hul12] (LS 部分) 等.

我们在 BSM 框架下讨论问题. 以下例子取自 Longstaff & Schwartz (2001) [LS01].

条件 12.1 股票 S 无股息派发, 无风险利率 $r = 0.06$. 当前时刻 $t = 0$. 我们要给出美式看跌期权 $\mathbb{P}(S,0,E,T)$ 的定价, 其中

$$S(0) = 1, \quad E = 1.1, \quad T = 3.$$

注 12.1 当股票 S 无股息派发, 无风险利率 $r > 0$ 时, 美式看涨期权与其对应的欧式期权相等, 且美式看涨期权不能提前执行. 然而, 此时美式看跌期权通常不等于欧式看跌期权, 且可能提前执行.

步骤 1 在已知条件 12.1 下, 我们可以在风险中性测度下用方法对股价 S 生成 N 条路径. 为了叙述算法简便起见, 只取 $N = 8$, 见表 12.1. 与二叉树模型类似, 假设股价 S 只允许在节点 $t \in \{0,1,2,3\}$ 执行.

表 12.1 方法生成 8 条股价 S 路径

路径	$t=0$	$t=1$	$t=2$	$t=T=3$
1	1.00	1.09	1.08	1.34
2	1.00	1.16	1.26	1.54
3	1.00	1.22	1.07	1.03
4	1.00	0.93	0.97	0.92
5	1.00	1.11	1.56	1.52
6	1.00	0.76	0.77	0.90
7	1.00	0.92	0.84	1.01
8	1.00	0.88	1.22	1.34

注 12.2 原则上, 可生成更多条 S 路径, 并将时间区间 $[0,3]$ 上的分划加密, 使得计算值更加接近理论值.

公式 (12.0.1) 的解释:

(1) 例如: 在表 12.1 中, 股价路径 1: $1.00 \to 1.09 \to 1.08 \to 1.34$ 对应的美式看跌期权:

$$\mathbb{P}(1.00, 0, 1.1, 3) \to \mathbb{P}(1.09, 1, 1.1, 3) \to \mathbb{P}(1.08, 2, 1.1, 3)$$
$$\to \mathbb{P}(1.34, 3, 1.1, 3), \quad E = 1.1, T = 3.$$

此时, 只有 $\mathbb{P}(1.09, 1, 1.1, 3)$ 和 $\mathbb{P}(1.08, 2, 1.1, 3)$ 实值期权 (in-the-money) $(E - S > 0)$, 所以它们可能但不是必须被提前执行. 由美式期权的定义, 在这条路径上, 美式看跌期权最多只能被提前执行一次, 之后期权作废.

(2) 同样参照股价路径 1. 在 (12.0.1) 式中, $e^{-r(\tau-t)}\xi(S_\tau)$ 可能的非负取值为

$$e^{-r(1-0)}(1.1 - 1.09) \approx 0.0094, \quad (12.0.2)$$

$$e^{-r(2-0)}(1.1 - 1.08) \approx 0.017, \quad (12.0.3)$$

$$e^{-r(3-0)} \times 0 = 0, \quad (12.0.4)$$

其中, $e^{-r(1-0)}(1.1-1.09)$ 和 $e^{-r(2-0)}(1.1-1.08)$ 对应提前执行的情形, $e^{-r(3-0)} \times 0$ 对应不提前执行的情形.

(3) 在 $t = T = 3$ 时, (12.0.2) ~ (12.0.4) 式中所有数值都已知. 所以我们可以选择 $t = 2$ 时执行 $\mathbb{P}$, 因为其对应 (12.0.3) 式的值 0.017.

(4) 然而美式期权或停时的要求是, 只能在当前时刻选择. 例如: 在 $t = 2$ 时, 我们只知道 $t = 0, 1, 2$ 时的股价, 不知道将来 $t = 3$ 时的股价. 问: 我们在 $t = 2$ 时是否执行 $\mathbb{P}$? 事实上, 下面的计算表明: 对于路径 1, 在以上任何节点提前执行都不是最优策略. 停时策略的例子: 假设某赌徒去赌场下注, 给自己规定输掉 100 元后离开赌场, 即便下一把有可能赢钱, 也必须要这样做.

以下用倒退法分析每条路径的最优执行时间.

步骤 2 假设期权 $\mathbb{P}$ 在 $t = 0, 1, 2$ 不执行, 则其到期价值由表 12.2 给出, 其最后一列对应 $\max(E - S_T, 0)$.

表 12.2 以上生成 8 条股价路径在 $T = 3$ 时的现金流

路径	$t=0$	$t=1$	$t=2$	$t=T=3$
1	—	—	—	0.00
2	—	—	—	0.00
3	—	—	—	0.07
4	—	—	—	0.18
5	—	—	—	0.00
6	—	—	—	0.20
7	—	—	—	0.09
8	—	—	—	0.00

步骤 3 假设期权 $\mathbb{P}$ 在 $t = 0, 1$ 不执行. 先分析在 $t = 2$ 时可能执行的路径. 此时要求 $E - S(2)$ 必须大于 0. 以下记

$$R := e^{-r \times 1} = e^{-0.06 \times 1} = 0.94176. \tag{12.0.5}$$

表 12.3 列出了 $t = 3$ 现金在 $t = 2$ 时贴现和 $t = 2$ 时 $\mathbb{P}$ 实值股价 $S(2)$, 其中中间一列为 $Y := \max(E - S(3), 0)R$.

表 12.3　以上股价路径在 $t=2$ 时的数据以便回归

路径	Y	$S(2)$
1	0.00× 0.94176	1.08
2	—	—
3	0.07× 0.94176	1.07
4	0.18× 0.94176	0.97
5	—	—
6	0.20× 0.94176	0.77
7	0.09× 0.94176	0.84
8	—	—

令二次多项式

$$f(S(2)) := a_2 S^2(2) + b_2 S(2) + c_2.$$

寻找系数 a_2, b_2 和 c_2, 使得下式极小 (最小二乘法):

$$\begin{aligned}G := & (0.00 \times R - f(1.08))^2 + (0.07 \times R - f(1.07))^2 \\ & + (0.18 \times R - f(0.97))^2 + (0.20 \times R - f(0.77))^2 \\ & + (0.09 \times R - f(0.84))^2.\end{aligned}$$

解方程

$$\begin{cases} \dfrac{\partial G}{\partial a_2} = 0, \\ \dfrac{\partial G}{\partial b_2} = 0, \\ \dfrac{\partial G}{\partial c_2} = 0, \end{cases} \tag{12.0.6}$$

得 $a_2 = -1.813$, $b_2 = 2.983$ 和 $c_2 = -1.070$. 所以

$$f(S(2)) := -1.813 S^2(2) + 2.983 S(2) - 1.070.$$

表 12.4 比较了在 $t=2$ 时可能发生的现金流, 其中中间一列为 $E - S(2)$, 第三列为 $f(S(2))$. 可知路径 4,6,7 在 $t=2$ 时执行更合算 $(E - S(2) > f(S(2)))$.

表 12.4 在 $t=2$ 时 $\mathbb{P}$ 提前执行现金流与回归值 $f(S(2))$ 的比较

路径	$E-S(2)$	$f(S(2))$
1	0.02	0.0369
2	—	—
3	0.03	0.0461
4	0.13	0.1176
5	—	—
6	0.33	0.1520
7	0.26	0.1565
8	—	—

步骤 4 假设期权 $\mathbb{P}$ 可在 $t=1,2,3$ 执行. 先找哪些路径上在 $t=1$ 时是实值的, 见表 12.5 中显示数字的路径. 由步骤 3 知, 只有路径 4, 6, 7 在 $t=2$ 时是实值的, 而且产生现金流.

表 12.5 在 $t=1$ 时回归

路径	Y	$S(1)$
1	0.00×0.94176	1.09
2	—	—
3	—	—
4	0.13×0.94176	0.93
5	—	—
6	0.33×0.94176	0.76
7	0.26×0.94176	0.92
8	0.00×0.94176	0.88

注 12.3 在 $t=1$ 时.

(1) 针对所有 $t=1$ 时实值的路径做回归.

(2) 跟踪每条路径, 找在 $t=2,3$ 时发生现金流的时间和金额. 因为对于每条路径, 美式期权只能 (提前或到期) 执行一次. 而执行后期权作废. 所以, 如果某一条路径在 $t=2,3$ 发生两次现金流, 那么以 t 小的那一次现金流计算, 而将路径上其他现金流清零.

(3) 将 (2) 得到的现金流贴现回 $t=1$.

(4) 在本例中, 只有 $t=2$ 时发生的现金流用于 (1) 的回归. 一般情况下, 在 (2) 中可能只在 $t=3$ 时发生现金流, 此时要从 $t=3$ 贴现到 $t=1$. 但前提是, 在 $t=1$ 时, 所考虑的路径实值, 而且 $\mathbb{P}$ 在 $t=2$ 时不被执行.

表 12.5 在 $t=1$ 实值前提下,
$$Y = (E-S(2))\mathbb{1}_{\{E-S(2)>f(S(2))\}}\mathbb{1}_{\{E-S(1)>0\}}R$$
$$+\max(E-S(3),0)\mathbb{1}_{\{E-S(2)\leqslant f(S(2))\}}\mathbb{1}_{\{E-S(1)>0\}}R^2,$$

其中 $\mathbb{1}_{\{\}}$ 是示性函数, R 见 (12.0.5) 式. 当 $S(1) \geqslant E$ 时, $\mathbb{P}$ 不可能在 $t=1$ 时执行. 此时表 12.5 中用横线表示.

令二次多项式
$$g(S(1)) := a_1 S^2(1) + b_1 S(1) + c_1.$$

寻找 (a_1, b_1, c_1), 使得下式取极小:
$$(0.00 \times R - g(1.09))^2 + (0.13 \times R - g(0.93))^2$$
$$+(0.33 \times R - g(0.76))^2 + (0.26 \times R - g(0.92))^2$$
$$+(0.00 \times R - g(0.88))^2.$$

类似于方程 (12.0.6), 解得 $a_1 = 1.356$, $b_1 = -3.335$ 和 $c_1 = 2.038$.

在表 12.6 中, 中间一列为 $E-S(1)$, 第三列为 $g(S(1))$. 所以, 在 $t=1$ 时, 期权 $\mathbb{P}$ 执行的必要条件为路径 4,6,7,8.

表 12.6 在 $t=1$ 时 $\mathbb{P}$ 提前执行现金流与回归值 $g(S(1))$ 的比较

路径	$E-S(1)$	$g(S(1))$
1	0.01	0.0139
2	—	—
3	—	—
4	0.17	0.1092
5	—	—
6	0.34	0.2866
7	0.18	0.1175
8	0.22	0.1533

总结: 当 $t=1$ 时, $\mathbb{P}$ 在路径 4, 6, 7, 8 提前执行; 当 $t=2$ 时, $\mathbb{P}$ 在这 8 条路径中没有执行的节点; 当 $t=3$ 时, $\mathbb{P}$ 的持有者在路径 3 有现金流. 现金流总结见表 12.7.

表 12.7 期权 $\mathbb{P}$ 现金流总结

路径	$t=1$	$t=2$	$t=T=3$
1	0.00	0.00	0.00
2	0.00	0.00	0.00
3	0.00	0.00	0.07
4	0.17	0.00	0.00
5	0.00	0.00	0.00
6	0.34	0.00	0.00
7	0.18	0.00	0.00
8	0.22	0.00	0.00

于是, 由 (12.0.1) 式, 得

$$\mathbb{P}(S,0,E,T) \approx [R \times (0.17+0.34+0.18+0.22) + R^3 \times 0.07]/8$$
$$= 0.1144, \qquad (12.0.7)$$

而

$$p(S,0,E,T) \approx (0.07+0.18+0.2+0.09) \times R^3/8$$
$$= 0.0564 \approx \mathbb{P}(S,0,E,T)/2. \qquad (12.0.8)$$

下面要问: 在 $t=0$ 时, $\mathbb{P}$ 是否执行?

由于

$$\mathbb{P}(S,0,E,T) \approx 0.1144 > 0.1 = 1.1 - 1 = E - S(0),$$

所以, 答案是否定的. 我们可以沿用 LSM 计算步骤可得 $\mathbb{P}(S,0,E,T)$ 的定价. 细节如下.

由于 $S(0) \equiv 1$, $E=1.1$, 所以在 $t=0$ 时, $\mathbb{P}(S,0,E,T)$ 总是实值. 构造多项式

$$h(S) := a_0 S^2 + b_0 S + c_0.$$

要求

$$\begin{aligned} H := &\left(0.07 R^3 - h(S)\right)^2 + \left(0.34\, R - h(S)\right)^2 \\ &+ \left(0.22\, R - h(S)\right)^2 + \left(0.18\, R - h(S)\right)^2 \\ &+ \left(0.17\, R - h(S)\right)^2 + 3 \times \left(0 - h(S)\right)^2 \end{aligned}$$

极小. 由于 $h(S) = a_0 + b_0 + c_0$, 此时分别将上式求关于 a_0, b_0, c_0 的一次偏导数再让其为 0, 得到退化线性方程组. 解决此问题的方法是将 $a_0 + b_0 + c_0$ 看成一个变量, 让

$$\frac{\partial H}{\partial(a_0 + b_0 + c_0)} = 0,$$

得到 $a_0 + b_0 + c_0 = 0.1144$. 因此,

$$S(0) \equiv 1 \implies h(S(0)) = 0.1144.$$

再如前述思路构造表 12.8.

表 12.8 在 $t = 0$ 时 $\mathbb{P}$ 提前执行现金流与回归值 $h(S(0))$ 的比较

路径	$E - S(0)$	$h(S(0))$
1	0.1	0.1144
2	0.1	0.1144
3	0.1	0.1144
4	0.1	0.1144
5	0.1	0.1144
6	0.1	0.1144
7	0.1	0.1144
8	0.1	0.1144

从而得到 $\mathbb{P}(S, 0, E, T) = 0.1144$. 结果与 (12.0.7) 式一致.

作业 12.1 阅读附录中的 LS 内容和以上 LS 方法, 并用自己的方式, 重述以上 LS 方法计算美式期权的步骤.

12.1 猜测上例中波动率 σ

上例的方法流程是:

(1) 利用以下公式

$$S(t) = S(t_0)\exp\left(\left(r - \frac{\sigma^2}{2}\right)(t - t_0) + \sigma(B(t) - B(t_0))\right), \quad t \geqslant t_0$$

生成 8 条路径;

(2) 针对这些路径给出 $\mathbb{P}$ 的定价.

Longstaff 和 Schwartz 利用这 8 条路径详细阐述了其定价思路, 但并未明确说明上式中波动率 σ 的具体取值. 虽然这不影响其定价结果, 但出于好奇, 我们不禁要问: Longstaff 和 Schwartz 选择的 σ 值是多少? 由于路径数量仅有 8 条, 从如此有限的样本中精确估计 σ 的取值显然是不现实的.

然而, 我们可以借此机会进行一个有趣的练习:

(1) 假设 (12.0.8) 式中的价格为市场价 $\tilde{p}$, 尝试估计其对应的隐含波动率 $\tilde{\sigma}$.

(2) 假设 (12.0.7) 式中的价格为市场价 $\tilde{\mathbb{P}}$, 进一步估计其对应的波动率.

通过这一练习, 我们不仅可以加深对波动率估计方法的理解, 还能更好地掌握 Monto Carlo 模拟在金融定价中的应用.

以下使用 QuantLib C++ 版本 1.24 (http://www.quantlib.org/) 编程回答以上问题.

假设 $\tilde{p} = 0.0564$ (见 (12.0.8) 式), 则可求得 $\sigma = 13.82\%$, 代码见附录第 4 节. 现在取 $\tilde{\mathbb{P}} = 0.1144$ (见 (12.0.7) 式), 则可求得 $\sigma = 16.28\%$, 代码见附录第 5 节和第 6 节.

进一步的讨论留给读者.

13 局部波动率和随机波动率简介

在 [徐 25] 中, 作者用了一定篇幅讲述了研究波动率对期权定价的重要性. 以下进一步展开.

13.1 回顾

假设 S 连续股息派发, 其股息派发率 $q(t)$ 为关于时间 t 的确定函数. 将几何 Brown 运动

$$\frac{\mathrm{d}S_t}{S_t} = (\mu - q)\mathrm{d}t + \sigma \mathrm{d}B_t$$

推广为

$$\frac{\mathrm{d}S_t}{S_t} = (\mu(t) - q(t))\mathrm{d}t + \sigma(t)\mathrm{d}B_t, \tag{13.1.1}$$

其中 $\sigma(t)$ 是时间 t 的确定函数. 另外我们也假设利率是时间 t 的确定函数 $r(t)$. 对于欧式期权 V, 用 Δ 对冲和无套利假定可得广义的 BSM 方程:

$$\frac{\partial V}{\partial t} + \frac{\sigma^2(t)}{2}S^2\frac{\partial^2 V}{\partial S^2} + (r(t) - q(t))S\frac{\partial V}{\partial S} - rV = 0. \tag{13.1.2}$$

再利用支付条件可以解出 V. 例如: 欧式看涨期权 $c(S, t, E, T)$ 的解可表示为

$$Se^{-\int_t^T q(u)\mathrm{d}u} N\left(\frac{\ln\frac{S}{E} + \int_t^T (r(u) - q(u))\mathrm{d}u + \frac{1}{2}\int_t^T \sigma^2(u)\mathrm{d}u}{\sqrt{\int_t^T \sigma^2(u)\mathrm{d}u}}\right)$$

$$-E\mathrm{e}^{-\int_t^T r(u)\mathrm{d}u} N\left(\frac{\ln\frac{S}{E}+\int_t^T(r(u)-q(u))\mathrm{d}u-\frac{1}{2}\int_t^T \sigma^2(u)\mathrm{d}u}{\sqrt{\int_t^T \sigma^2(u)\mathrm{d}u}}\right).$$

对于 c 的市场价 $\widetilde{c}(S,t,E,T)$ 可以反解出隐含波动率 $\widetilde{\sigma}(S,E,t,T)$, 使得

$$\widetilde{c}(S,t,E,T)=c(S,t,E,T,\widetilde{\sigma}(S,E,t,T)).$$

于是

$$\widetilde{\sigma}(S,E,t,T)=\sqrt{\frac{1}{T-t}\int_t^T \sigma^2(u)\mathrm{d}u}. \tag{13.1.3}$$

这里需要注意: (13.1.1) 式中的非随机函数 $\sigma(t)$ 不一定存在, 即使存在, 它也不是隐含波动率 $\widetilde{\sigma}$. 在实际市场中, 找到非随机函数 $\sigma(t)$ 的机会很小.

由 (13.1.3) 式得到

$$\int_t^T \sigma^2(u)\mathrm{d}u=(T-t)\widetilde{\sigma}^2(S,E,t,T). \tag{13.1.4}$$

对上式两边关于 T 求偏导, 得

$$\sigma^2(T)=\widetilde{\sigma}^2(S,E,t,T)+2(T-t)\widetilde{\sigma}(S,E,t,T)\frac{\partial}{\partial T}\widetilde{\sigma}(S,E,t,T).$$

这样就可以由隐含波动率求得 σ:

$$\sigma(t')=\sqrt{\widetilde{\sigma}^2(S,E,t,t')+2(t'-t)\widetilde{\sigma}(S,E,t,t')\frac{\partial}{\partial t'}\widetilde{\sigma}(S,E,t,t')},\quad t'>t. \tag{13.1.5}$$

上式成立的条件: $\sigma(t')$ 关于 t' 非随机. 这样我们就可以在 t 时确定 $\sigma(t')$ 了.

设 $T_1<\cdots<T_n$ 是 $\widetilde{c}$ 的到期日, 由 (13.1.4) 式得

$$\int_t^{T_{i+1}} \sigma^2(u)\mathrm{d}u-\int_t^{T_i} \sigma^2(u)\mathrm{d}u=(T_{i+1}-t)\widetilde{\sigma}^2(S,E,t,T_{i+1})$$
$$-(T_i-t)\widetilde{\sigma}^2(S,E,t,T_i),$$

即
$$\int_{T_i}^{T_{i+1}} \sigma^2(u)\mathrm{d}u = (T_{i+1}-t)\widetilde{\sigma}^2(S,E,t,T_{i+1}) - (T_i-t)\widetilde{\sigma}^2(S,E,t,T_i).$$
如果假设 $\sigma(u)$ 在 (T_i, T_{i+1}) 为常数, 则
$$\sigma(u) = \sqrt{\frac{(T_{i+1}-t)\widetilde{\sigma}^2(S,E,t,T_{i+1}) - (T_i-t)\widetilde{\sigma}^2(S,E,t,T_i)}{T_{i+1}-T_i}},$$
$$T_i < u < T_{i+1}. \qquad (13.1.6)$$

例 13.1 假设上面提到的非随机函数 $\sigma(t)$ 存在. 在 $t=0$ 时, 我们从市场上得到 $\{\widetilde{c}(S,0,E,T_i)\}$, $0 < T_1 < T_2 < \cdots < T_N < +\infty$. 由隐含波动率的定义, 对于市场价 $\widetilde{c}(S,t,E,T_i)$, 我们有隐含波动率
$$\widetilde{\sigma}^2(E/S,T_i) = \frac{1}{T_i}\int_0^{T_i}\sigma^2(t)\mathrm{d}t, \quad i=1,2,\cdots,N.$$
于是
$$\widetilde{\sigma}^2(E/S,T_{i+1})T_{i+1} - \widetilde{\sigma}^2(E/S,T_i)T_i = \int_{T_i}^{T_{i+1}}\sigma^2(t)\mathrm{d}t \geqslant 0.$$
所以,
$$\widetilde{\sigma}(E/S,T_{i+1}) \geqslant \widetilde{\sigma}(E/S,T_i)\sqrt{\frac{T_i}{T_{i+1}}}.$$
上式的讨论前提是, 假设非随机函数 $\sigma(t)$ 存在. 这个函数的一种简单形式可以拼凑成
$$\sigma(t) = \begin{cases} \widetilde{\sigma}(E/S,T_1), & 0 < t \leqslant T_1, \\ \sqrt{\dfrac{\widetilde{\sigma}^2(E/S,T_2)T_2 - \widetilde{\sigma}^2(E/S,T_1)T_1}{T_2-T_1}}, & T_1 < t \leqslant T_2, \\ \cdots\cdots & \\ \sqrt{\dfrac{\widetilde{\sigma}^2(E/S,T_{i+1})T_{i+1} - \widetilde{\sigma}^2(E/S,T_i)T_i}{T_{i+1}-T_i}}, & T_i < t \leqslant T_{i+1}, \\ \cdots\cdots & \\ \sqrt{\dfrac{\widetilde{\sigma}^2(E/S,T_N)T_N - \widetilde{\sigma}^2(E/S,T_{N-1})T_{N-1}}{T_N-T_{N-1}}}, & T_{N-1} < t \leqslant T_N. \end{cases}$$

上式通常称为 (隐含) 波动率的期限结构. 也有人取 $E = S_t$ (平值), 将上式称为 (隐含) 波动率的期限结构. 在实际市场中, 非随机函数 $\sigma(t)$ 不一定存在. 即使存在, $\sigma(t)$ 也不一定取以上形式.

13.2 局部波动率的引入

假设 S 连续股息派发, 其股息派发率为非负常数 q. 股价 S 服从以下 (广义) 几何 Brown 运动:

$$\frac{\mathrm{d}S_t}{S_t} = (r_t - q_t)\mathrm{d}t + \sigma_t \mathrm{d}B_t^Q, \tag{13.2.1}$$

其中无风险利率 r_t 和股息派发率 q_t 均为确定 (非随机) 函数, B_t^Q 是在风险中性测度下的 (标准) Brown 运动, σ_t 为一随机过程, 以下总是默认 $\sigma_t > 0$, $\forall t$.

记: (1) θ 是 Heaviside 函数: $\theta(x) = 1$, 如果 $x \geqslant 0$; $\theta(x) = 0$, 如果 $x < 0$; (2) $\delta(x)$ 是 Dirac-δ 函数 (广义函数). 由 [徐 25] 中的止损启盈悖论 (stop-loss start-gain paradox) 章节讨论知:

$$\max(S_T - E, 0) = \max(S_0 - E, 0) + \int_0^T \theta(S_t - E)\mathrm{d}S_t$$
$$+ \frac{1}{2}\lim_{\varepsilon \to 0}\frac{1}{\varepsilon}\int_0^T \mathbb{1}_{\{(E, E+\varepsilon)\}}\sigma_t^2 S_t^2 \mathrm{d}t,$$

我们将上式中含极限的项写成

$$\frac{1}{2}\int_0^T \delta(S_t - E)\sigma_t^2 S_t^2 \mathrm{d}t,$$

于是

$$\max(S_T - E, 0) = \max(S_0 - E, 0) + \int_0^T \theta(S_t - E)\mathrm{d}S_t$$
$$+ \frac{1}{2}\int_0^T \delta(S_t - E)\sigma_t^2 S_t^2 \mathrm{d}t. \tag{13.2.2}$$

对 (13.2.2) 式两边取期望:

$$\mathbb{E}\left[\max(S_T - E, 0)\right] = \mathbb{E}\left[\max(S_0 - E, 0)\right] + \mathbb{E}\left[\int_0^T \theta(S_t - E)\mathrm{d}S_t\right]$$

$$+ \mathbb{E}\left[\frac{1}{2}\int_0^T \sigma_t^2 S^2(t)\delta\left(S(t) - E\right)\mathrm{d}t\right]. \quad (13.2.3)$$

对 (13.2.3) 式两边求 $\partial/\partial T$:

$$\frac{\partial}{\partial T}\mathbb{E}\left[\max(S_T - E, 0)\right] = \frac{\partial}{\partial T}\mathbb{E}\left[\int_0^T \theta(S_t - E)\mathrm{d}S_t\right]$$

$$+ \frac{\partial}{\partial T}\mathbb{E}\left[\frac{1}{2}\int_0^T \sigma_t^2 S^2(t)\delta\left(S(t) - E\right)\mathrm{d}t\right]$$

$$= \mathbb{E}\left[\frac{\partial}{\partial T}\int_0^T \theta(S_t - E)\mathrm{d}S_t\right]$$

$$+ \frac{1}{2}\mathbb{E}\left[\sigma_T^2 S^2(T)\delta\left(S(T) - E\right)\right].$$

现在计算上式最后一个等号右边的第一项. 先计算

$$\mathbb{E}\left[\mathrm{d}\int_0^T \theta(S_t - E)\mathrm{d}S_t\right] = \mathbb{E}\left[\theta(S_T - E)\mathrm{d}S_T\right]$$

$$= \mathbb{E}\left[\mathbb{E}[\theta(S_T - E)\mathrm{d}S_T|\mathcal{F}_T]|\mathcal{F}_0\right]$$

$$= \mathbb{E}\left[\theta(S_T - E)\mathbb{E}[\mathrm{d}S_T|\mathcal{F}_T]|\mathcal{F}_0\right]$$

$$= \mathbb{E}\{\theta(S_T - E)\mathbb{E}[S_T(r_T - q_T)\mathrm{d}T$$

$$+ S_T \sigma_T \mathrm{d}B_T^Q|\mathcal{F}_T]|\mathcal{F}_0\}$$

(上式用到 $\mathrm{d}S = S((r_t - q_t)\mathrm{d}t + \sigma_t \mathrm{d}B_t^Q)$),

$$= \mathbb{E}\{\theta(S_T - E)\mathbb{E}[S_T(r_T - q_T)\mathrm{d}T|\mathcal{F}_T]|\mathcal{F}_0\}$$

(上式用到 $S_T \sigma_T B_T^Q$ 是一个鞅)

$$= (r_T - q_T)\mathbb{E}\left[S_T \theta(S_T - E)|\mathcal{F}_0\right]\mathrm{d}T.$$

注意到

$$\mathbb{E}[S_T \theta(S_T - E)] = \mathbb{E}[\max(S_T - E, 0)] + E\mathbb{E}[\theta(S_T - E)],$$

于是

$$\mathbb{E}\left[\frac{\partial}{\partial T}\int_0^T \theta(S_t-E)\mathrm{d}S_t\right] = (r_T-q_T)(\mathbb{E}[\max(S_T-E,0)]+E\mathbb{E}[\theta(S_T-E)]).$$

再结合 (13.2.3) 式, 有

$$\begin{aligned}\frac{\partial}{\partial T}\mathbb{E}[\max(S_T-E,0)] &= (r_T-q_T)\mathbb{E}[\max(S_T-E,0)]\\ &\quad +(r_T-q_T)E\mathbb{E}[\theta(S_T-E)]\\ &\quad +\frac{1}{2}\mathbb{E}\left[\sigma^2(S,T)S^2(T)\delta\left(S(T)-E\right)\right].\end{aligned} \quad (13.2.4)$$

以下假设当前时刻为 $t=0$. 因为

$$\mathrm{e}^{-\int_0^t r(u)\mathrm{d}u}c(S,t,E,T)$$

是一个鞅, 所以

$$\begin{aligned}\mathbb{E}\left[\mathrm{e}^{-\int_0^t r(u)\mathrm{d}u}c(S,t,E,T)\big|\mathcal{F}_t\right] &= \mathbb{E}\left[\mathrm{e}^{-\int_0^T r(u)\mathrm{d}u}c(S,T,E,T)\big|\mathcal{F}_t\right]\\ &= \mathbb{E}\left[\mathrm{e}^{-\int_0^T r(u)\mathrm{d}u}(\max(S_T-E,0)\big|\mathcal{F}_t\right],\end{aligned}$$

$$(13.2.5)$$

$$c(S,0,E,T) = \mathbb{E}\left[\mathrm{e}^{-\int_0^T r(u)\mathrm{d}u}(\max(S_T-E,0)\big|\mathcal{F}_t\right], \quad (13.2.6)$$

$$\frac{\partial c(S,0,E,T)}{\partial E} = -\mathrm{e}^{-\int_0^T r(u)\mathrm{d}u}\mathbb{E}[\theta(S_T-E)], \quad (13.2.7)$$

$$\frac{\partial^2 c(S,0,E,T)}{\partial E^2} = \mathrm{e}^{-\int_0^T r(u)\mathrm{d}u}\mathbb{E}[\delta(S_T-E)]. \quad (13.2.8)$$

易知

$$\begin{aligned}\frac{\partial c(S,0,E,T)}{\partial T} &= \frac{\partial}{\partial T}\left(\mathrm{e}^{-\int_0^T r(u)\mathrm{d}u}\mathbb{E}[\max(S_T-E,0)]\right)\\ &= -r_T\mathrm{e}^{-\int_0^T r(u)\mathrm{d}u}\mathbb{E}[\max(S_T-E,0)]\\ &\quad +\mathrm{e}^{-\int_0^T r(u)\mathrm{d}u}\frac{\partial}{\partial T}\mathbb{E}[\max(S_T-E,0)].\end{aligned}$$

由公式 (13.2.4), (13.2.5), (13.2.7) 和 (13.2.8), 得

$$\begin{aligned}\frac{\partial c(S,0,E,T)}{\partial T} &= -r_T \mathrm{e}^{-\int_0^T r(u)\mathrm{d}u}\mathbb{E}[\max(S_T-E,0)] \\ &\quad + \mathrm{e}^{-\int_0^T r(u)\mathrm{d}u}\Big\{(r_T-q_T)\mathbb{E}[\max(S_T-E,0)] \\ &\quad + (r_T-q_T)E\mathbb{E}[\theta(S_T-E)] + \frac{1}{2}\mathbb{E}\left[\sigma_T^2 S_T^2 \delta(S_T-E)\right]\Big\} \\ &= -q_T \mathrm{e}^{-\int_0^T r(u)\mathrm{d}u}\mathbb{E}[\theta(S_T-E)] \\ &\quad + \mathrm{e}^{-\int_0^T r(u)\mathrm{d}u}(r_T-q_T)E\mathbb{E}[\theta(S_T-E)] \\ &\quad + \frac{1}{2}\mathrm{e}^{-\int_0^T r(u)\mathrm{d}u}\mathbb{E}\left[\sigma_T^2 S_T^2 \delta(S_T-E)\right] \\ &= -q_T \mathrm{e}^{-\int_0^T r(u)\mathrm{d}u}\mathbb{E}[\theta(S_T-E)] \\ &\quad + \mathrm{e}^{-\int_0^T r(u)\mathrm{d}u}(r_T-q_T)E\mathbb{E}[\theta(S_T-E)] \\ &\quad + \frac{E^2}{2}\mathrm{e}^{-\int_0^T r(u)\mathrm{d}u}\mathbb{E}[\sigma_T^2|S_T=E]\mathbb{E}[\delta(S_T-E)] \\ &= -q_T c(S,0,E,T) - (r_T-q_T)E\frac{\partial c(S,0,E,T)}{\partial E} \\ &\quad + \frac{E^2}{2}\mathbb{E}[\sigma_T^2|S_T=E]\frac{\partial^2 c(S,0,E,T)}{\partial E^2}.\end{aligned}$$

上式是 Dupire 方程的一般形式. 记

$$\sigma_{E,T} := \sqrt{\mathbb{E}[\sigma_T^2|S_T=E]}. \tag{13.2.9}$$

命题 13.1 (Dupire) Dupire 方程可以写成

$$\begin{aligned}\frac{\partial c(S,0,E,T)}{\partial T} &= -q_T c(S,0,E,T) - (r_T-q_T)E\frac{\partial c(S,0,E,T)}{\partial E} \\ &\quad + \frac{E^2}{2}\sigma_{E,T}^2 \frac{\partial^2 c(S,0,E,T)}{\partial E^2}.\end{aligned} \tag{13.2.10}$$

将

$$c^f(S,0,E,T) := \mathbb{E}[\max(S_T-E,0)|\mathcal{F}_t] = \mathrm{e}^{\int_0^T r(u)\mathrm{d}u}c(S,0,E,T)$$

看成在 $t=0$ 时估算在 T 时 c 的远期看涨 (期权) (forward call). 从上

式解出 c, 再代入 (13.2.10) 式化简得

$$\begin{aligned}\frac{\partial c^f(S,0,E,T)}{\partial T} = &-(r_T - q_T)c^f(S,0,E,T) \\ &-(r_T - q_T)E\frac{\partial c^f(S,0,E,T)}{\partial E} \\ &+\frac{E^2}{2}\sigma_{E,T}^2\frac{\partial^2 c^f(S,0,E,T)}{\partial E^2}.\end{aligned} \quad (13.2.11)$$

(13.2.11) 式经常出现在文献中. 如果将 (13.2.10) 式中的标的换成期货 $F(S,t,T)$, 那么其欧式看涨期权价格记为 $c_F(F,t,E,T)$, 与其对应的标的为 S 的欧式看涨期权价格 $c(S,t,E,T)$ 相等. 因为在风险中性测度下期货无漂移项:

$$\frac{\mathrm{d}F}{F} = \sigma_t \mathrm{d}B_t^Q,$$

所以在转换标的后, (13.2.10) 式成为

$$\frac{\partial c(F,0,E,T)}{\partial T} = \frac{E^2}{2}\sigma_{E,T}^2\frac{\partial^2 c(F,0,E,T)}{\partial E^2}. \quad (13.2.12)$$

上式是比较流行的 Dupire 公式.

定义 13.1 称 σ_t 是**局部波动率** (local volatility), 如果 σ_t 是确定 (非随机) 函数 $\sigma(S,t)$.

我们默认 $\sigma(S,t)$ 总是大于 0. 当 σ_t 是局部波动率时, 由 (13.2.9) 式得到

$$\sigma_{E,T}^2 = \mathbb{E}[\sigma_T | S_T = E] = \mathbb{E}[\sigma^2(S_T,T) | S_T = E] = \sigma^2(E,T),$$

并且 (由 (13.2.10) 式和 (13.2.12) 式)

$$\begin{aligned}\frac{\partial c(S,0,E,T)}{\partial T} = &-q_T c(S,0,E,T) - (r_T - q_T)E\frac{\partial c(S,0,E,T)}{\partial E} \\ &+\frac{E^2}{2}\sigma^2(E,T)\frac{\partial^2 c(S,0,E,T)}{\partial E^2}, \\ \frac{\partial c_F(F,0,E,T)}{\partial T} = &\frac{E^2}{2}\sigma^2(E,T)\frac{\partial^2 c_F(F,0,E,T)}{\partial E^2}.\end{aligned} \quad (13.2.13)$$

以上两个等式的好处是, 其中的所有数据都可在当前时刻 $t=0$ 时获得.

作业 13.1 当 σ_t 是局部波动率 $\sigma(S,t)$ 时, 证明:

$$\frac{\partial c}{\partial t} + \frac{\sigma^2(S,t)}{2}S^2\frac{\partial^2 c}{\partial S^2} + (r-q)S\frac{\partial c}{\partial S} - rc = 0. \qquad (13.2.14)$$

有时为了便于讨论, 不妨假设标的资产 S 无股息派发, 利率 $r=0$. 于是在风险中性测度下, S 服从几何 Brown 运动

$$\frac{\mathrm{d}S}{S} = \sigma(S,t)\mathrm{d}B_t^Q, \qquad (13.2.15)$$

其中, 正函数 $\sigma(S,t)$ 是局部波动率. 类似于 (13.2.13) 式, 我们有

$$\frac{\partial c(S,0,E,T)}{\partial T} = \frac{E^2}{2}\sigma^2(E,T)\frac{\partial^2 c(S,0,E,T)}{\partial E^2}. \qquad (13.2.16)$$

13.2.1 Breeden-Litzenberger 公式的一个应用

假设 S 连续股息派发, 其股息派发率为非负常数 q, 无风险利率 r 为常数, 在风险中性测度下股价 S 服从几何 Brown 运动,

$$\mathrm{d}S = S(r-q)\mathrm{d}t + S\sigma(S,t)\mathrm{d}B_t,$$

其中, $\sigma(S,t)$ 是局部波动率 (见定义 13.1).

请回顾: 在第 11.1 节中, 我们证明了命题 11.1, 对任意 $E>0$, 市场价 $\widetilde{c}(S,t,E,T)$ 对应的转移概率密度 $\widetilde{g}^Q$ 满足:

$$\widetilde{g}^Q(E,T;S_t,t) = \mathrm{e}^{r(T-t)}\frac{\partial^2}{\partial E^2}\widetilde{c}(S,t,E,T), \qquad (13.2.17)$$

$$\frac{\partial \widetilde{c}}{\partial E} = -\mathrm{e}^{-r(T-t)}\widetilde{\mathrm{Pr}}^Q(S_T > E). \qquad (13.2.18)$$

命题 13.2 (Fokker–Planck) 转移概率密度 $\widetilde{g}^Q$ 和股价 S 满足

$$\frac{\partial \widetilde{g}^Q}{\partial T} = \frac{1}{2}\frac{\partial^2}{\partial S^2}(\sigma^2 S^2 \widetilde{g}^Q) - \frac{\partial}{\partial S}((r-q)S\widetilde{g}^Q). \qquad (13.2.19)$$

证明可参看 [Shr04] 的习题 6.9. □

于是,
$$\begin{aligned}\frac{\partial \widetilde{c}}{\partial T} &= \mathrm{e}^{-r(T-t)} \int_0^{+\infty} \max(S-E,0) \widetilde{g}^Q(S,T;S_t,t) \mathrm{d}S \\ &= \mathrm{e}^{-r(T-t)} \int_E^{+\infty} (S-E) \widetilde{g}^Q(S,T;S_t,t) \mathrm{d}S \\ &= -r\widetilde{c} + \mathrm{e}^{-r(T-t)} \int_E^{+\infty} (S-E) \frac{\partial \widetilde{g}^Q}{\partial T} \mathrm{d}S.\end{aligned}$$

将 (13.2.19) 式代入上式, 得到
$$\begin{aligned}\frac{\partial \widetilde{c}}{\partial T} = {}& -r\widetilde{c} + \mathrm{e}^{-r(T-t)} \int_E^{+\infty} (S-E) \\ & \times \left(\frac{1}{2} \frac{\partial^2}{\partial S^2}(\sigma^2 S^2 \widetilde{g}^Q) - \frac{\partial}{\partial S}((r-q)S\widetilde{g}^Q)\right) \mathrm{d}E.\end{aligned}$$

再利用分部积分, 并且假设当 $S \to +\infty$ 时, $\widetilde{g}^Q$ 和 $\dfrac{\partial \widetilde{g}^Q}{\partial S}$ 趋于 0 的速度"足够快", 使得分部积分中的边界项 (当 $S \to +\infty$ 时) 为 0, 得到
$$\begin{aligned}\frac{\partial \widetilde{c}}{\partial T} ={}& -r\widetilde{c} + \frac{1}{2} \mathrm{e}^{-r(T-t)} \sigma^2(E,T) E^2 \widetilde{g}^Q(S,T;S_t,t) \\ & + (r-q)\mathrm{e}^{-r(T-t)} \int_E^{+\infty} S\widetilde{g}^Q(S,T;S_t,t) \mathrm{d}S \\ ={}& -r\widetilde{c} + \frac{1}{2} \mathrm{e}^{-r(T-t)} \sigma^2(E,T) E^2 \widetilde{g}^Q(S,T;S_t,t) \\ & + (r-q)\mathrm{e}^{-r(T-t)} \left(\int_E^{+\infty} (S-E)\widetilde{g}^Q \mathrm{d}S + E \int_E^{+\infty} \widetilde{g}^Q \mathrm{d}S\right).\end{aligned}$$

再利用 (13.2.17) 式和 (13.2.18) 式可得
$$\begin{aligned}\frac{\partial \widetilde{c}}{\partial T} &= -r\widetilde{c} + \frac{1}{2} \sigma^2(E,T) E^2 \frac{\partial^2 \widetilde{c}}{\partial E^2} + (r-q)\left(\widetilde{c} - E\frac{\partial \widetilde{c}}{\partial E}\right) \\ &= -r\widetilde{c} + \frac{1}{2} \sigma^2(E,T) E^2 \frac{\partial^2 \widetilde{c}}{\partial E^2} + (r-q)\left(\widetilde{c} - E\frac{\partial \widetilde{c}}{\partial E}\right),\end{aligned}$$

化简后得到
$$\frac{\partial \widetilde{c}}{\partial T} = -q\widetilde{c} + \frac{1}{2}\sigma^2(E,T) E^2 \frac{\partial^2 \widetilde{c}}{\partial E^2} - (r-q) E \frac{\partial \widetilde{c}}{\partial E}. \qquad (13.2.20)$$

这与 (13.2.10) 式一致.

13.2.2 实际市场中遇到的问题

如果假设局部波动率 $\sigma(S,t)$ 存在, 那么可由 (13.2.20) 式解出

$$\sigma(E,T) = \sqrt{\dfrac{\dfrac{\partial \widetilde{c}}{\partial T} + q\widetilde{c} + (r-q)E\dfrac{\partial \widetilde{c}}{\partial E}}{\dfrac{1}{2}E^2\dfrac{\partial^2 \widetilde{c}}{\partial E^2}}}. \tag{13.2.21}$$

然而, 在实际市场 (交易所) 中, 敲定价 E 是离散的, 因此不可能对任意 E 都可以找到市场价 $\widetilde{c}(S,t,E,T)$. 一个自然的解决方法是使用插值法. 当 E 远离平值时, (13.2.21) 式中根号下的分子和分母对 E 的变化不敏感. 尤其在 $q = 0$ 时, 其分子和分母都非常小, 而 $\widetilde{c}$ 的市场价格通常只保留两位小数. 此时, 使用插值法, 再利用 (13.2.21) 式求得的 $\sigma(E,T)$ 产生的误差较难估算. 在下一小节中我们将在一定程度上解决此问题.

13.3 由隐含波动率求局部波动率

我们需要建立 (13.2.21) 式中根号下的分子和分母与隐含波动率的关系. 记

$$\widetilde{d}_1 = \dfrac{\ln \dfrac{S}{E} + \left(r - q + \dfrac{\widetilde{\sigma}^2}{2}\right)(T-t)}{\widetilde{\sigma}\sqrt{T-t}},$$

$$\widetilde{d}_2 = \widetilde{d}_1 - \widetilde{\sigma}\sqrt{T-t},$$

$$N(x) = \dfrac{1}{\sqrt{2\pi}}\int_{-\infty}^{x} e^{-\frac{y^2}{2}} dy.$$

以下计算用到附录第 1 节中的公式

Theta: $\dfrac{\partial V}{\partial t} = -\dfrac{\sigma e^{-q(T-t)}SN'(d_1)}{2\sqrt{T-t}}$

$\qquad\qquad + qSe^{-q(T-t)}N(d_1) - rEe^{-r(T-t)}N(d_2),$

Vega: $\dfrac{\partial V}{\partial \sigma} = e^{-q(T-t)}SN'(d_1)\sqrt{T-t}.$

为了表述简洁, 记 $c(E,T,\widetilde{\sigma})) := \widetilde{c}(S,t,E,T)$. 计算偏导数

$$\frac{\partial}{\partial T}c(E,T,\widetilde{\sigma}) = \left(\frac{\partial}{\partial T}c(E,T,\widetilde{\sigma})\right)_{\widetilde{\sigma}} + \frac{\partial}{\partial \widetilde{\sigma}}c(E,T,\widetilde{\sigma})\frac{\partial \widetilde{\sigma}}{\partial T}$$

$$= \frac{\widetilde{\sigma}\mathrm{e}^{-q(T-t)}SN'(\widetilde{d_1})}{2\sqrt{T-t}} - qS\mathrm{e}^{-q(T-t)}N(\widetilde{d_1})$$

$$+ rE\mathrm{e}^{-r(T-t)}N(\widetilde{d_2}) + \mathrm{e}^{-q(T-t)}SN'(\widetilde{d_1})\sqrt{T-t}\frac{\partial \widetilde{\sigma}}{\partial T},$$

$$\frac{\partial}{\partial E}c(E,T,\widetilde{\sigma}) = \left(\frac{\partial}{\partial E}c(E,T,\widetilde{\sigma})\right)_{\widetilde{\sigma}} + \frac{\partial}{\partial \widetilde{\sigma}}c(E,T,\widetilde{\sigma})\frac{\partial \widetilde{\sigma}}{\partial E}$$

$$= -\mathrm{e}^{-r(T-t)}N(\widetilde{d_2}) + \mathrm{e}^{-q(T-t)}S\sqrt{T-t}N'(\widetilde{d_1})\frac{\partial \widetilde{\sigma}}{\partial E}.$$

所以

$$\frac{\partial \widetilde{c}}{\partial T} + q\widetilde{c} + (r-q)E\frac{\partial \widetilde{c}}{\partial E} = \frac{\widetilde{\sigma}\mathrm{e}^{-q(T-t)}SN'(\widetilde{d_1})}{2\sqrt{T-t}} - qS\mathrm{e}^{-q(T-t)}N(\widetilde{d_1})$$

$$+ rE\mathrm{e}^{-r(T-t)}N(\widetilde{d_2})$$

$$+ \mathrm{e}^{-q(T-t)}SN'(\widetilde{d_1})\sqrt{T-t}\frac{\partial \widetilde{\sigma}}{\partial T}$$

$$+ q\left(\mathrm{e}^{-q(T-t)}SN(\widetilde{d_1}) - \mathrm{e}^{-r(T-t)}EN(\widetilde{d_2})\right)$$

$$+ (r-q)E\Big(-\mathrm{e}^{-r(T-t)}N(\widetilde{d_2})$$

$$+ \mathrm{e}^{-q(T-t)}S\sqrt{T-t}N'(\widetilde{d_1})\frac{\partial \widetilde{\sigma}}{\partial E}\Big)$$

$$= \frac{\widetilde{\sigma}\mathrm{e}^{-q(T-t)}SN'(\widetilde{d_1})}{2\sqrt{T-t}}$$

$$+ \mathrm{e}^{-q(T-t)}SN'(\widetilde{d_1})\sqrt{T-t}\frac{\partial \widetilde{\sigma}}{\partial T}$$

$$+ (r-q)\mathrm{e}^{-q(T-t)}ES\sqrt{T-t}N'(\widetilde{d_1})\frac{\partial \widetilde{\sigma}}{\partial E}.$$

而

$$\frac{\partial^2}{\partial E^2}c(E,T,\widetilde{\sigma}) = -\mathrm{e}^{-r(T-t)}N'(\widetilde{d}_2)\left[\left(\frac{\partial \widetilde{d}_2}{\partial E}\right)_\sigma + \frac{\partial \widetilde{d}_2}{\partial \sigma}\frac{\partial \widetilde{\sigma}}{\partial E}\right]$$

$$+\mathrm{e}^{-q(T-t)}S\sqrt{T-t}N''(\widetilde{d}_1)\left[\left(\frac{\partial \widetilde{d}_1}{\partial E}\right)_\sigma + \frac{\partial \widetilde{d}_1}{\partial \sigma}\frac{\partial \widetilde{\sigma}}{\partial E}\right]\frac{\partial \widetilde{\sigma}}{\partial E}$$

$$+\mathrm{e}^{-q(T-t)}S\sqrt{T-t}N'(\widetilde{d}_1)\frac{\partial^2 \widetilde{\sigma}}{\partial E^2}.$$

以下计算用到了 $N''(x) = -xN'(x)$ 和 $N'(\widetilde{d}_2) = N'(\widetilde{d}_1)\mathrm{e}^{(r-q)(T-t)}S/E$，于是

$$\frac{\partial^2}{\partial E^2}c(E,T,\widetilde{\sigma}) = -\mathrm{e}^{-r(T-t)}N'(\widetilde{d}_1)\mathrm{e}^{(r-q)(T-t)}$$

$$\frac{S}{E}\left[-\frac{1}{E\sigma\sqrt{T-t}} - \frac{\widetilde{d}_1}{\sigma}\left(\frac{\partial \widetilde{\sigma}}{\partial E}\right)\right]$$
$$-\mathrm{e}^{-q(T-t)}S\sqrt{T-t}N'(\widetilde{d}_1)\widetilde{d}_1\left[-\frac{1}{E\sigma\sqrt{T-t}}\frac{\partial \widetilde{\sigma}}{\partial E}\right.$$
$$\left.+\left(\sqrt{T-t} - \frac{\widetilde{d}_1}{\sigma}\right)\left(\frac{\partial \widetilde{\sigma}}{\partial E}\right)^2\right]$$

$$+\mathrm{e}^{-q(T-t)}S\sqrt{T-t}N'(\widetilde{d}_1)\frac{\partial^2 \widetilde{\sigma}}{\partial E^2}$$

$$= \frac{N'(\widetilde{d}_1)S\mathrm{e}^{-q(T-t)}}{E^2\widetilde{\sigma}\sqrt{T-t}}\left[1 + 2E\widetilde{d}_1\sqrt{T-t}\frac{\partial \widetilde{\sigma}}{\partial E}\right.$$

$$\left.-\widetilde{d}_1 E^2(\widetilde{\sigma}\sqrt{T-t} - \widetilde{d}_1)(T-t)\left(\frac{\partial \widetilde{\sigma}}{\partial E}\right)^2 + E^2\widetilde{\sigma}(T-t)\frac{\partial^2 \widetilde{\sigma}}{\partial E^2}\right]$$

$$= \frac{N'(\widetilde{d}_1)S\mathrm{e}^{-q(T-t)}}{E^2\widetilde{\sigma}\sqrt{T-t}}\left[\left(1 + E\widetilde{d}_1\sqrt{T-t}\frac{\partial \widetilde{\sigma}}{\partial E}\right)^2\right.$$

$$\left.+E^2(T-t)\widetilde{\sigma}\left(\frac{\partial^2 \widetilde{\sigma}}{\partial E^2} - \widetilde{d}_1\left(\frac{\partial \widetilde{\sigma}}{\partial E}\right)^2\sqrt{T-t}\right)\right].$$

所以 (13.2.21) 式重新表述为

$$\sigma(E,T) = \sqrt{\frac{\widetilde{\sigma}^2 + 2(T-t)\widetilde{\sigma}\frac{\partial \widetilde{\sigma}}{\partial T} + 2(r-q)E(T-t)\widetilde{\sigma}\frac{\partial \widetilde{\sigma}}{\partial E}}{\left(1+E\widetilde{d}_1\sqrt{T-t}\frac{\partial \widetilde{\sigma}}{\partial E}\right)^2 + E^2(T-t)\widetilde{\sigma}\left(\frac{\partial^2 \widetilde{\sigma}}{\partial E^2} - \widetilde{d}_1\left(\frac{\partial \widetilde{\sigma}}{\partial E}\right)^2\sqrt{T-t}\right)}}.$$
(13.3.1)

上式表示, 我们可以由隐含波动率求出局部波动率 (见 [Wil06] 的 844 页). 这样做的好处在于:

(1) 隐含波动率曲面 $\widetilde{\sigma}(E/S, T-t)$ 通常有内在的规律. 对该曲面进行平滑处理, 可以更好地反映其本质特性.

(2) 由 (13.3.1) 式可知: $\widetilde{\sigma} = 0 \Longrightarrow \sigma(E,T) = 0$. 当 $\widetilde{\sigma}$ 充分小时, 可以将 $\widetilde{\sigma}$ 和 $\sigma(E,T)$ 近似为关于 E 或 T 的线性函数 (基于 Taylor 展开思路). 这为使用插值法提供了依据.

以下采用流行的处理方法, 假设 $r = q = 0$, 取 $t = 0$. 引入无量纲量

$$y = \ln\frac{E}{S}, \quad f(T,y) = T\widetilde{\sigma}^2,$$

则

$$\widetilde{d}_1 = \frac{-y + \frac{f^2}{2}}{\sqrt{f}}, \quad \mathrm{d}y = \frac{1}{E}\mathrm{d}E, \quad \frac{\partial}{\partial y} = E\frac{\partial}{\partial E},$$

$$\frac{\partial f}{\partial T}\mathrm{d}T + \frac{\partial f}{\partial y}\mathrm{d}y = \mathrm{d}f(T,y) = \widetilde{\sigma}^2\mathrm{d}T + 2T\widetilde{\sigma}\frac{\partial \widetilde{\sigma}}{\partial T}\mathrm{d}T + 2T\widetilde{\sigma}\frac{\partial \widetilde{\sigma}}{\partial E}\mathrm{d}E.$$

于是

$$\begin{cases} \dfrac{\partial f}{\partial T} = \sigma^2 + 2T\sigma\dfrac{\partial \widetilde{\sigma}}{\partial T}, \\ \dfrac{\partial f}{\partial y} = 2ET\sigma\dfrac{\partial \widetilde{\sigma}}{\partial E}, \\ \dfrac{\partial^2 f}{\partial y^2} = 2ET\sigma\dfrac{\partial \widetilde{\sigma}}{\partial E} + 2TE^2\left(\dfrac{\partial \widetilde{c}}{\partial E}\right)^2 + 2TE^2\sigma\dfrac{\partial^2 \widetilde{c}}{\partial E^2} \end{cases}$$

$$\implies \begin{cases} \dfrac{\partial \widetilde{\sigma}}{\partial T} = -\dfrac{\widetilde{\sigma}^2 - \dfrac{\partial f}{\partial T}}{2\, T\, \widetilde{\sigma}} = -\dfrac{\widetilde{\sigma}^3 - \dfrac{\partial f}{\partial T}\widetilde{\sigma}}{2\, f}, \\[2ex] \dfrac{\partial \widetilde{\sigma}}{\partial E} = \dfrac{\dfrac{\partial f}{\partial y}}{2\, E\, T\, \widetilde{\sigma}} = \dfrac{\widetilde{\sigma}\dfrac{\partial f}{\partial y}}{2\, E\, f}, \\[2ex] \dfrac{\partial^2 \widetilde{\sigma}}{\partial E^2} = \dfrac{\left(2\, T\, \dfrac{\partial^2 f}{\partial y^2} - 2\, T\, \dfrac{\partial f}{\partial y}\right)\widetilde{\sigma}^2 - \left(\dfrac{\partial f}{\partial y}\right)^2}{4\, E^2\, T^2\, \widetilde{\sigma}^3} \\[2ex] \phantom{\dfrac{\partial^2 \widetilde{\sigma}}{\partial E^2}} = \dfrac{\widetilde{\sigma}\left(2\, f\, \dfrac{\partial^2 f}{\partial y^2} - \left(\dfrac{\partial f}{\partial y}\right)^2 - 2\, f\, \dfrac{\partial f}{\partial y}\right)}{4\, E^2\, f^2}. \end{cases}$$

代入 (13.3.1) 式化简后, 得到

$$\sigma(E,T)$$
$$= \sqrt{\dfrac{\dfrac{\partial f}{\partial T}}{1 + \dfrac{1}{2}\dfrac{\partial^2 f}{\partial y^2} + \dfrac{1}{4}\left(\dfrac{y^2}{f^2} + \dfrac{y}{f} - y + \dfrac{f^2}{4} - \dfrac{f}{2} - \dfrac{1}{f}\right)\left(\dfrac{\partial f}{\partial y}\right)^2 + \left(\dfrac{f}{2} - \dfrac{y}{f} - \dfrac{1}{2}\right)\dfrac{\partial f}{\partial y}}}.$$

(13.3.2)

以下是用 Maxima 软件计算 (13.3.2) 式右边的代码, 供参考, 其中, 分别记

$$\text{tsigma} := \widetilde{\sigma}, \quad \text{tsigmaE} := \dfrac{\partial \widetilde{\sigma}}{\partial E}, \quad \text{tsigmaEE} := \dfrac{\partial^2 \widetilde{\sigma}}{\partial E^2},$$

$$\text{fT} := \dfrac{\partial f}{\partial T}, \quad \text{fy} := \dfrac{\partial f}{\partial y}, \quad \text{fyy} := \dfrac{\partial^2 f}{\partial y^2}.$$

```
/* 清空变量 */
kill(all)$

/* 假设tsigma 为正数 */
```

13.3 由隐含波动率求局部波动率

```
assume(tsigma > 0)$

/* 定义方程 */
eq1:  fT = tsigma^2 + 2*T*tsigma*tsigmaT$
eq2:  fy = 2*E*T*tsigma*tsigmaE$
eq3:  fyy = 2*T*E*tsigma*tsigmaE + 2*T*E^2*tsigmaE^2
        + 2*T*E^2*tsigma*tsigmaEE$

/* 解方程 */
qq:  solve([eq1, eq2, eq3], [tsigmaT, tsigmaE, tsigmaEE])$

/* 提取解 */
tsigmaT_sol:   rhs(qq[1][1])$
tsigmaE_sol:   rhs(qq[1][2])$
tsigmaEE_sol:  rhs(qq[1][3])$

/* 定义 d1 */
d1:  (-y + f^2/2)/sqrt(f)$

/* 替换 T */
T_sub:  f/tsigma^2$

/* 计算 nu */
nu:  subst(T = T_sub, tsigma^2 + 2*T*tsigma*tsigmaT_sol)$

/* 计算 den */
den:  subst(T = T_sub, (1 + E*d1*sqrt(T)*tsigmaE_sol)^2 \
      + E^2*T*tsigma*(tsigmaEE_sol - d1*tsigmaE_sol^2*sqrt(T)))$

/* 展开 den 并提取系数 */
den_taylor:  taylor(den, fy, 0, 2)$
coeff_1:   ratexpand(coeff(den_taylor, 1))$
coeff_fy:  ratexpand(coeff(den_taylor, fy, 1))$
```

```
coeff_fy2:  ratexpand(coeff(den_taylor, fy, 2))$
coeff_fyy:  ratexpand(coeff(taylor(den, fyy, 0, 2), fyy, 1))$

/* 计算最终表达式 */
final_expr:  sqrt(nu / (coeff_1 + coeff_fy*fy + coeff_fy2*fy^2
+ coeff_fyy*fyy))$

/* 输出最终表达式 */
final_expr;
```

13.4 由局部波动率求隐含波动率 (简介)

假设 S 连续股息派发,其股息派发率为非负常数 q. 回忆: 给定欧式看涨期权市场价 $\widetilde{c}(S,t,E,T)$,存在隐含波动率 $\widetilde{\sigma}(E/S, T-t)$,使得

$$\widetilde{c}(S,t,E,T) = c(S,t,E,T,\widetilde{\sigma}) = \mathrm{e}^{-q(T-t)}SN(\widetilde{d}_1(\widetilde{\sigma})) - \mathrm{e}^{-r(T-t)}N(\widetilde{d}_2(\widetilde{\sigma})),$$

其中

$$\widetilde{d}_1(\widetilde{\sigma}) = \frac{\ln\dfrac{S}{E} + \left(r - q + \dfrac{\widetilde{\sigma}^2}{2}\right)(T-t)}{\widetilde{\sigma}\sqrt{T-t}}, \quad \widetilde{d}_2(\widetilde{\sigma}) = \widetilde{d}_1 - \widetilde{\sigma}\sqrt{T-t}.$$

假设当前时刻 $t = 0$, 此时隐含波动率为 $\widetilde{\sigma}(E/S, T)$. 记常数 $\sigma = \widetilde{\sigma}(E/S, T)$. 考虑几何 Brown 运动

$$\frac{\mathrm{d}S}{S} = (r-q)\mathrm{d}t + \sigma \mathrm{d}B^Q(t),$$

其对应欧式看涨期权 $c(S,t,E,T,\sigma)$, 易知: $c(S,0,E,T,\sigma) = \widetilde{c}(S,0,E,T)$. 再考虑广义几何 Brown 运动

$$\frac{\mathrm{d}S}{S} = (r-q)\mathrm{d}t + \sigma(S,t)\mathrm{d}B_1^Q(t), \tag{13.4.1}$$

其中, $\sigma(S,t)$ 为局部波动率. 将 (13.2.14) 式

$$\frac{\partial c}{\partial t} + \frac{\sigma^2(S,t)}{2}S^2\frac{\partial^2 c}{\partial S^2} + (r-q)S\frac{\partial c}{\partial S} - rc = 0$$

13.4 由局部波动率求隐含波动率 (简介)

结合 $c(S, T, E, T) = \max(S(T) - E, 0)$ 可以解出 c, 记为 $c_1(S, t, E, T)$. 假设 $\sigma(S, t)$ 的选取使得 $c_1(S, 0, E, T) = \tilde{c}(S, 0, E, T)$. 这样的选取是可能的 (思考题). 所以,

$$c(S, 0, E, T, \sigma) = \tilde{c}(S, 0, E, T) = c_1(S, 0, E, T). \tag{13.4.2}$$

对于随机过程 $M_t = e^{-rt} c(S, t, E, T, \sigma)$, 利用 Itô 引理得

$$\begin{aligned} dM_t &= \frac{\partial}{\partial t}(e^{-rt}c)dt + \frac{\partial}{\partial S}(e^{-rt}c)dS + \frac{1}{2}\frac{\partial^2}{\partial S^2}(e^{-rt}c)dS^2 \\ &= e^{-rt}\left[\left(-rc + \frac{\partial c}{\partial t}\right)dt + \frac{\partial c}{\partial S}dS + \frac{\sigma^2}{2}S^2\frac{\partial^2 c}{\partial S^2}dt\right]. \end{aligned}$$

现在沿着路径 (13.4.1) 式求期望, 记为 $\mathbb{E}_1$,

$$\begin{aligned} \mathbb{E}_1[dM_t|\mathcal{F}_t] &= \mathbb{E}_1\left[\frac{\partial}{\partial t}(e^{-rt}c)dt + \frac{\partial}{\partial S}(e^{-rt}c)dS + \frac{1}{2}\frac{\partial^2}{\partial S^2}(e^{-rt}c)dS^2 \bigg| \mathcal{F}_t\right] \\ &= \mathbb{E}_1\left[e^{-rt}\left[\left(-rc+\frac{\partial c}{\partial t}\right)dt+\frac{\partial c}{\partial S}dS+\frac{\sigma^2(S,t)}{2}S^2\frac{\partial^2 c}{\partial S^2}dt\right]\bigg|\mathcal{F}_t\right] \\ &= e^{-rt}\left[\left(-rc+\frac{\partial c}{\partial t}\right)dt + (r-q)\frac{\partial c}{\partial S}dt + \frac{\sigma^2(S,t)}{2}S^2\frac{\partial^2 c}{\partial S^2}dt\right] \\ &\quad + \sigma(S,t)S\frac{\partial c}{\partial S}\mathbb{E}_1[dB_1|\mathcal{F}_t] \\ &= e^{-rt}\left[\left(-rc+\frac{\partial c}{\partial t}\right)dt + (r-q)\frac{\partial c}{\partial S}dt + \frac{\sigma^2(S,t)}{2}S^2\frac{\partial^2 c}{\partial S^2}dt\right]. \end{aligned}$$

由于

$$\frac{\partial c}{\partial t} + \frac{\sigma^2}{2}S^2\frac{\partial^2 c}{\partial S^2} + (r-q)S\frac{\partial c}{\partial S} - rc = 0,$$

所以

$$\mathbb{E}_1[dM_t|\mathcal{F}_t] = e^{-rt}\frac{1}{2}S^2\frac{\partial^2 c}{\partial S^2}(\sigma^2(S,t) - \sigma^2)dt.$$

于是

$$\mathbb{E}_1[M_T|\mathcal{F}_0] = M_0 + \int_0^T \mathbb{E}_1\left[\mathrm{d}M_t\Big|\mathcal{F}_0\right]$$

$$= M_0 + \int_0^T \mathbb{E}_1\left[\mathrm{d}M_t\Big|\mathcal{F}_t\Big|\mathcal{F}_0\right]$$

$$= c(S,0,E,T,\sigma) + \mathbb{E}_1\left[\int_0^T \mathrm{e}^{-rt}\frac{1}{2}S^2\frac{\partial^2 c}{\partial S^2}(\sigma^2(S,t)-\sigma^2)\mathrm{d}t\Big|\mathcal{F}_0\right].$$

注意到 M_t 沿路径 (13.4.1) 式是鞅：

$$\mathbb{E}_1[M_0|\mathcal{F}_0] = \mathbb{E}_1[M_T|\mathcal{F}_0] \Longrightarrow c_1(S,0,E,T) = \mathbb{E}_1[M_T|\mathcal{F}_0],$$

所以由 (13.4.2) 式得到

$$\mathbb{E}_1\left[\int_0^T \mathrm{e}^{-rt}\frac{1}{2}S^2\frac{\partial^2 c}{\partial S^2}(\sigma^2(S,t)-\sigma^2)\mathrm{d}t\Big|\mathcal{F}_0\right] = 0.$$

最后得到

$$\widetilde{\sigma}\left(\frac{E}{S},T\right) = \sigma = \sqrt{\frac{\mathbb{E}_1\left[\int_0^T \mathrm{e}^{-rt}\frac{1}{2}S^2\frac{\partial^2 c}{\partial S^2}\sigma^2(S,t)\mathrm{d}t\Big|\mathcal{F}_0\right]}{\mathbb{E}_1\left[\int_0^T \mathrm{e}^{-rt}\frac{1}{2}S^2\frac{\partial^2 c}{\partial S^2}\mathrm{d}t\Big|\mathcal{F}_0\right]}}.$$

13.5 随机波动率简介

13.5.1 引言

为了方便起见，除非特别声明，假设 S 无股息派发. 回忆几何 Brown 运动

$$\frac{\mathrm{d}S}{S} = \mu\mathrm{d}t + \sigma\mathrm{d}B_t, \tag{13.5.1}$$

其中 μ 和 σ 都是常数, 且 $\sigma > 0$. 将这个假定扩展: σ 为一随机 (可适) 过程 σ_t, 则将 (13.5.1) 式推广为

$$\frac{\mathrm{d}S}{S} = \mu \mathrm{d}t + \sigma_t \mathrm{d}B_t. \tag{13.5.2}$$

将欧式期权, 例如欧式看涨期权写成 $c(S,t,E,T)$.

现在要问, 我们能否取

$$\Delta = \frac{\partial c}{\partial S},$$

使得能够通过 Δ 对冲

$$\delta c(S,t,E,T) - \Delta \delta S$$

消除随机项? 如果可以, 进一步利用无套利假设, 是否能够得到以下偏微分方程:

$$\frac{\partial c}{\partial t} + S^2 \frac{\sigma_t^2}{2} \frac{\partial^2 c}{\partial S^2} + rS \frac{\partial c}{\partial S} - rc = 0? \tag{13.5.3}$$

暂且不论方程 (13.5.3) 是否成立, 我们假设其成立, 方程 (13.5.3) 是一个系数为随机过程的偏微分方程. 在处理包含随机波动率的问题时, 通常会将 $c(S,t,E,T)$ 改写成 $c(S,t,E,T,\sigma)$, 并将随机波动率过程 σ_t 表示为以下形式:

$$\mathrm{d}\sigma = a(S,\sigma,t)\mathrm{d}t + b(S,\sigma,t)\mathrm{d}W_t, \tag{13.5.4}$$

其中 W_t 为一 (标准) Brown 运动.

注 13.1 (13.5.2) 式和 (13.5.4) 式中的 Brown 运动 $B(t)$ 和 $W(t)$ 通常不是独立的. 定义 $\mathrm{d}B(t)$ 和 $\mathrm{d}W(t)$ 的相关系数

$$\rho := \frac{\mathbb{E}[\mathrm{d}B(t)\mathrm{d}W(t)] - \mathbb{E}[\mathrm{d}B(t)]\mathbb{E}[\mathrm{d}W(t)]}{\sqrt{\mathbb{E}[\mathrm{d}B^2(t)]\mathbb{E}[\mathrm{d}W^2(t)]}} \in [0,1]. \tag{13.5.5}$$

由 Brown 运动的定义知,

$$\mathbb{E}[\mathrm{d}B(t)] = \mathbb{E}[\mathrm{d}W(t)] = 0,$$
$$\mathbb{E}[\mathrm{d}B^2(t)] = \mathbb{E}[\mathrm{d}W^2(t)] = \mathrm{d}t,$$
$$\mathbb{E}[\mathrm{d}B(t)\mathrm{d}W(t)] = \rho \mathrm{d}t.$$

从逻辑上, ρ 是时间 t 的函数. 但我们假定 ρ 始终是常数.

综上所述, 波动率模型满足

$$\begin{cases} \dfrac{\mathrm{d}S}{S} = \mu\mathrm{d}t + \sigma_t \mathrm{d}B_t, \\ \mathrm{d}\sigma = a(S,\sigma,t)\mathrm{d}t + b(S,\sigma,t)\mathrm{d}W_t, \\ \rho\mathrm{d}t = \mathbb{E}[\mathrm{d}B_t \mathrm{d}W_t]. \end{cases} \tag{13.5.6}$$

以下以 $c(S,t,E,T,\sigma)$ 为例, 在假设 (13.5.6) 下给出 c 满足的偏微分方程. 由 Itô 引理,

$$\begin{aligned} \mathrm{d}c(S,t,E,T,\sigma) = & \frac{\partial c}{\partial t}\mathrm{d}t + \frac{\partial v}{\partial S}\mathrm{d}S + \frac{\partial c}{\partial \sigma}\mathrm{d}\sigma + \frac{1}{2}\sigma^2 S^2 \frac{\partial^2 c}{\partial S^2}\mathrm{d}t \\ & + \frac{1}{2}b^2 \frac{\partial^2 c}{\partial \sigma^2}\mathrm{d}t + \sigma b S \rho \frac{\partial^2 c}{\partial S \partial \sigma}\mathrm{d}t. \end{aligned} \tag{13.5.7}$$

如果用以前的 Δ 对冲 $c - \Delta S$, 那么

$$\mathrm{d}c(S,t,E,T,\sigma) - \Delta \mathrm{d}S$$

仍是随机的. 因为 (13.5.7) 式中的 $\dfrac{\partial c}{\partial \sigma}\mathrm{d}\sigma$ 是随机的. 引入另外一个可交易欧式看涨期权 $c_1 = c(S,t,E_1,T_1,\sigma)$, $T_1 \geqslant T$. 构造投资组合

$$\begin{aligned} \Pi(t) := & c(S,t,E,T,\sigma) - \Delta S_t - \Delta_1 c_1 \\ = & c(S,t,E,T,\sigma) - \Delta S_t - \Delta_1 c(S,t,E_1,T_1,\sigma). \end{aligned}$$

利用 (13.5.7) 式得

$$\begin{aligned} \mathrm{d}\Pi(t) = & \left(\frac{\partial c}{\partial t} + \frac{1}{2}\sigma^2 S^2 \frac{\partial^2 c}{\partial S^2} + \frac{1}{2}b^2 \frac{\partial^2 c}{\partial \sigma^2} + \sigma b S \rho \frac{\partial^2 c}{\partial S \partial \sigma} \right)\mathrm{d}t \\ & - \Delta_1 \left(\frac{\partial c_1}{\partial t} + \frac{1}{2}\sigma^2 S^2 \frac{\partial^2 c_1}{\partial S^2} + \frac{1}{2}b^2 \frac{\partial^2 c_1}{\partial \sigma^2} + \sigma b S \rho \frac{\partial^2 c_1}{\partial S \partial \sigma} \right)\mathrm{d}t \\ & + \left(\frac{\partial c}{\partial S} - \Delta_1 \frac{\partial c_1}{\partial S} - \Delta \right)\mathrm{d}S + \left(\frac{\partial c}{\partial \sigma} - \Delta_1 \frac{\partial c_1}{\partial \sigma} \right)\mathrm{d}\sigma. \end{aligned}$$

令

$$\begin{cases} \dfrac{\partial c}{\partial S} - \Delta_1 \dfrac{\partial c_1}{\partial S} - \Delta = 0, \\ \dfrac{\partial c}{\partial \sigma} - \Delta_1 \dfrac{\partial c_1}{\partial \sigma} = 0. \end{cases} \tag{13.5.8}$$

消去 $\mathrm{d}\Pi(t)$ 的随机项. 上式解得

$$\begin{cases} \Delta = \dfrac{\partial c}{\partial S} - \dfrac{\partial c}{\partial \sigma}\dfrac{\partial c_1}{\partial S} \Big/ \dfrac{\partial c_1}{\partial \sigma}, \\ \Delta_1 = \dfrac{\partial c}{\partial \sigma} \Big/ \dfrac{\partial c_1}{\partial \sigma}. \end{cases} \quad (13.5.9)$$

取以上 Δ 和 Δ_1 后,

$$\begin{aligned} \mathrm{d}\Pi(t) &= \left(\frac{\partial c}{\partial t} + \frac{1}{2}\sigma^2 S^2 \frac{\partial^2 c}{\partial S^2} + \frac{1}{2}b^2 \frac{\partial^2 c}{\partial \sigma^2} + \sigma b S \rho \frac{\partial^2 c}{\partial S \partial \sigma}\right) \mathrm{d}t \\ &\quad - \Delta_1 \left(\frac{\partial c_1}{\partial t} + \frac{1}{2}\sigma^2 S^2 \frac{\partial^2 c_1}{\partial S^2} + \frac{1}{2}b^2 \frac{\partial^2 c_1}{\partial \sigma^2} + \sigma b S \rho \frac{\partial^2 c_1}{\partial S \partial \sigma}\right) \mathrm{d}t. \end{aligned}$$

由无套利假定得 $\mathrm{d}\Pi(t) = r\Pi(t)\mathrm{d}t = r(c - \Delta S - \Delta_1 c_1)\mathrm{d}t$. 于是,

$$\begin{aligned} &\frac{\partial c}{\partial t} + \frac{1}{2}\sigma^2 S^2 \frac{\partial^2 c}{\partial S^2} + \frac{1}{2}b^2 \frac{\partial^2 c}{\partial \sigma^2} + \sigma b S \rho \frac{\partial^2 c}{\partial S \partial \sigma} - rc \\ &- \Delta_1 \left(\frac{\partial c_1}{\partial t} + \frac{1}{2}\sigma^2 S^2 \frac{\partial^2 c_1}{\partial S^2} + \frac{1}{2}b^2 \frac{\partial^2 c_1}{\partial \sigma^2} + \sigma b S \rho \frac{\partial^2 c_1}{\partial S \partial \sigma} - rc_1\right) \\ &+ r\Delta S = 0. \end{aligned}$$

再由 (13.5.9) 式, 得

$$\begin{aligned} &\left(\frac{\partial c}{\partial t} + \frac{1}{2}\sigma^2 S^2 \frac{\partial^2 c}{\partial S^2} + \frac{1}{2}b^2 \frac{\partial^2 c}{\partial \sigma^2} + \sigma b S \rho \frac{\partial^2 c}{\partial S \partial \sigma} + rS\frac{\partial c}{\partial S} - rc\right) \Big/ \frac{\partial c}{\partial \sigma} \\ &= \left(\frac{\partial c_1}{\partial t} + \frac{1}{2}\sigma^2 S^2 \frac{\partial^2 c_1}{\partial S^2} + \frac{1}{2}b^2 \frac{\partial^2 c_1}{\partial \sigma^2} + \sigma b S \rho \frac{\partial^2 c_1}{\partial S \partial \sigma} + rS\frac{\partial c_1}{\partial S} - rc_1\right) \Big/ \frac{\partial c_1}{\partial \sigma} \\ &=: -\phi(S, \sigma, t). \quad (13.5.10) \end{aligned}$$

上式第一个等号左边含 (E, T), 不含 (E_1, T_1), 而该等号右边含 (E_1, T_1), 不含 (E, T). 所以该等号左右两边都与 (E, E_1, T, T_1) 无关. 于是

$$\begin{aligned} &\frac{\partial c}{\partial t} + \frac{1}{2}\sigma^2 S^2 \frac{\partial^2 c}{\partial S^2} + \frac{1}{2}b^2 \frac{\partial^2 c}{\partial \sigma^2} + \sigma b S \rho \frac{\partial^2 c}{\partial S \partial \sigma} + rS\frac{\partial c}{\partial S} - rc \\ &+ \phi(S, \sigma, t)\frac{\partial c}{\partial \sigma} = 0. \quad (13.5.11) \end{aligned}$$

上式是在随机波动率情形下, c 满足的 BSM 方程.

回忆 (13.5.4) 式, 记

$$\mu_c := \frac{1}{c}\left(\frac{\partial c}{\partial t} + \mu S\frac{\partial c}{\partial S} + a(S,\sigma,t)\frac{\partial c}{\partial \sigma} + \frac{1}{2}\sigma^2 S^2\frac{\partial^2 c}{\partial S^2}\right.$$

$$\left. + \frac{1}{2}b^2\frac{\partial^2 c}{\partial \sigma^2} + \sigma b S\rho\frac{\partial^2 c}{\partial S\partial \sigma}\right),$$

$$\sigma_{c,S} := \frac{\sigma S}{c}\frac{\partial c}{\partial S},$$

$$\sigma_{c,\sigma} := \frac{b(S,\sigma,t)}{c}\frac{\partial c}{\partial \sigma},$$

$$\sigma_c := \sqrt{\sigma_{c,S}^2 + \sigma_{c,\sigma}^2 + 2\rho\sigma_{c,S}\sigma_c}.$$

定理 13.1 (Sharpe 比率之间的关系)

$$\frac{\mu_c - r}{\sigma_c} = \frac{\sigma_{c,S}}{\sigma_c}\left(\frac{\mu - r}{\sigma}\right) + \frac{\sigma_{c,\sigma}}{\sigma_c}\left(\frac{a(S,\sigma,t) - \phi(S,\sigma,t)}{b(S,\sigma,t)}\right). \quad (13.5.12)$$

作业 13.2 证明公式 (13.5.12).

13.5.2 (13.5.10) 式中 $\phi(S,\sigma,t)$ 的金融意义

我们同样以欧式看涨期权 $c(S,t,E,T)$ 为例. 考虑 Δ 对冲投资组合

$$\Pi(t) = c(S,t,E,T,\sigma) - \Delta S(t),$$

则

$$d\Pi(t) = \left(\frac{\partial c}{\partial t} + \frac{\sigma^2}{2}S^2\frac{\partial^2 c}{\partial S^2} + \frac{1}{2}b^2\frac{\partial^2 c}{\partial \sigma^2} + \sigma b S\rho\frac{\partial^2 c}{\partial S\partial \sigma}\right)dt$$

$$+ \left(\frac{\partial c}{\partial S} - \Delta\right)dS + \frac{\partial c}{\partial \sigma}d\sigma.$$

取

$$\Delta = \frac{\partial c}{\partial S},$$

则 dΠ(t) 非随机. 将其与无风险收益比较:

$$dΠ(t) - rΠ(t)dt = \left(\frac{\partial c}{\partial t} + \frac{\sigma^2}{2}S^2\frac{\partial^2 c}{\partial S^2} + \frac{1}{2}b^2\frac{\partial^2 c}{\partial \sigma^2} + \sigma b S \rho \frac{\partial^2 c}{\partial S \partial \sigma}\right.$$
$$\left. +rS\frac{\partial c}{\partial S} - rc\right)dt + \frac{\partial c}{\partial \sigma}d\sigma.$$

利用 (13.5.11) 式得

$$dΠ(t) - rΠ(t)dt = -\phi(S,\sigma,t)\frac{\partial c}{\partial \sigma}dt + \frac{\partial c}{\partial \sigma}d\sigma.$$

再将 (13.5.4) 式代入上式后得到

$$dΠ(t) - rΠ(t)dt = -\phi(S,\sigma,t)\frac{\partial c}{\partial \sigma}dt + \frac{\partial c}{\partial \sigma}(a(S,\sigma,t)dt + b(S,\sigma,t)dW_t)$$
$$= b(S,\sigma,t)\Big[\underbrace{\frac{a(S,\sigma,t) - \phi(S,\sigma,t)}{b(S,\sigma,t)}}_{=:\lambda(S,\sigma,t)}dt + dW_t\Big]\frac{\partial c}{\partial \sigma}.$$

在上式中括号中, 随机项 dW_t 表示不确定性或风险. 粗略地讲, 若想承担 1 份风险 dW_t, 则可能获得 $\lambda(S,\sigma,t)$ 份 dt 回报. 所以, $\lambda(S,\sigma,t)$ 称为波动率风险的市场价格 (market price of volatility risk).

请回顾: 在股价 S 服从几何 Brown 运动时, 我们曾进行过如下变换:

$$\frac{dS}{S} = (\mu - q)dt + \sigma dB_t$$
$$\Longrightarrow \frac{dS}{S} = (r - q)dt + \sigma d\left(\frac{\mu - r}{\sigma} + B_t\right), \qquad (13.5.13)$$

其中 $\frac{\mu - r}{\sigma}$ 称为风险的市场价格 (market price of risk, MPR). 类似地, 对 (13.5.4) 式进行变换:

$$d\sigma = a(S,\sigma,t)dt + b(S,\sigma,t)dW_t$$
$$\Longrightarrow d\sigma = \phi(S,\sigma,t)dt + b(S,\sigma,t)d\left(\frac{a(S,\sigma,t) - \phi(S,\sigma,t)}{b(S,\sigma,t)} + W_t\right).$$

由此可见, $\phi(S,\sigma,t)$ 在波动率方程中扮演了类似于 (13.5.13) 式中无风险利率 r 的角色. 因此, $\phi(S,\sigma,t)$ 被称为波动率的风险中性漂移项.

在建立波动率模型时, 关键是通过实际市场数据建立 σ 的假设. 在实际应用中通常假设 $a(S,\sigma,t) = \alpha(m-\sigma)$ (均值反转).

13.5.3 波动率模型的一些例子

记 m, α 和 β 为非负常数, W_t 为一 (标准) Brown 运动. 随机过程 σ_t 有以下可能的形式:

(1) 形式 1:
$$\mathrm{d}\sigma = \alpha(m-\sigma)\mathrm{d}t + \beta\mathrm{d}W_t, \tag{13.5.14}$$

(2) 形式 2:
$$\mathrm{d}(\sigma^2) = \alpha(m-\sigma^2)\mathrm{d}t + \beta\mathrm{d}W_t, \tag{13.5.15}$$

(3) 形式 3:
$$\mathrm{d}(\sigma^2) = \alpha(m-\sigma^2)\mathrm{d}t + \beta\sigma^2\mathrm{d}W_t, \tag{13.5.16}$$

(4) 形式 4 (Heston (1993) 模型):
$$\mathrm{d}(\sigma^2) = \alpha(m-\sigma^2)\mathrm{d}t + \beta|\sigma|\mathrm{d}W_t, \tag{13.5.17}$$

(5) 其他形式.

注 13.2 (13.5.14) 式和 (13.5.15) 式可能导致 $\sigma < 0$. 而在 (13.5.16) 式和 (13.5.17) 式中的 σ 总是非负的.

在文献中讨论较多的是 Heston 模型 (13.5.17). Heston 模型通常写为
$$\mathrm{d}(V) = \alpha(m-V)\mathrm{d}t + \beta\sqrt{V}\mathrm{d}W_t, \tag{13.5.18}$$

其中 $V = \sigma^2$, 表述如下

$$\begin{cases} \dfrac{\mathrm{d}S}{S} = \mu \mathrm{d}t + \sigma_t \mathrm{d}B_t, \\ \mathrm{d}(V_t) = \alpha(m - V_t)\mathrm{d}t + \beta\sqrt{V_t}\mathrm{d}W_t, \\ \sigma_t = \sqrt{V_t}, \\ \rho \mathrm{d}t = \mathbb{E}[\mathrm{d}B(t)\mathrm{d}W(t)], \end{cases} \qquad (13.5.19)$$

其中 α, m, β 非负.

13.6 衍生模型中的 Sharpe 比率

在定理 13.1 中, 我们给出了随机波动率模型下的 Sharpe 比率和它们满足的关系.

例 13.2 我们在 BSM 框架下讨论问题. 假设 S_1 和 S_2 是两只无股息派发的股票, 其分别服从几何 Brown 运动

$$\frac{\mathrm{d}S_i}{S_i} = \mu_i \mathrm{d}t + \sigma_i \mathrm{d}B(t), \quad i = 1, 2, \qquad (13.6.1)$$

其中 S_1 和 S_2 对应同一 Brown 运动 B. 在 t 时, 构造投资组合:

$$\Pi(t) := \sigma_1 S_1(t) S_2(t) - \sigma_2 S_2(t) S_1(t),$$

买入 $\sigma_1 S_1$ 股 S_2, 卖空 $\sigma_2 S_2$ 股 S_1. 于是

$$\begin{aligned} \delta \Pi(t) &= \sigma_1 S_1(t) \delta S_2(t) - \sigma_2 S_2(t) \delta S_1(t) \\ &= \sigma_1 S_1(t) S_2(t)(\mu_2 \mathrm{d}t + \sigma_2 \delta B) - \sigma_2 S_2(t) S_1(t)(\mu_1 \mathrm{d}t + \sigma_1 \delta B) \\ &= (\sigma_1 \mu_2 - \sigma_2 \mu_1) S_1(t) S_2(t) \delta t \quad (\text{确定量}). \end{aligned}$$

由无套利假定知, $\delta \Pi(t) = r \Pi(t) \delta t$. 所以,

$$(\sigma_1 \mu_2 - \sigma_2 \mu_1) S_1(t) S_2(t) \delta t = r\big(\sigma_1 S_1(t) S_2(t) - \sigma_2 S_2(t) S_1(t)\big) \delta t,$$

即

$$\frac{\mu_2 - r}{\sigma_2} = \frac{\mu_1 - r}{\sigma_1} \quad (\text{对应于 Sharpe 比率}). \qquad (13.6.2)$$

注 13.3 在例 13.2 中, 如果 S_1 和 S_2 是两个基金的净值, 且假设它们满足 (13.6.1) 式, 那么由 (13.6.2) 式知, 它们的 Sharpe 比率相等. 关键在于, (13.6.1) 式中的 S_i 对应同一 Brown 运动 $B(t)$.

例 13.3 我们在 BSM 框架下讨论问题. 构造投资组合:

$$\Pi(t) = -c(S,t,E_1,T) + \alpha c(S,t,E_2,T), \tag{13.6.3}$$

卖 1 份 $c(S,t,E_1,T)$, 买 α 份 $c(S,t,E_2,T)$. 由 Itô 引理, 有

$$\begin{aligned}\delta\Pi(t) &= -\delta c(S,t,E_1,T) + \alpha\delta c(S,t,E_2,T) \\ &= -\left(\frac{\partial}{\partial t}c(S,t,E_1,T)\delta t + \frac{\partial}{\partial S}c(S,t,E_1,T)\delta S\right. \\ &\quad \left.+\frac{1}{2}\frac{\partial^2}{\partial S^2}c(S,t,E_1,T)(\delta S)^2\right) \\ &\quad +\alpha\left(\frac{\partial}{\partial t}c(S,t,E_2,T)\delta t + \frac{\partial}{\partial S}c(S,t,E_2,T)\delta S\right. \\ &\quad \left.+\frac{1}{2}\frac{\partial^2}{\partial S^2}c(S,t,E_2,T)(\delta S)^2\right).\end{aligned}$$

由于 $(\delta S)^2 = S^2\sigma^2\delta t$ (确定量), 所以在上式中随机项为

$$\left(-\frac{\partial}{\partial S}c(S,t,E_1,T) + \alpha\frac{\partial}{\partial S}c(S,t,E_2,T)\right)\delta S.$$

取

$$\alpha = \frac{\dfrac{\partial}{\partial S}c(S,t,E_1,T)}{\dfrac{\partial}{\partial S}c(S,t,E_2,T)} \tag{13.6.4}$$

(为什么不考虑分母为 0 的情形? 请思考), 消去 $\delta\Pi(t)$ 随机项, 于是

$$\begin{aligned}\delta\Pi(t) = &-\left(\frac{\partial}{\partial t}c(S,t,E_1,T)\delta t + \frac{\sigma^2}{2}S^2\frac{\partial^2}{\partial S^2}c(S,t,E_1,T)\right)\delta t \\ &+\alpha\left(\frac{\partial}{\partial t}c(S,t,E_2,T) + \frac{\sigma^2}{2}S^2\frac{\partial^2}{\partial S^2}c(S,t,E_2,T)\right)\delta t. \tag{13.6.5}\end{aligned}$$

由无套利假定知,
$$\delta\Pi(t) = r\Pi(t)\delta t. \tag{13.6.6}$$

联立 (13.6.5) 式和 (13.6.6) 式, 有

$$-\left(\frac{\partial}{\partial t}c(S,t,E_1,T)\delta t + \frac{\sigma^2}{2}S^2\frac{\partial^2}{\partial S^2}c(S,t,E_1,T)\right)\delta t$$
$$+\alpha\left(\frac{\partial}{\partial t}c(S,t,E_2,T) + \frac{\sigma^2}{2}S^2\frac{\partial^2}{\partial S^2}c(S,t,E_2,T)\right)\delta t$$
$$= r\left(-c(S,t,E_1,T) + \alpha c(S,t,E_2,T)\right)\delta t,$$

整理得

$$\frac{\partial}{\partial t}c(S,t,E_1,T) + \frac{\sigma^2}{2}S^2\frac{\partial^2}{\partial S^2}c(S,t,E_1,T) - rc(S,t,E_1,T)$$
$$= \alpha\left(\frac{\partial}{\partial t}c(S,t,E_2,T) + \frac{\sigma^2}{2}S^2\frac{\partial^2}{\partial S^2}c(S,t,E_2,T) - rc(S,t,E_2,T)\right).$$

再利用 (13.6.4) 式, 有

$$\frac{1}{\frac{\partial}{\partial S}c(S,t,E_1,T)}\left(\frac{\partial}{\partial t}c(S,t,E_1,T)\right.$$
$$\left.+\frac{\sigma^2}{2}S^2\frac{\partial^2}{\partial S^2}c(S,t,E_1,T) - rc(S,t,E_1,T)\right)$$
$$= \frac{1}{\frac{\partial}{\partial S}c(S,t,E_2,T)}\left(\frac{\partial}{\partial t}c(S,t,E_2,T)\right.$$
$$\left.+\frac{\sigma^2}{2}S^2\frac{\partial^2}{\partial S^2}c(S,t,E_2,T) - rc(S,t,E_2,T)\right).$$

在上式中, 左边含有 E_1 而未出现 E_2, 右边含有 E_2 而未出现 E_1. 因此, 无论表达式左边还是右边, 都与敲定价无关, 我们可以将其简化为 $\lambda(S,t,T)$ 的形式. 当 S 连续股息派发时, 由无套利假定知, $c(S,t,0,T) =$

$\mathrm{e}^{-q(T-t)}S_t$. 取 $E_2 = 0$,

$$\begin{aligned}
\lambda(S,t,T) &= \frac{1}{\dfrac{\partial}{\partial S}c(S,t,E_2,T)}\bigg(\frac{\partial}{\partial t}c(S,t,E_2,T) \\
&\quad + \frac{\sigma^2}{2}S^2\frac{\partial^2}{\partial S^2}c(S,t,E_2,T) - rc(S,t,E_2,T)\bigg) \\
&= \frac{1}{\mathrm{e}^{-q(T-t)}}\left(\mathrm{e}^{-q(T-t)}S_t q + 0 - r\mathrm{e}^{-q(T-t)}S_t\right) \\
&= (q-r)S_t.
\end{aligned}$$

因此

$$\begin{aligned}
(q-r)S_t &= \lambda(S,t,T) \\
&= \frac{1}{\dfrac{\partial}{\partial S}c(S,t,E_1,T)}\bigg(\frac{\partial}{\partial t}c(S,t,E_1,T) \\
&\quad + \frac{\sigma^2}{2}S^2\frac{\partial^2}{\partial S^2}c(S,t,E_1,T) - rc(S,t,E_1,T)\bigg).
\end{aligned}$$

整理后即可得到 BSM 方程

$$\frac{\partial}{\partial t}c(S,t,E_1,T) + \frac{\sigma^2}{2}S^2\frac{\partial^2}{\partial S^2}c(S,t,E_1,T) \\
+ (r-q)S\frac{\partial}{\partial S}c(S,t,E_1,T) - rc(S,t,E_1,T) = 0. \quad (13.6.7)$$

现在比较一下投资 S 和投资 $c(S,t,E_1,T)$ 的 Sharpe 比率. 以下将 $c(S,t,E_1,T)$ 记为 c, 并且假设

$$\frac{\mathrm{d}S}{S} = (\mu - q)\mathrm{d}t + \sigma\mathrm{d}B_t, \quad (13.6.8)$$

其中的符号含义如前, 不加赘述. 持有 S 者享有股息, 如果在 $t = 0$ 时买入 S, 并一直持有, 则在 $t > 0$ 时其持股市值为 $\mathrm{e}^{qt}S(t)$. 由 (13.6.8) 式知,

$$\frac{\mathrm{d}(\mathrm{e}^{qt}S(t))}{\mathrm{e}^{qt}S(t)} = \mu\mathrm{d}t + \sigma\mathrm{d}B_t.$$

由 Itô 引理知,

$$\begin{aligned} \mathrm{d}c &= \frac{\partial c}{\partial t} + \frac{\partial c}{\partial S}\mathrm{d}S + \frac{1}{2}\frac{\partial^2 c}{\partial S^2}(\mathrm{d}S)^2 \\ &= \left(\frac{\partial c}{\partial t} + \frac{\sigma^2}{2}S^2\frac{\partial^2 c}{\partial S^2} + (\mu - q)\frac{\partial c}{\partial S}\right)\mathrm{d}t + \sigma\frac{\partial c}{\partial S}\mathrm{d}B_t. \end{aligned}$$

所以,

$$\frac{\mathrm{d}c}{c} = \frac{1}{c}\left(\frac{\partial c}{\partial t} + \frac{\sigma^2}{2}S^2\frac{\partial^2 c}{\partial S^2} + (\mu - q)\frac{\partial c}{\partial S}\right)\mathrm{d}t + \frac{\sigma}{c}\frac{\partial c}{\partial S}\mathrm{d}B_t.$$

记

$$\begin{aligned} \mu_c &:= \frac{1}{c}\left(\frac{\partial c}{\partial t} + \frac{\sigma^2}{2}S^2\frac{\partial^2 c}{\partial S^2} + (\mu - q)\frac{\partial c}{\partial S}\right), \\ \sigma_c &:= \frac{\sigma}{c}\frac{\partial c}{\partial S}. \end{aligned}$$

投资 S 和 c 的 Sharpe 比率分别为

$$\frac{\mu - r}{\sigma}, \quad \frac{\mu_c - r}{\sigma_c}.$$

两者相等的充要条件是 BSM 方程 (13.6.7) 成立.

14 有关违约跳跃的基础

定义 14.1 给定某事件 ω, 一个随机过程 $\{n(t), t \geqslant 0\}$ 称为**计数过程**, 如果以下条件满足:

(1) $n(t)$ 取非负整数且 $n(t)$ 关于 t 不减;

(2) $n(t) - n(a)$ 为事件 ω 在区间 $(a, t]$ 中发生的次数.

定义 14.2 计数过程 $\{n(t), t \geqslant 0\}$ 称为强度为 $\lambda > 0$ 的 **Poisson 过程**, 如果以下条件满足:

(1) $n(0) = 0$ 且 $n(t)$ 有独立的增量;

(2) $\Pr(n(t+a) - n(a) = m) = \mathrm{e}^{-\lambda t} \dfrac{(\lambda t)^m}{m!}$, 其中, m 为非负整数.

在以上 Poisson 过程定义中, λ 称为 Poisson 过程的强度. 易知: $\mathbb{E}(n(t)) = \lambda t$. 记 T_i 为事件 ω 第 i 次发生的时间. 于是

$$\Pr(T_1 > t) = \Pr(n(t) = 0) = \mathrm{e}^{-\lambda t}.$$

易知

$$\Pr(T_{i+1} - T_i > t, i > 0 | T_i = a) = \mathrm{e}^{-\lambda t}.$$

而且, $\{T_{i+1} - T_i\}_{i \geqslant 0}$ 中的元素独立同分布, $T_{i+1} - T_i$ 的期望为 $1/\lambda, i \geqslant 0$.

假设 ω 为某公司破产事件. 那么在 $(0, t]$ 内, 公司破产的概率为

$$\Pr(T_1 \leqslant t) = 1 - \Pr(T_1 > t) = 1 - \mathrm{e}^{-\lambda t}. \tag{14.0.1}$$

而 T_1 的期望为 $1/\lambda$.

14.1 带跳的 Itô 公式

在传统的理想市场假设中, 基于信息对称性的前提, 股价通常被认为是连续变化的. 换言之, 市场中股价的不连续现象往往被归因于信

息不对称性. 这一假设构成了早期衍生证券定价理论的基础 [Mer73]. 然而, 后来 [Mer76] 的 133 页指出, 即使在理想市场信息对称性的假设下, 某些突发事件仍可能导致股价出现不连续变化. 例如, 某地突然发现油田, 这可能会引发石油相关股票的跳跃性波动. 这类现象可以通过 Poisson 过程进行建模和描述. 而由信息不对称性 (如内幕消息等) 导致的股价不连续性并不在本书的讨论范围内. 因此, 我们可以通过对某股所有股价不连续现象进行统计分析: 若这些现象的分布越偏离 Poisson 分布, 则表明该股票的信息不对称性越强 [杨 15].

给定某事件 ω 和常数 $\lambda > 0$. 定义随机变量 N_t 如下:

(1) $N_0 = 0$;
(2) 在区间 $(0,t]$ 内, ω 发生过 $N_t < +\infty$ 次;
(3) ω 在 $(0,t]$ 内的不相交的子区间发生的次数相互独立;
(4) ω 在 $(0,t]$ 内的不相交的等长度子区间发生的次数概率规律相同;
(5) ω 在 $(t, t+\mathrm{d}t]$ 内发生 1 次的概率为 $\lambda \mathrm{d}t + o(\mathrm{d}t)$, 发生 1 次以上的概率为 $o(\mathrm{d}t)$.

可以证明:
$$\Pr(N_t = k) = \frac{(\lambda t)^k}{k!} \mathrm{e}^{-\lambda t}.$$

所以, N_t 是一个 Poisson 过程. 有关这方面的内容可以参考概率论的教材, 如 [钱 03] 的 46—48 页.

我们考虑以下 Poisson 过程:

$$\mathrm{d}u = \begin{cases} 1, & \text{概率为 } \lambda \mathrm{d}t, \\ 0, & \text{概率为 } 1 - \lambda \mathrm{d}t. \end{cases} \quad (14.1.1)$$

给定某一随机过程 $X(t)$, 它满足以下条件:

$$\mathrm{d}X^- = a(X^-, t^-)\mathrm{d}t + b(X^-, t^-)\mathrm{d}B + d(X^-, t^-)\mathrm{d}u,$$

其中, $X^-(t) = \lim\limits_{u \to t^-} X(u)$, B 为 (标准) Brown 运动, u 为一 Poisson 过程, 见 (14.1.1) 式, 并且假设 u 和 B 相互独立. 变量 X 是一个带跳的,

在跳跃时，X 是左极右连的 (左极限存在和右连续). 为了书写简单起见，在不引起混淆的情况下，我们有时将 X^- 记为 X，将 t^- 记为 t.

对于一个函数 $f(x,t) \in \mathcal{C}^{2,1}$，下面计算 $\mathrm{d}f(X,t)$：

$$\begin{aligned}
\mathrm{d}f(X,t) &= f(X+\mathrm{d}X, t+\mathrm{d}t) - f(X,t) \\
&= f(X+(a(X,t)\mathrm{d}t+b(X,t)\mathrm{d}B+d(X,t)\mathrm{d}u), t+\mathrm{d}t) - f(X,t) \\
&= f(X+(a(X,t)\mathrm{d}t+b(X,t)\mathrm{d}B+d(X,t)\mathrm{d}u), t+\mathrm{d}t) - f(X,t) \\
&\quad -f(X+(a(X,t)\mathrm{d}t+b(X,t)\mathrm{d}B), t+\mathrm{d}t) \\
&\quad +f(X+(a(X,t)\mathrm{d}t+b(X,t)\mathrm{d}B), t+\mathrm{d}t)
\end{aligned}$$

(上面的最后两项的代数和为 0).

当 $\mathrm{d}u$ 不跳跃的时候，易知

$$\begin{aligned}
A :&= f(X+(a(X,t)\mathrm{d}t+b(X,t)\mathrm{d}B+d(X,t)\mathrm{d}u), t+\mathrm{d}t) \\
&\quad -f(X+(a(X,t)\mathrm{d}t+b(X,t)\mathrm{d}B), t+\mathrm{d}t) \\
&= f(X+(a(X,t)\mathrm{d}t+b(X,t)\mathrm{d}B, t+\mathrm{d}t) \\
&\quad -f(X+(a(X,t)\mathrm{d}t+b(X,t)\mathrm{d}B), t+\mathrm{d}t) \\
&= 0.
\end{aligned}$$

当 $\mathrm{d}u$ 跳跃的时候，

$$\begin{aligned}
B :&= f(X+(a(X,t)\mathrm{d}t+b(X,t)\mathrm{d}B+d(X,t)\mathrm{d}u), t+\mathrm{d}t) \\
&\quad -f(X+(a(X,t)\mathrm{d}t+b(X,t)\mathrm{d}B), t+\mathrm{d}t) \\
&= f(X+d(X,t), t) - f(X,t) \quad (\text{忽略高阶小量 } o(\mathrm{d}t)).
\end{aligned}$$

于是

$$\begin{aligned}
\mathrm{d}f(X,t) &= (f(X+d(X,t), t) - f(X,t))\mathrm{d}u \\
&\quad + f(X+(a(X,t)\mathrm{d}t+b(X,t)\mathrm{d}B), t+\mathrm{d}t) - f(X,t) \\
&= (f(X+d(X,t), t) - f(X,t))\mathrm{d}u
\end{aligned}$$

$$+ \left(\frac{\partial f}{\partial t} + \frac{b^2(X,t)}{2}\frac{\partial^2 f}{\partial X^2} + a(X,t)\frac{\partial f}{\partial X}\right) \mathrm{d}t$$
$$+ b(X,t)\frac{\partial f}{\partial X}\mathrm{d}B \quad (\text{用 Itô 公式}),$$

即

$$\mathrm{d}f(X^-, t^-) = \left(f(X^- + d(X^-, t^-), t^-) - f(X^-, t^-)\right)\mathrm{d}u$$
$$+ \left(\frac{\partial f}{\partial t} + \frac{b^2(X,t)}{2}\frac{\partial^2}{\partial X^2}f(X,t) + a(X,t)\frac{\partial}{\partial X}f(X,t)\right)\mathrm{d}t$$
$$+ b(X,t)\frac{\partial}{\partial X}f(X,t)\mathrm{d}B.$$

14.2 带跳的 BSM 方程

这里我们推导简单带跳过程 (14.1.1) 的 BSM 方程. 复杂情形的推导类似.

假设股票 S 连续派发股息, 其派发率为常数 $q \geqslant 0$. 股价 S 满足

$$\mathrm{d}S^- = S(\mu - q)\mathrm{d}t + S\sigma \mathrm{d}B + S^-(Y-1)\mathrm{d}u. \tag{14.2.1}$$

下面讨论上式中 Y 的意义. 当 $\mathrm{d}u$ 不跳时, 上式中的最后一项为 0. 这是几何 Brown 运动的情形. 当 $\mathrm{d}u$ 跳时, $\mathrm{d}u = 1$. 此时, $\mathrm{d}t$ 项和 $\mathrm{d}B$ 项可以忽略, 这样,

$$S(t^+) - S(t^-) = \mathrm{d}S = (Y-1)S(t^-) = YS(t^-) - S(t^-).$$

所以, $Y = S(t^+)/S(t^-)$. 例如: 经跳跃后公司破产, 即 $S(t^+) = 0$, 此时, $Y = 0$.

注意到 (14.2.1) 式中有 2 个随机微元: $\mathrm{d}B$ 和 $\mathrm{d}u$. 在忽略高阶小量后, 它们相互独立. 而且随机项 $\mathrm{d}B$ 的期望为 0. 但是 $\mathbb{E}(\mathrm{d}u) = \lambda \mathrm{d}t \neq 0$. 这在数学处理上有些不便. 将 (14.2.1) 式写为

$$\mathrm{d}S^- = S(\mu - q + \lambda(Y-1))\mathrm{d}t + S\sigma \mathrm{d}B + S^-(Y-1)(\mathrm{d}u - \lambda \mathrm{d}t).$$
$$\tag{14.2.2}$$

注意到, 上式中的随机项 $\mathrm{d}B$ 和 $\mathrm{d}u - \lambda \mathrm{d}t$ 相互独立, 且它们的期望为 0.

为了书写方便, 在不引起混淆的情况下, 以下将 S^- 和 S 都记为 S. 运用带跳的 Itô 公式可以计算期权的增量, 例如,

$$\begin{aligned}
& \mathrm{d}c(S^-, t, E, T) \\
&= \left(\frac{\partial c}{\partial t} + (\mu - q) S \frac{\partial c}{\partial S} + \lambda \left(c(YS^-, t, E, T) - c(S^-, t, E, T) \right) \right) \mathrm{d}t \\
&\quad + \left(c(YS^-, t, E, T) - c(S^-, t, E, T) \right) (\mathrm{d}u - \lambda \mathrm{d}t) \\
&\quad + \frac{\sigma^2}{2} S^2 \frac{\partial^2 c}{\partial S^2} \mathrm{d}t + \sigma S \frac{\partial c}{\partial S} \mathrm{d}B.
\end{aligned} \tag{14.2.3}$$

现在构造投资组合: 卖空 1 份 $c(S, t, E, T)$, 买入 $\Delta(t)$ 股 $S(t)$, 其中,

$$\Delta(t) = \frac{\partial}{\partial S} c(S^-, t).$$

这个投资组合的价值为

$$\Pi(t) = -c(S, t, E, T) + \Delta(t) S(t).$$

于是

$$\begin{aligned}
\mathrm{d}\Pi(t) &= -\mathrm{d}c(S, t, E, T) + \Delta \mathrm{d}S + \Delta q S \mathrm{d}t \\
&= -\left(\frac{\partial c}{\partial t} + (\mu - q) S \frac{\partial c}{\partial S} + \lambda \left(c(YS^-, t, E, T) - c(S^-, t, E, T) \right) \right) \mathrm{d}t \\
&\quad - \left(c(YS^-, t, E, T) - c(S^-, t, E, T) \right) (\mathrm{d}u - \lambda \mathrm{d}t) \\
&\quad - \frac{\sigma^2}{2} S^2 \frac{\partial^2 c}{\partial S^2} \mathrm{d}t - \sigma S \frac{\partial c}{\partial S} \mathrm{d}B + \frac{\partial c}{\partial S} \mathrm{d}S(t) + \frac{\partial c}{\partial S} q S \mathrm{d}t \\
&= -\left(\frac{\partial c}{\partial t} + (\mu - q) S \frac{\partial c}{\partial S} + \lambda \left(c(YS^-, t, E, T) - c(S^-, t, E, T) \right) \right) \mathrm{d}t \\
&\quad - \left(c(YS^-, t, E, T) - c(S^-, t, E, T) \right) (\mathrm{d}u - \lambda \mathrm{d}t) \\
&\quad - \frac{\sigma^2}{2} S^2 \frac{\partial^2 c}{\partial S^2} \mathrm{d}t - \sigma S \frac{\partial c}{\partial S} \mathrm{d}B \\
&\quad + \frac{\partial c}{\partial S} S^- \left((\mu - q + \lambda(Y-1)) \mathrm{d}t + \sigma \mathrm{d}B + (Y-1)(\mathrm{d}u - \lambda \mathrm{d}t) \right) \\
&\quad + \frac{\partial c}{\partial S} q S^- \mathrm{d}t.
\end{aligned}$$

消去 dB 项得

$$d\Pi(t) = -\left(\frac{\partial c}{\partial t} + (\mu - q)S\frac{\partial c}{\partial S} + \lambda\left(c(YS, t, E, T) - c(S, t, E, T)\right)\right)dt$$
$$- \left(c(YS^-, t, E, T) - c(S^-, t, E, T)\right)(du - \lambda dt) - \frac{\sigma^2}{2}S^2\frac{\partial^2 c}{\partial S^2}dt$$
$$+ \frac{\partial c}{\partial S}S\left((\mu - q + \lambda(Y-1))dt + (Y-1)(du - \lambda dt)\right) + \frac{\partial c}{\partial S}qSdt.$$

现在假设: 股价发生跳跃的收益或损失的原因不是来自股票本身, 而是受外来因素的影响. 例如, 石油公司忽然发现一个大油田, 而带来股价跳跃. 那么由资本资产定价模型 (capital asset pricing model, CAPM) 理论, $\mathbb{E}(d\Pi(t)) = r\Pi(t)dt$, 其中 $\mathbb{E}$ 是 Poisson 过程的期望, 参见 [Mer76] 的 133 页和附录 14.1. 于是由 $\mathbb{E}(d\Pi(t))/dt = r\Pi(t)$, 得

$$-\frac{\partial c}{\partial t} - \lambda\left(c(YS, t, E, T) - c(S, t, E, T)\right) + \frac{\partial c}{\partial S}S\lambda(Y-1)$$
$$-\frac{\sigma^2}{2}S^2\frac{\partial^2 c}{\partial S^2} + \frac{\partial c}{\partial S}qS = r\left(-c + \frac{\partial c}{\partial S}S\right).$$

化简上式得

$$\frac{\partial c}{\partial t} + \frac{\sigma^2}{2}S^2\frac{\partial^2 c}{\partial S^2} + (r - q - \lambda(Y-1))S\frac{\partial c}{\partial S}$$
$$+ \lambda\left(c(YS, t, E, T) - c(S, t, E, T)\right) - rc = 0. \quad (14.2.4)$$

以上的公式为带跳的 BSM 方程①. 特例: 如果股价 S 的跳跃只发生在跳跃至破产 (jump-to-default), 那么 $Y = 0$. 此时的 BSM 方程为

$$\frac{\partial c}{\partial t} + \frac{\sigma^2}{2}S^2\frac{\partial^2 c}{\partial S^2} + (r + \lambda - q)S\frac{\partial c}{\partial S} - (r + \lambda)c = 0. \quad (14.2.5)$$

上式对应的股价 S 满足

$$dS^- = S(\mu - q - \lambda)dt + S\sigma dB - S^-(du - \lambda dt). \quad (14.2.6)$$

以下内容参考 [Car04].

---
①此处未考虑复合 Poisson 过程.

设当前时刻为 0, 随机量 $T_1 \in [0,T]$ 为股价 S 首次到达 0 的时间 (股票 S 破产的时间). 记 $R(t,T)$ 为在 $t \in [0,T]$ 时一个关于公司 S 的债券: 如果 $T < T_1$, 那么 $R(T,T) = 1$; 如果 $T \geqslant T_1$, 那么 $R(t,T) = 0$, $t \in [T_1, T]$. 我们要证明下面的命题.

命题 14.1
$$R(t,T) = e^{-(r+\lambda)(T-t)} \mathbb{1}_{\{T_1 > t\}}, \quad t \in [0,T].$$

在证明这个结论之前, 我们不妨记:
$$D(t,T) := e^{-(r+\lambda)(T-t)} \mathbb{1}_{\{T_1 > t\}}, \quad t \in [0,T].$$

易知 D 也是一个公司债券.

引理 14.1

$$c(S,t,E,T) = \begin{cases} Se^{-q(T-t)} N(d_+) - e^{-(r+\lambda)(T-t)} EN(d_-), & \text{如果 } t \leqslant T < T_1 \text{ 或 } t < T_1 \leqslant T, \\ 0, & \text{如果 } T_1 \leqslant t \leqslant T, \end{cases}$$

其中
$$d_\pm = \frac{\ln \dfrac{S}{E} + \left(r + \lambda \pm \dfrac{\sigma^2}{2}\right)(T-t)}{\sigma\sqrt{T-t}}.$$

证明 当 $t \leqslant T < T_1$ 或 $t < T_1 \leqslant T$ 时, 我们买入 $\alpha(t)$ 份 $S(t)$, 并卖空 $\beta(t)$ 份 $D(t,T)$:
$$\Pi(t) = \alpha(t) S(t) - \beta D(t,T),$$

其中
$$\alpha(t) = \begin{cases} e^{-q(T-t)} N(d_+), & \text{如果 } t \leqslant T < T_1 \text{ 或 } t < T_1 \leqslant T, \\ 0, & \text{如果 } T_1 \leqslant t \leqslant T, \end{cases}$$

$$\beta(t) = \begin{cases} EN(d_-), & \text{如果 } t \leqslant T < T_1 \text{ 或 } t < T_1 \leqslant T, \\ 0, & \text{如果 } T_1 \leqslant t \leqslant T. \end{cases}$$

当 $t \leqslant T < T_1$ 或 $t < T_1 \leqslant T$ 时, 公司 S 没有破产, 如果随着 t 增大到 T 时, 公司还未破产 $(T < T_1)$, 那么

$$\Pi(T) = c(S, T, E, T) = \max(S(T) - E, 0).$$

如果在 t 以后 T 以前公司破产了 $(t < T_1 \leqslant T)$, 那么在 $[T_1, T]$ 上 α, β 和 Π 都为 0. 由无套利假定易知: 无论 S 在 $[t, T]$ 上是否破产, $\Pi(t) = c(S, t, E, T)$. 以上构造 Π 的方式是自融资, 而且是动态复制 c. □

命题 14.1 的证明 由引理 14.1 知: 债券 D 可以由买卖 S 和 c 动态复制, 并且复制过程是自融资: $D(t,T) = -\gamma(t)c(S,t,E,T) + \delta(t)S(t)$, 其中

$$\gamma(t) = \begin{cases} \dfrac{1}{EN(d_-)}, & \text{如果 } t < T < T_1 \text{ 或 } t < T_1 \leqslant T, \\ 0, & \text{如果 } T_1 \leqslant t \leqslant T, \end{cases}$$

$$\delta(t) = \begin{cases} \dfrac{N(d_+)}{EN(d_-)} e^{-q(T-t)}, & \text{如果 } t < T < T_1 \text{ 或 } t < T_1 \leqslant T, \\ 0, & \text{如果 } T_1 \leqslant t \leqslant T. \end{cases}$$

由无套利假定知: $R(t,T) = D(t,T)$, 否则, 不妨假设 $R(t,T) > D(t,T)$. 那么我们可以卖空 1 份 R, 同时构造 1 份以上关于 D 的动态复制组合, 产生套利. □

附录 14.1

前面我们利用 Merton 的假设: 股价发生跳跃带来的收益或损失是 "非系统的风险", 由 CAPM 理论, $\mathbb{E}(\mathrm{d}\Pi(t)) = r\Pi(t)\mathrm{d}t$. 现在我们从 Ross 的套利定价理论 (arbitrage pricing theory, APT) 理论来理解这个假设, 参考 [徐 25].

由 (14.2.6) 式和 (14.2.3) 式知:

$$\mathrm{d}e^{-r(T-t)} = re^{-r(T-t)}\mathrm{d}t,$$

$$\mathrm{d}S^- = S^-(\mu-q+\lambda(Y-1))\mathrm{d}t + S^-\sigma\mathrm{d}B + S^-(Y-1)(\mathrm{d}u-\lambda\mathrm{d}t),$$

$$\mathrm{d}c(S^-,t,E,T) = \left(\frac{\partial c}{\partial t} + (\mu-q)S\frac{\partial c}{\partial S} + \lambda\big(c(YS^-,t,E,T)-c(S^-,t,E,T)\big)\right)\mathrm{d}t$$
$$+ \big(c(YS^-,t,E,T) - c(S^-,t,E,T)\big)(\mathrm{d}u - \lambda\mathrm{d}t)$$
$$+ \frac{\sigma^2}{2}S^2\frac{\partial^2 c}{\partial S^2}\mathrm{d}t + \sigma S\frac{\partial c}{\partial S}\mathrm{d}B.$$

将其写成矩阵的形式:

$$\begin{pmatrix} \dfrac{\mathrm{d}e^{-r(T-t)}}{e^{-r(T-t)}} \\ \dfrac{\mathrm{d}S + qS\mathrm{d}t}{S} \\ \dfrac{\mathrm{d}c}{c} \end{pmatrix}$$

$$= \begin{pmatrix} r \\ \mu + \lambda(Y-1) \\ \dfrac{1}{c}\dfrac{\partial c}{\partial t} + \dfrac{\mu-q}{c}S\dfrac{\partial c}{\partial S} + \dfrac{\lambda}{c}(c(YS^-,t,E,T)-c(S^-,t,E,T)) + \dfrac{1}{c}\dfrac{\sigma^2}{2}S^2\dfrac{\partial^2 c}{\partial S^2} \end{pmatrix}\mathrm{d}t$$

$$+ \begin{pmatrix} 0 & 0 & 0 \\ \sigma & Y-1 & 0 \\ \dfrac{\sigma}{c}S\dfrac{\partial c}{\partial S} & 0 & \dfrac{1}{c}(c(YS^-,t,E,T) - c(S^-,t,E,T)) \end{pmatrix} \begin{pmatrix} \mathrm{d}B \\ \mathrm{d}u-\lambda\mathrm{d}t \\ \mathrm{d}u-\lambda\mathrm{d}t \end{pmatrix}.$$

由 APT 理论知 ([徐 25]): 存在常数 a_0, a_1, a_2, a_3, 使得

$$a_0\begin{pmatrix}1\\1\\1\end{pmatrix} + \begin{pmatrix} 0 & 0 & 0 \\ \sigma & Y-1 & 0 \\ \dfrac{\sigma}{c}S\dfrac{\partial c}{\partial S} & 0 & \dfrac{1}{c}(c(YS^-,t,E,T)-c(S^-,t,E,T)) \end{pmatrix}\begin{pmatrix}a_1\\a_2\\a_3\end{pmatrix}$$

$$= \begin{pmatrix} r \\ \mu + \lambda(Y-1) \\ \dfrac{1}{c}\dfrac{\partial c}{\partial t} + \dfrac{\mu-q}{c}S\dfrac{\partial c}{\partial S} + \dfrac{\lambda}{c}(c(YS^-,t,E,T)-c(S^-,t,E,T)) + \dfrac{1}{c}\dfrac{\sigma^2}{2}S^2\dfrac{\partial^2 c}{\partial S^2} \end{pmatrix}.$$

易知 $a_0 = r$. 以上矩阵方程的金融意义是, 左边的第一项为无风险收益, 第二项为投资者愿意承担的风险, 右边为平均收益. 这和 CAPM 理论中的 sharpe 比率公式: $r + \sigma\rho = \mu$ 一致. Merton 假设: 投资者在考虑投资风险时不考虑跳跃的风险, 即上述矩阵方程中的左边第二项应与跳跃无关. 所以, a_2 和 a_3 都为 0. 因此

$$a_1 = \frac{\mu - r + \lambda(Y-1)}{\sigma}.$$

于是这个矩阵方程的最后一个分量等价于 (14.2.4) 式.

注: 上述 Merton 的假定说明, 由股价的跳跃带来的风险不能被完全对冲掉.

15 俄式期权

本章采用金融工程领域通用的表述方式, 相关数学推导不十分严格. 参考文献 [DH93]、[SS93] 和 [王 07].

假设 S 连续股息派发, 其股息派发率为非负常数 q. 除非特别声明, 假设 $q > 0$. 我们在 BSM 框架下讨论, S 服从几何 Brown 运动

$$\frac{\mathrm{d}S}{S} = \left(\mu - q - \frac{\sigma^2}{2}\right)\mathrm{d}t + \sigma\mathrm{d}B(t),$$

其中, $B(t)$ 是 (标准) Brown 运动, μ 和 σ 为常数, 且 $\sigma > 0$. 俄式期权 (Russian options) 是一个永久美式期权, 所以它没有到期日, 或者说 $T = +\infty$. 我们用 $\mathbb{V}$ 来表示它. 记

$$J(t) := \max_{\tau \leqslant t} S(\tau), \tag{15.0.1}$$

即 $J(t)$ 表示在 t 或 t 以前股票 S 的历史最高价. 俄式期权 $\mathbb{V}$ 定义如下.

定义 15.1 若
(1) $\mathbb{V}$ 是美式期权且无到期日,
(2) 如果 $\mathbb{V}$ 的持有者在 t 时执行, 那么他获得支付为 $J(t)$, 此后期权作废,
则称 $\mathbb{V}$ 是**俄式期权**.

俄式期权可以写成

$$\mathbb{V} = \mathbb{V}(S, J).$$

注 15.1 式右边不显含 t. 理由是, 在 BSM 框架下, 有限到期日 T 的 $\mathbb{V}$ 可以写成 $\mathbb{V}(S, J, T - t)$. 于是, 在 t 时的俄式期权可以被认为是以下极限:

$$\mathbb{V}(S, J) = \lim_{T \to +\infty} \mathbb{V}(S, J, T - t).$$

所以俄式期权不显含 t.

由无套利假定和 J 的定义易知:
$$\mathbb{V}(S,J) \geqslant J > 0, \tag{15.0.2}$$

其中, 我们假定了 $S > 0$. 否则, 如果存在 t_0, 使得 $S(t_0) = 0$, 那么在 t_0 以后, S 恒为 0. 事实上,
$$\begin{cases} S(t) = S(t_0)\exp\left(\left(\mu - \dfrac{\sigma^2}{2}\right)(t-t_0) + \sigma(B(t)-B(t_0))\right), & t \geqslant t_0, \\ S(t_0) = 0, \end{cases}$$

从而推出
$$S(t) = 0, \quad t \geqslant t_0.$$

这时, 我们考虑的俄式期权是平凡的. 理由是, 如果 S 在 t_0 以后处处为 0, 那么根据 J 的定义知, $J(t) = \max\limits_{\tau \leqslant t_0} S(\tau), \forall t \geqslant t_0$. 于是 $\mathbb{V}$ 必须在 t_0 就执行了 (利益最大化原则). 记
$$J_n(t) := \left(\frac{\int^t S(\tau)^n \mathrm{d}\tau}{1}\right)^{\frac{1}{n}} = \left(\int^t S(\tau)^n \mathrm{d}\tau\right)^{\frac{1}{n}},$$

其中分式中的 1 的量纲为时间, 这样做是为了让 J_n 的量纲与股价 S 一致. 上式中的积分下限没写, 这取决于 (15.0.1) 式中的 τ 的起始点为何. 由数学分析知: (15.0.1) 式中 $J(t)$ 满足
$$J(t) = \lim_{n \to +\infty} J_n(t).$$

定义永久美式期权 $\mathbb{V}_n$ 如下: 该期权的持有者在执行时的支付为 J_n, 之后期权作废. 易知: $\mathbb{V}_n$ 可表为 $\mathbb{V}_n(S, J_n)$.

引理 15.1
$$\mathrm{d}J_n = \frac{S^n}{nJ_n^{n-1}}\mathrm{d}t.$$

作业 15.1 证明引理 15.1.

推论 15.1 当 $n \to +\infty$ 时,
$$\mathrm{d}J = \mathcal{O}(\mathrm{d}t).$$

引理 15.2
$$\mathbb{V}(S, J) = \lim_{n \to +\infty} \mathbb{V}_n(S, J_n).$$

假设 $\mathbb{V}_n$ 的执行边界存在, 并且假设在 t 时, $\mathbb{V}_n(S_t, J_n)$ 不执行. 那么由执行边界的定义知, 存在 t 的一个邻域 D, 使得 $\mathbb{V}_n$ 不执行. 构造投资组合
$$\Pi(t) = -\mathbb{V}_n(S_t, J_n) + \Delta_t S_t.$$
持有这个投资组合到 $t + \delta t \in D$,
$$\Pi(t + \delta t) = -\mathbb{V}_n(S_{t+\delta t}, J_n) + \Delta_t S_{t+\delta t} + \Delta_t q S_{t+\delta t} \delta t.$$
于是
$$\begin{aligned}
\delta\Pi(t) &= -\delta\mathbb{V}_n(S_t, J_n) + \Delta_t \delta S_t + \Delta_t q S_{t+\delta t} \delta t \\
&= -\frac{\partial \mathbb{V}_n}{\partial S}\delta S_t - \frac{\partial^2 \mathbb{V}_n}{\partial S^2}\delta S_t^2 - \frac{\partial \mathbb{V}_n}{\partial J_n}\delta J_n + \Delta_t \delta S_t + \Delta_t q S_{t+\delta t}\delta t \\
&= \left(\Delta_t - \frac{\partial \mathbb{V}_n}{\partial S}\right)\delta S_t - \left(\frac{\sigma^2}{2}S^2\frac{\partial^2 \mathbb{V}_n}{\partial S^2} + \frac{S^n}{nJ_n^{n-1}} - \Delta_t q S_{t+\delta t}\right)\delta t \\
&= \left(\Delta_t - \frac{\partial \mathbb{V}_n}{\partial S}\right)\delta S_t - \left(\frac{\sigma^2}{2}S^2\frac{\partial^2 \mathbb{V}_n}{\partial S^2} + \frac{S^n}{nJ_n^{n-1}} - \Delta_t q S_t\right)\delta t.
\end{aligned}$$
令
$$\Delta_t = \frac{\partial \mathbb{V}_n}{\partial S},$$
则 $\delta\Pi(t)$ 是确定量. 由无套利知
$$\delta\Pi(t) = r\Pi(t)\delta t.$$
于是 $\mathbb{V}_n$ 满足以下方程:
$$\frac{S^n}{n(J_n)^{n-1}}\frac{\partial \mathbb{V}_n}{\partial J_n} + \frac{\sigma^2}{2}S^2\frac{\partial^2 \mathbb{V}_n}{\partial S^2} + (r-q)S\frac{\partial \mathbb{V}_n}{\partial S} - r\mathbb{V}_n = 0. \quad (15.0.3)$$

引理 15.3
$$\lim_{n\to+\infty}\frac{S^n}{n(J_n)^{n-1}}\frac{\partial \mathbb{V}_n}{\partial J_n}=0.$$

于是,
$$\frac{\sigma^2}{2}S^2\lim_{n\to+\infty}\frac{\partial^2\mathbb{V}_n}{\partial S^2}+(r-q)S\lim_{n\to+\infty}\frac{\partial\mathbb{V}_n}{\partial S}-r\lim_{n\to+\infty}\mathbb{V}_n=0.$$

引理 15.4
$$\frac{\sigma^2}{2}S^2\frac{\partial^2\mathbb{V}}{\partial S^2}+(r-q)S\frac{\partial\mathbb{V}}{\partial S}-r\mathbb{V}=0. \tag{15.0.4}$$

(15.0.4) 式称为俄式期权 $\mathbb{V}(S,J)$ 满足的 BSM 方程. 它成立的条件是 $\mathbb{V}$ 没有被执行.

引理 15.5 当 $S_t=J$ 时, $\mathbb{V}$ 不被执行.

证明 用 CRR (Cox-Ross-Rubinsten) 假定下二叉树方法证明. 假设当 $S_t=J$ 时, $\mathbb{V}$ 执行, 那么我们可以构造投资组合: 卖空 1 股 S_t, 向银行借 S_t 元, 得到 $2S_t$ 元现金, 再用此现金买入 2 份 $\mathbb{V}_t$. 此时,
$$\Pi(t)=-S_t-S_t+2\mathbb{V}_t=0.$$

于是
$$\Pi(t+\delta t)=-S_{t+\delta t}\mathrm{e}^{q\delta t}-S_t\mathrm{e}^{r\delta t}+2\mathbb{V}_{t+\delta t}.$$

取
$$u=\frac{1}{d}=\mathrm{e}^{\sigma\sqrt{\delta t}}.$$

当 $S_{t+\delta t}=uS_t$ 时,
$$\begin{aligned}\Pi(t+\delta t)-\Pi(t)&=-uS_t\mathrm{e}^{q\delta t}-S_t\mathrm{e}^{r\delta t}+2\mathbb{V}_t\\&\geqslant -uS_t\mathrm{e}^{q\delta t}-S_t\mathrm{e}^{r\delta t}+2uS_t\\&=S_t\sigma\sqrt{\delta t}+o(\sqrt{\delta t})\\&>0.\end{aligned}$$

当 $S_{t+\delta t} = dS_t$ 时,

$$\begin{aligned}\Pi(t+\delta t) - \Pi(t) &= -dS_t \mathrm{e}^{q\delta t} - S_t \mathrm{e}^{r\delta t} + 2\mathbb{V}_t \\ &\geqslant -dS_t \mathrm{e}^{q\delta t} - S_t \mathrm{e}^{r\delta t} + 2S_t \\ &= S_t \sigma \sqrt{\delta t} + o(\sqrt{\delta t}) \\ &> 0.\end{aligned}$$

所以, $\Pi(t+\delta t) - \Pi(t) > 0$. 从而实现无风险套利. □

引理 15.6

$$\left.\frac{\partial \mathbb{V}}{\partial J}(S,J)\right|_{J=S} = 0. \tag{15.0.5}$$

证明 由引理 15.5 知, 在 $J = S$ 时, $\mathbb{V}$ 不执行. 所以在 $S = J$ 时可以构造 CRR 假定下二叉树. 易知, 当 $S = J$ 时,

$$\begin{aligned}\mathbb{V}(S,S) = \mathrm{e}^{-r\delta t} \Bigg(&\frac{\mathrm{e}^{(r-q)\delta t} - \mathrm{e}^{-\sigma\sqrt{\delta t}}}{\mathrm{e}^{\sigma\sqrt{\delta t}} - \mathrm{e}^{-\sigma\sqrt{\delta t}}} \mathbb{V}(\mathrm{e}^{\sigma\sqrt{\delta t}}S, \mathrm{e}^{\sigma\sqrt{\delta t}}S) \\ &+ \frac{\mathrm{e}^{\sigma\sqrt{\delta t}} - \mathrm{e}^{(r-q)\delta t}}{\mathrm{e}^{\sigma\sqrt{\delta t}} - \mathrm{e}^{-\sigma\sqrt{\delta t}}} \mathbb{V}(\mathrm{e}^{-\sigma\sqrt{\delta t}}S, S) \Bigg).\end{aligned}$$

将上式右边 δt 关于 0 做 Taylor 展开, 首项 (δt^0) 系数为

$$\mathbb{V}(S,S) + \left.\frac{\partial \mathbb{V}}{\partial J}(S,J)\right|_{J=S}.$$

比较系数可得引理. □

引理 15.7 俄式期权 $\mathbb{V}(S,J)$ 执行边界存在 (记为 S_*), 即

$$\mathbb{V}(S,J) \begin{cases} > J, & S > S_*, \\ = J, & S \leqslant S_*. \end{cases}$$

证明 考虑 CRR 假定下二叉树模型:

$$\mathbb{V}(S_t, J_t) = \max\left\{ J_t, \mathrm{e}^{-r\delta t} \left(\frac{\mathrm{e}^{(r-q)\delta t} - \mathrm{e}^{-\sigma\sqrt{\delta t}}}{\mathrm{e}^{\sigma\sqrt{\delta t}}} \mathbb{V}_u + \frac{\mathrm{e}^{\sigma\sqrt{\delta t}} - \mathrm{e}^{(r-q)\delta t}}{\mathrm{e}^{\sigma\sqrt{\delta t}} - \mathrm{e}^{-\sigma\sqrt{\delta t}}} \mathbb{V}_d \right) \right\}.$$

由 J 的定义知, 当 $S'_t < S_t$ 时, $\mathbb{V}$ 中的 J 不变. 而在股价为 $S'_t < S_t$ 时, $\mathbb{V}_u$ 和 $\mathbb{V}_d$ 对应的值分别小于 $\mathbb{V}_u$ 和 $\mathbb{V}_d$. 所以,

$$\mathbb{V}(S_t, J_t) = J_t \Longrightarrow \mathbb{V}(S'_t, J) = J_t.$$

执行边界 $S_*(t) = \sup\{S_t \mid \mathbb{V}(S_t, J) = J_t\}$. □

从数学上, 有了 (15.0.4) 式和 (15.0.5) 式还不能解出 $\mathbb{V}$. 我们还必须有其他条件:

(1) $\mathbb{V}$ 在 S_* 连续, 则存在 $S_*(t)$, 使得

$$\mathbb{V}(S,J) = \begin{cases} > J, & S(t) > S_*(t), \\ = J_t, & S(t) \leqslant S_*(t). \end{cases} \tag{15.0.6}$$

特别地, 有

$$\mathbb{V}(S_*, J) = J. \tag{15.0.7}$$

(2) $\mathbb{V}$ 在 S_* 一阶导数连续, 即

$$\frac{\partial}{\partial S}\mathbb{V}(S,J)\Big|_{S=S_*} = \frac{\partial J}{\partial S} = 0. \tag{15.0.8}$$

这个条件的金融意义是, 将 $\mathbb{V}$ 看成函数 $\mathbb{V}(S, J, S_*)$, 固定 S, J, 调整 S_*, 使得 $\mathbb{V}$ 最大 (Merton 平滑粘贴 (smooth pasting)).

这样从数学上, (15.0.4) 式, (15.0.5) 式, (15.0.7) 式和 (15.0.8) 式可以解出 $\mathbb{V}$. 具体做法如下: 令 $\mathbb{V}(S, J) = JW(\xi)$, 其中 $\xi = S/J$.

(1) 将 $\mathbb{V}(S, J) = JW(\xi)$ 代入 (15.0.4) 式得

$$\frac{\sigma^2}{2}S^2 W'' \frac{1}{J} + (r-q)SW' - rJW = 0.$$

利用 $\xi = S/J$ 得

$$\frac{\sigma^2}{2}\xi^2 W'' + (r-q)\xi W' - rW = 0. \tag{15.0.9}$$

(2) 使用常微分方程的做法: 将 $W = A\xi^\alpha$ 代入上式得到

$$\frac{\sigma^2}{2}\xi^2 A\alpha(\alpha-1)\xi^{\alpha-2} + (r-q)\xi A\alpha\xi^{\alpha-1} - rA\xi^\alpha = 0,$$

即
$$\frac{\sigma^2}{2}\alpha(\alpha-1) + (r-q)\alpha - r = 0,$$

解得
$$\alpha_\pm = \frac{1}{\sigma^2}\left(-r + q + \frac{\sigma^2}{2} \pm \sqrt{\left(r-q-\frac{1}{2}\sigma^2\right)^2 + 2\sigma^2 r}\right).$$

(3) 将 $\mathbb{V}(S,J) = JW(\xi)$ 代入 (15.0.5) 式,
$$0 = \frac{\partial \mathbb{V}}{\partial J}(S,J)\Big|_{J=S} = W(1) - W'(1),$$

即
$$W(1) = W'(1). \tag{15.0.10}$$

(4) 将 $\mathbb{V}(S,J) = JW(\xi)$ 代入 (15.0.7) 式得
$$W(\xi_*) = 1, \tag{15.0.11}$$

其中 $\xi_* = S_*/J$.

(5) 将 $\mathbb{V}(S,J) = JW(\xi)$ 代入 (15.0.8) 式得
$$W'(\xi_*) = 0. \tag{15.0.12}$$

(6) 由常微分方程结论: $W(\xi)$ 的通解可表为
$$W(\xi) = A_+ \xi^{\alpha_+} + A_- \xi^{\alpha_-}, \tag{15.0.13}$$

其中, A_+ 和 A_- 为待定常数.

(7) 将 (15.0.13) 式分别代入 (15.0.10) ~ (15.0.12) 式可得以下方程组:
$$\begin{cases} A_+ + A_- = A_+\alpha_+ + A_-\alpha_-, & \text{(由 (15.0.10) 式)} \\ A_+ \xi_*^{\alpha_+} + A_- \xi_*^{\alpha_-} = 1, & \text{(由 (15.0.11) 式)} \\ A_+ \alpha_+ \xi_*^{\alpha_+ - 1} + A_- \alpha_- \xi_*^{\alpha_- - 1} = 0. & \text{(由 (15.0.12) 式)} \end{cases}$$

解得

$$\begin{cases} \xi_* = \left(\dfrac{\alpha_+(1-\alpha_-)}{\alpha_-(1-\alpha_+)}\right)^{\frac{1}{\alpha_- - \alpha_+}}, \\ A_+ = \dfrac{\alpha_-}{\alpha_- - \alpha_+}\xi_*^{-\alpha_+}, \\ A_- = \dfrac{\alpha_+}{\alpha_+ - \alpha_-}\xi_*^{-\alpha_-}. \end{cases}$$

所以

$$W(\xi) = \frac{1}{\alpha_+ - \alpha_-}\left(\alpha_+\left(\frac{\xi}{\xi_*}\right)^{\alpha_-} - \alpha_-\left(\frac{\xi}{\xi_*}\right)^{\alpha_+}\right), \quad (15.0.14)$$

其中

$$\xi_* = \left(\frac{\alpha_+(1-\alpha_-)}{\alpha_-(1-\alpha_+)}\right)^{\frac{1}{\alpha_- - \alpha_+}}, \quad (15.0.15)$$

$$\alpha_\pm = \frac{1}{\sigma^2}\left(-r + q + \frac{\sigma^2}{2} \pm \sqrt{\left(r - q - \frac{1}{2}\sigma^2\right)^2 + 2\sigma^2 r}\right).$$

特别地, 当 $q = 0$ 时,

$$\alpha_+ = \frac{1}{\sigma^2}\left(-r + \frac{\sigma^2}{2} + \sqrt{\left(r - \frac{1}{2}\sigma^2\right)^2 + 2\sigma^2 r}\right)$$

$$= \frac{1}{\sigma^2}\left(-r + \frac{\sigma^2}{2} + \sqrt{\left(r + \frac{1}{2}\sigma^2\right)^2}\right)$$

$$= 1.$$

同理, 此时 $\alpha_- = -\dfrac{2r}{\sigma^2}$. 所以由 (15.0.15) 式得 $\xi_* = 0$.

注 15.2 当 $q = 0$ 时, $\xi_* = 0$, 此时 W 不存在, 进而 $\mathbb{V}$ 不存在. 固定 S, J 和 r, 让 $q \to 0^+$, 此时易知 $\mathbb{V}$ 趋于 $+\infty$.

作业 15.2 (止损期权 (stop-loss options)) 假设 S 连续股息派发, 其股息派发率为非负常数 q. 考虑一个永久期权 (没有到期日, 即 $T = +\infty$), 记为 $\mathrm{SL}(S, J)$, 其中 J 的定义如前. 给定常数 $\lambda \in (0, 1)$, 当

$S = \lambda J$ 时, SL 的持有者获得支付 λJ, 之后期权作废. 此类期权称为止损期权.

在 BSM 框架下:

(1) 求 SL(S, J) 的解析表达式;

(2) 证明: 当 $q = 0$ 时, SL$(S, J) = S$.

提示: 由定义知 SL$(\lambda J, J) = \lambda J$, 取 SL $= JW(\xi)$, 其中 $\xi = S/J$. 然后参考俄式期权的定价方法.

附录

1 一些常用公式

本节内容整理自 [Wil07] 的第 200 页. 假设 S 连续股息派发, 其股息派发率为非负常数 q. 以下是在 BSM 框架下的欧式期权 V 公式. 记

$$d_1 = \frac{\ln \dfrac{S}{E} + \left(r - q + \dfrac{\sigma^2}{2}\right)(T-t)}{\sigma\sqrt{T-t}},$$

$$d_2 = \frac{\ln \dfrac{S}{E} + \left(r - q - \dfrac{\sigma^2}{2}\right)(T-t)}{\sigma\sqrt{T-t}}.$$

(1) 欧式看涨:

$$V = \mathrm{e}^{-q(T-t)} S N(d_1) - \mathrm{e}^{-r(T-t)} E N(d_2).$$

Delta: $\dfrac{\partial V}{\partial S} = \mathrm{e}^{-q(T-t)} N(d_1),$

Gamma: $\dfrac{\partial^2 V}{\partial S^2} = \dfrac{\mathrm{e}^{-q(T-t)} N'(d_1)}{\sigma S \sqrt{T-t}},$

Theta: $\dfrac{\partial V}{\partial t} = -\dfrac{\sigma \mathrm{e}^{-q(T-t)} S N'(d_1)}{2\sqrt{T-t}}$
$\qquad + q S \mathrm{e}^{-q(T-t)} N(d_1) - r E \mathrm{e}^{-r(T-t)} N(d_2),$

Speed: $\dfrac{\partial^3 V}{\partial S^3} = -\dfrac{\mathrm{e}^{-q(T-t)} N'(d_1)}{\sigma^2 S^2 (T-t)}(d_1 + \sigma\sqrt{T-t}),$

Vega: $\dfrac{\partial V}{\partial \sigma} = \mathrm{e}^{-q(T-t)} S N'(d_1) \sqrt{T-t},$

Rho(r): $\dfrac{\partial V}{\partial r} = E(T-t) \mathrm{e}^{-r(T-t)} N(d_2),$

Rho(q): $\dfrac{\partial V}{\partial q} = -S(T-t) \mathrm{e}^{-q(T-t)} N(d_1).$

(2) 欧式看跌:

$$V = -Se^{-q(T-t)}N(-d_1) + e^{-r(T-t)}EN(-d_2).$$

Delta: $\dfrac{\partial V}{\partial S} = e^{-q(T-t)}(N(d_1) - 1),$

Gamma: $\dfrac{\partial^2 V}{\partial S^2} = \dfrac{e^{-q(T-t)}N'(d_1)}{\sigma S\sqrt{T-t}},$

Theta: $\dfrac{\partial V}{\partial t} = -\dfrac{\sigma e^{-q(T-t)}SN'(d_1)}{2\sqrt{T-t}} - qSe^{-q(T-t)}N(-d_1)$
$\qquad + rEe^{-r(T-t)}N(-d_2),$

Speed: $\dfrac{\partial^3 V}{\partial S^3} = -\dfrac{e^{-q(T-t)}N'(d_1)}{\sigma^2 S^2(T-t)}(d_1 + \sigma\sqrt{T-t}),$

Vega: $\dfrac{\partial V}{\partial \sigma} = e^{-q(T-t)}SN'(d_1)\sqrt{T-t},$

Rho(r): $\dfrac{\partial V}{\partial r} = -E(T-t)e^{-r(T-t)}N(-d_2),$

Rho(q): $\dfrac{\partial V}{\partial q} = S(T-t)e^{-q(T-t)}N(-d_1).$

(3) 二元看涨:

$$V = e^{-r(T-t)}N(d_2).$$

Delta: $\dfrac{\partial V}{\partial S} = \dfrac{e^{-r(T-t)}N'(d_2)}{\sigma S\sqrt{T-t}},$

Gamma: $\dfrac{\partial^2 V}{\partial S^2} = -\dfrac{e^{-r(T-t)}d_1 N'(d_2)}{\sigma^2 S^2(T-t)},$

Theta: $\dfrac{\partial V}{\partial t} = re^{-r(T-t)}N(d_2)$
$\qquad + e^{-r(T-t)}N'(d_2)\left(\dfrac{d_1}{2(T-t)} - \dfrac{r-q}{\sigma\sqrt{T-t}}\right),$

Speed: $\dfrac{\partial^3 V}{\partial S^3} = -\dfrac{e^{-r(T-t)}N'(d_2)}{\sigma^2 S^3(T-t)}\left(-2d_1 + \dfrac{1-d_1 d_2}{\sigma\sqrt{T-t}}\right),$

Vega: $\dfrac{\partial V}{\partial \sigma} = -e^{-r(T-t)}N'(d_2)\left(\sqrt{T-t} + \dfrac{d_2}{\sigma}\right),$

Rho(r): $\dfrac{\partial V}{\partial r} = -(T-t)e^{-r(T-t)}N(d_2) + \dfrac{\sqrt{T-t}}{\sigma}e^{-r(T-t)}N'(d_2),$

Rho(q): $\dfrac{\partial V}{\partial q} = -\dfrac{\sqrt{T-t}}{\sigma}\mathrm{e}^{-r(T-t)}N'(d_2).$

(4) 二元看跌:

$V = \mathrm{e}^{-r(T-t)}(1 - N(d_2)).$

Delta: $\dfrac{\partial V}{\partial S} = -\dfrac{\mathrm{e}^{-r(T-t)}N'(d_2)}{\sigma S\sqrt{T-t}},$

Gamma: $\dfrac{\partial^2 V}{\partial S^2} = \dfrac{\mathrm{e}^{-r(T-t)}d_1 N'(d_2)}{\sigma^2 S^2(T-t)},$

Theta: $\dfrac{\partial V}{\partial t} = r\mathrm{e}^{-r(T-t)}(1 - N(d_2))$
$\qquad\qquad -\mathrm{e}^{-r(T-t)}N'(d_2)\left(\dfrac{d_1}{2(T-t)} - \dfrac{r-q}{\sigma\sqrt{T-t}}\right),$

Speed: $\dfrac{\partial^3 V}{\partial S^3} = \dfrac{\mathrm{e}^{-r(T-t)}N'(d_2)}{\sigma^2 S^3(T-t)}\left(-2d_1 + \dfrac{1-d_1 d_2}{\sigma\sqrt{T-t}}\right),$

Vega: $\dfrac{\partial V}{\partial \sigma} = \mathrm{e}^{-r(T-t)}N'(d_2)\left(\sqrt{T-t} + \dfrac{d_2}{\sigma}\right),$

Rho(r): $\dfrac{\partial V}{\partial r} = -(T-t)\mathrm{e}^{-r(T-t)}(1 - N(d_2)) - \dfrac{\sqrt{T-t}}{\sigma}\mathrm{e}^{-r(T-t)}N'(d_2),$

Rho(q): $\dfrac{\partial V}{\partial q} = \dfrac{\sqrt{T-t}}{\sigma}\mathrm{e}^{-r(T-t)}N'(d_2).$

2 第 2.1.2 小节中两个期望的计算结果 (利用 Maxima 软件计算)

$$\left\{\mathbb{E}^Q[(\delta\Pi(t))|\mathcal{F}_t]\right\}^2 =$$
$$\dfrac{S^4 c_{SS}^2 \delta t^2 \sigma^4}{4} + \dfrac{S^4 c_{SS}^2 \delta t^3 r^2 \sigma^2}{2} + \dfrac{S^3 c_S c_{SS} \delta t^3 r^2 \sigma^2}{2}$$
$$- \dfrac{S^3 \alpha c_{SS} \delta t^3 r^2 \sigma^2}{2} - S^4 c_{SS}^2 \delta t^3 \mu r \sigma^2 - S^3 c_S c_{SS} \delta t^3 \mu r \sigma^2$$
$$+ S^3 \alpha c_{SS} \delta t^3 \mu r \sigma^2 - S^3 c_S c_{SS} \delta t^2 r \sigma^2 + S^3 \alpha c_{SS} \delta t^2 r \sigma^2$$

$$+\frac{S^4 c_{SS}^2 \delta t^3 \mu^2 \sigma^2}{2} + \frac{S^3 c_S c_{SS} \delta t^3 \mu^2 \sigma^2}{2} - \frac{S^3 \alpha c_{SS} \delta t^3 \mu^2 \sigma^2}{2}$$

$$+2 S^3 c_S c_{SS} \delta t^2 \mu \sigma^2 - 2 S^3 \alpha c_{SS} \delta t^2 \mu \sigma^2 + S^2 c_{SS} c_t \delta t^2 \sigma^2$$

$$+\frac{S^4 c_{SS}^2 \delta t^4 r^4}{4} + \frac{S^3 c_S c_{SS} \delta t^4 r^4}{2} - \frac{S^3 \alpha c_{SS} \delta t^4 r^4}{2}$$

$$+\frac{S^2 c_S^2 \delta t^4 r^4}{4} - \frac{S^2 \alpha c_S \delta t^4 r^4}{2} + \frac{S^2 \alpha^2 \delta t^4 r^4}{4} - S^4 c_{SS}^2 \delta t^4 \mu r^3$$

$$-2 S^3 c_S c_{SS} \delta t^4 \mu r^3 + 2 S^3 \alpha c_{SS} \delta t^4 \mu r^3 - S^2 c_S^2 \delta t^4 \mu r^3$$

$$+2 S^2 \alpha c_S \delta t^4 \mu r^3 - S^2 \alpha^2 \delta t^4 \mu r^3 - S^3 c_S c_{SS} \delta t^3 r^3 + S^3 \alpha c_{SS} \delta t^3 r^3$$

$$-S^2 c_S^2 \delta t^3 r^3 + 2 S^2 \alpha c_S \delta t^3 r^3 - S^2 \alpha^2 \delta t^3 r^3 + \frac{3 S^4 c_{SS}^2 \delta t^4 \mu^2 r^2}{2}$$

$$+3 S^3 c_S c_{SS} \delta t^4 \mu^2 r^2 - 3 S^3 \alpha c_{SS} \delta t^4 \mu^2 r^2 + \frac{3 S^2 c_S^2 \delta t^4 \mu^2 r^2}{2}$$

$$-3 S^2 \alpha c_S \delta t^4 \mu^2 r^2 + \frac{3 S^2 \alpha^2 \delta t^4 \mu^2 r^2}{2} + 4 S^3 c_S c_{SS} \delta t^3 \mu r^2$$

$$-4 S^3 \alpha c_{SS} \delta t^3 \mu r^2 + 4 S^2 c_S^2 \delta t^3 \mu r^2 - 8 S^2 \alpha c_S \delta t^3 \mu r^2$$

$$+4 S^2 \alpha^2 \delta t^3 \mu r^2 + S^2 c_{SS} c_t \delta t^3 r^2 + S c_S c_t \delta t^3 r^2 - S \alpha c_t \delta t^3 r^2$$

$$+S^2 c_S^2 \delta t^2 r^2 - 2 S^2 \alpha c_S \delta t^2 r^2 + S^2 \alpha^2 \delta t^2 r^2 - S^4 c_{SS}^2 \delta t^4 \mu^3 r$$

$$-2 S^3 c_S c_{SS} \delta t^4 \mu^3 r + 2 S^3 \alpha c_{SS} \delta t^4 \mu^3 r - S^2 c_S^2 \delta t^4 \mu^3 r$$

$$+2 S^2 \alpha c_S \delta t^4 \mu^3 r - S^2 \alpha^2 \delta t^4 \mu^3 r - 5 S^3 c_S c_{SS} \delta t^3 \mu^2 r$$

$$+5 S^3 \alpha c_{SS} \delta t^3 \mu^2 r - 5 S^2 c_S^2 \delta t^3 \mu^2 r + 10 S^2 \alpha c_S \delta t^3 \mu^2 r$$

$$-5 S^2 \alpha^2 \delta t^3 \mu^2 r - 2 S^2 c_{SS} c_t \delta t^3 \mu r - 2 S c_S c_t \delta t^3 \mu r + 2 S \alpha c_t \delta t^3 \mu r$$

$$-4 S^2 c_S^2 \delta t^2 \mu r + 8 S^2 \alpha c_S \delta t^2 \mu r - 4 S^2 \alpha^2 \delta t^2 \mu r - 2 S c_S c_t \delta t^2 r$$

$$+2 S \alpha c_t \delta t^2 r + \frac{S^4 c_{SS}^2 \delta t^4 \mu^4}{4} + \frac{S^3 c_S c_{SS} \delta t^4 \mu^4}{2} - \frac{S^3 \alpha c_{SS} \delta t^4 \mu^4}{2}$$

$$+\frac{S^2 c_S^2 \delta t^4 \mu^4}{4} - \frac{S^2 \alpha c_S \delta t^4 \mu^4}{2} + \frac{S^2 \alpha^2 \delta t^4 \mu^4}{4} + 2 S^3 c_S c_{SS} \delta t^3 \mu^3$$

$$-2 S^3 \alpha c_{SS} \delta t^3 \mu^3 + 2 S^2 c_S^2 \delta t^3 \mu^3 - 4 S^2 \alpha c_S \delta t^3 \mu^3 + 2 S^2 \alpha^2 \delta t^3 \mu^3$$

$$+S^2 c_{SS} c_t \delta t^3 \mu^2 + S c_S c_t \delta t^3 \mu^2 - S \alpha c_t \delta t^3 \mu^2 + 4 S^2 c_S^2 \delta t^2 \mu^2$$

$$-8 S^2 \alpha c_S \delta t^2 \mu^2 + 4 S^2 \alpha^2 \delta t^2 \mu^2 + 4 S c_S c_t \delta t^2 \mu - 4 S \alpha c_t \delta t^2 \mu$$

$$+c_t^2 \delta t^2.$$

2 第 2.1.2 小节中两个期望的计算结果 (利用 Maxima 软件计算)

$\mathbb{E}^Q[(\delta\Pi(t))^2|\mathcal{F}_t] =$
$\dfrac{3\,S^4\,c_{SS}^2\,\delta t^2\,\sigma^4}{4} + S^3\,c_S\,c_{SS}\,\delta t^2\,\sigma^4 - S^3\,\alpha\,c_{SS}\,\delta t^2\,\sigma^4 + \dfrac{S^2\,c_S^2\,\delta t^2\,\sigma^4}{2}$
$- S^2\,\alpha\,c_S\,\delta t^2\,\sigma^4 + \dfrac{S^2\,\alpha^2\,\delta t^2\,\sigma^4}{2} + \dfrac{3\,S^4\,c_{SS}^2\,\delta t^3\,r^2\,\sigma^2}{2} + \dfrac{5\,S^3\,c_S\,c_{SS}\,\delta t^3\,r^2\,\sigma^2}{2}$
$- \dfrac{5\,S^3\,\alpha\,c_{SS}\,\delta t^3\,r^2\,\sigma^2}{2} + S^2\,c_S^2\,\delta t^3\,r^2\,\sigma^2 - 2\,S^2\,\alpha\,c_S\,\delta t^3\,r^2\,\sigma^2$
$+ S^2\,\alpha^2\,\delta t^3\,r^2\,\sigma^2 - 3\,S^4\,c_{SS}^2\,\delta t^3\,\mu\,r\,\sigma^2 - 5\,S^3\,c_S\,c_{SS}\,\delta t^3\,\mu\,r\,\sigma^2$
$+ 5\,S^3\,\alpha\,c_{SS}\,\delta t^3\,\mu\,r\,\sigma^2 - 2\,S^2\,c_S^2\,\delta t^3\,\mu\,r\,\sigma^2 + 4\,S^2\,\alpha\,c_S\,\delta t^3\,\mu\,r\,\sigma^2$
$- 2\,S^2\,\alpha^2\,\delta t^3\,\mu\,r\,\sigma^2 - 3\,S^3\,c_S\,c_{SS}\,\delta t^2\,r\,\sigma^2 + 3\,S^3\,\alpha\,c_{SS}\,\delta t^2\,r\,\sigma^2$
$- 2\,S^2\,c_S^2\,\delta t^2\,r\,\sigma^2 + 4\,S^2\,\alpha\,c_S\,\delta t^2\,r\,\sigma^2 - 2\,S^2\,\alpha^2\,\delta t^2\,r\,\sigma^2$
$+ \dfrac{3\,S^4\,c_{SS}^2\,\delta t^3\,\mu^2\,\sigma^2}{2} + \dfrac{5\,S^3\,c_S\,c_{SS}\,\delta t^3\,\mu^2\,\sigma^2}{2} - \dfrac{5\,S^3\,\alpha\,c_{SS}\,\delta t^3\,\mu^2\,\sigma^2}{2}$
$+ S^2\,c_S^2\,\delta t^3\,\mu^2\,\sigma^2 - 2\,S^2\,\alpha\,c_S\,\delta t^3\,\mu^2\,\sigma^2 + S^2\,\alpha^2\,\delta t^3\,\mu^2\,\sigma^2 + 4\,S^3\,c_S\,c_{SS}\,\delta t^2\,\mu\,\sigma^2$
$- 4\,S^3\,\alpha\,c_{SS}\,\delta t^2\,\mu\,\sigma^2 + 2\,S^2\,c_S^2\,\delta t^2\,\mu\,\sigma^2 - 4\,S^2\,\alpha\,c_S\,\delta t^2\,\mu\,\sigma^2 + 2\,S^2\,\alpha^2\,\delta t^2\,\mu\,\sigma^2$
$+ S^2\,c_{SS}\,c_t\,\delta t^2\,\sigma^2 + S^2\,c_S^2\,\delta t\,\sigma^2 - 2\,S^2\,\alpha\,c_S\,\delta t\,\sigma^2 + S^2\,\alpha^2\,\delta t\,\sigma^2$
$+ \dfrac{S^4\,c_{SS}^2\,\delta t^4\,r^4}{4} + \dfrac{S^3\,c_S\,c_{SS}\,\delta t^4\,r^4}{2} - \dfrac{S^3\,\alpha\,c_{SS}\,\delta t^4\,r^4}{2} + \dfrac{S^2\,c_S^2\,\delta t^4\,r^4}{4}$
$- \dfrac{S^2\,\alpha\,c_S\,\delta t^4\,r^4}{2} + \dfrac{S^2\,\alpha^2\,\delta t^4\,r^4}{4} - S^4\,c_{SS}^2\,\delta t^4\,\mu\,r^3 - 2\,S^3\,c_S\,c_{SS}\,\delta t^4\,\mu\,r^3$
$+ 2\,S^3\,\alpha\,c_{SS}\,\delta t^4\,\mu\,r^3 - S^2\,c_S^2\,\delta t^4\,\mu\,r^3 + 2\,S^2\,\alpha\,c_S\,\delta t^4\,\mu\,r^3 - S^2\,\alpha^2\,\delta t^4\,\mu\,r^3$
$- S^3\,c_S\,c_{SS}\,\delta t^3\,r^3 + S^3\,\alpha\,c_{SS}\,\delta t^3\,r^3 - S^2\,c_S^2\,\delta t^3\,r^3 + 2\,S^2\,\alpha\,c_S\,\delta t^3\,r^3$
$- S^2\,\alpha^2\,\delta t^3\,r^3 + \dfrac{3\,S^4\,c_{SS}^2\,\delta t^4\,\mu^2\,r^2}{2} + 3\,S^3\,c_S\,c_{SS}\,\delta t^4\,\mu^2\,r^2$
$- 3\,S^3\,\alpha\,c_{SS}\,\delta t^4\,\mu^2\,r^2 + \dfrac{3\,S^2\,c_S^2\,\delta t^4\,\mu^2\,r^2}{2} - 3\,S^2\,\alpha\,c_S\,\delta t^4\,\mu^2\,r^2$
$+ \dfrac{3\,S^2\,\alpha^2\,\delta t^4\,\mu^2\,r^2}{2} + 4\,S^3\,c_S\,c_{SS}\,\delta t^3\,\mu\,r^2 - 4\,S^3\,\alpha\,c_{SS}\,\delta t^3\,\mu\,r^2$
$+ 4\,S^2\,c_S^2\,\delta t^3\,\mu\,r^2 - 8\,S^2\,\alpha\,c_S\,\delta t^3\,\mu\,r^2 + 4\,S^2\,\alpha^2\,\delta t^3\,\mu\,r^2 + S^2\,c_{SS}\,c_t\,\delta t^3\,r^2$
$+ S\,c_S\,c_t\,\delta t^3\,r^2 - S\,\alpha\,c_t\,\delta t^3\,r^2 + S^2\,c_S^2\,\delta t^2\,r^2 - 2\,S^2\,\alpha\,c_S\,\delta t^2\,r^2$
$+ S^2\,\alpha^2\,\delta t^2\,r^2 - S^4\,c_{SS}^2\,\delta t^4\,\mu^3\,r - 2\,S^3\,c_S\,c_{SS}\,\delta t^4\,\mu^3\,r + 2\,S^3\,\alpha\,c_{SS}\,\delta t^4\,\mu^3\,r$
$- S^2\,c_S^2\,\delta t^4\,\mu^3\,r + 2\,S^2\,\alpha\,c_S\,\delta t^4\,\mu^3\,r - S^2\,\alpha^2\,\delta t^4\,\mu^3\,r - 5\,S^3\,c_S\,c_{SS}\,\delta t^3\,\mu^2\,r$

$$+5S^3\alpha c_{SS}\delta t^3\mu^2 r - 5S^2c_S^2\delta t^3\mu^2 r + 10S^2\alpha c_S\delta t^3\mu^2 r - 5S^2\alpha^2\delta t^3\mu^2 r$$

$$-2S^2c_{SS}c_t\delta t^3\mu r - 2Sc_Sc_t\delta t^3\mu r + 2S\alpha c_t\delta t^3\mu r - 4S^2c_S^2\delta t^2\mu r$$

$$+8S^2\alpha c_S\delta t^2\mu r - 4S^2\alpha^2\delta t^2\mu r - 2Sc_Sc_t\delta t^2 r + 2S\alpha c_t\delta t^2 r$$

$$+\frac{S^4c_{SS}^2\delta t^4\mu^4}{4}+\frac{S^3c_Sc_{SS}\delta t^4\mu^4}{2}-\frac{S^3\alpha c_{SS}\delta t^4\mu^4}{2}+\frac{S^2c_S^2\delta t^4\mu^4}{4}$$

$$-\frac{S^2\alpha c_S\delta t^4\mu^4}{2}+\frac{S^2\alpha^2\delta t^4\mu^4}{4}+2S^3c_Sc_{SS}\delta t^3\mu^3-2S^3\alpha c_{SS}\delta t^3\mu^3$$

$$+2S^2c_S^2\delta t^3\mu^3-4S^2\alpha c_S\delta t^3\mu^3+2S^2\alpha^2\delta t^3\mu^3+S^2c_{SS}c_t\delta t^3\mu^2$$

$$+Sc_Sc_t\delta t^3\mu^2-S\alpha c_t\delta t^3\mu^2+4S^2c_S^2\delta t^2\mu^2-8S^2\alpha c_S\delta t^2\mu^2$$

$$+4S^2\alpha^2\delta t^2\mu^2+4Sc_Sc_t\delta t^2\mu-4S\alpha c_t\delta t^2\mu+c_t^2\delta t^2.$$

3 Mark Joshi 静态复制 (见例 11.10) 代码

以下是 Maxima 代码, 供参考:

```
1
2 /* 清空变量 */
3 kill(all)$
4
5 /* 定义常数 */
6 (r:0.05, q:0, sigma:0.2, t:0, T:1, S:100, E:80, H:90)$
7
8 /* 定义 N(x) */
9 N(x):=(1-erfc(x/sqrt(2)))/2+1/2$
10
11 /* 定义辅助函数 */
12 d1(S,E):=(log(S/E)+(r-q+sigma^2/2)*(T-t))/
   (sigma*sqrt(T-t))$
13 d2(S,E):=d1(S,E)-sigma*sqrt(T-t)$
14 c(S,t,E,T):=float(exp(-q*(T-t))*S*N(d1(S,E))-exp(-r*(T-t))
   *E*N(d2(S,E)))$ /* european call */
```

```
15  p(S,t,E,T):=float(-S*exp(-q*(T-t))*N(-d1(S,E))
    +E*exp(-r*(T-t))*N(-d2(S,E)))$ /* european put */
16  cd(S,t,E,T):=float(exp(-r*(T-t))*N(d2(S,E)))$
    /* digital call */
17  pd(S,t,E,T):=float(exp(-r*(T-t))*N(-d2(S,E)))$
    /* digital put */
18  cdno(S,t,E,T,H):=float(c(S,t,H,T)+(H-E)*cd(S,t,H,T) \
19  -(S/H)^((1-2*(r-q)/sigma^2))*(c(H^2/S,t,H,T)+(H-E)*
    cd(H^2/S,t,H,T))) $ /* down-and-out call */
20
21  /* 定义方程组 */
22  eq1(y1,t):=c(H,t,E,1)-y1*H=0$
23  eq2(y1,y2,t):=c(H*3/4,t,80,1)-y1*H-y2*(H-H*3/4)=0$
24  eq3(y1,y2,y3,t):=c(H*2/4,t,80,1)-y1*H-y2*(H-H*2/4)
    -y3*(3*H/4-H*2/4)=0$
25  eq4(y1,y2,y3,y4,t):=c(H*1/4,t,80,1)-y1*H-y2*(H-H/4)
    -y3*(3*H/4-H/4)-y4*(H/2-H*1/4)=0$
26
27  /* 解方程 */
28  a:float(solve([eq1(y11,1/4),eq2(y11,y12,1/4),
    eq3(y11,y12,y13,1/4), \
29  eq4(y11,y12,y13,y14,1/4)],[y11,y12,y13,y14]))$
30  b:float(solve([eq1(y21,2/4),eq2(y21,y22,2/4),
    eq3(y21,y22,y23,2/4), \
31  eq4(y21,y22,y23,y24,2/4)],[y21,y22,y23,y24]))$
32  c:float(solve([eq1(y31,3/4),eq2(y31,y32,3/4),
    eq3(y31,y32,y33,3/4), \
33  eq4(y31,y32,y33,y34,3/4)],[y31,y32,y33,y34]))$
34
35  /* 以下给解赋值 */
36  for i: 1 thru 4 do (lhs(a[1][i])::rhs(a[1][i]),\
37  lhs(b[1][i])::rhs(b[1][i]),lhs(c[1][i])::rhs(c[1][i]))$
38
```

```
39 /* 计算 f1-f3 */
40 f1(S,H):=y11*H*pd(S,0,H,1/4)+y12*p(S,0,H,1/4) \
41 +y13*p(S,0,3*H/4,1/4)+ y14*p(S,0,H/2,1/4)$
42 f2(S,H):= y21*H*pd(S,0,H,1/2)+y22*p(S,0,H,1/2) \
43 + y23*p(S,0,3*H/4,1/2)+ y24*p(S,0,H/2,1/2)$
44 f3(S,H):=y31*H*pd(S,0,H,3/4)+y32*p(S,0,H,3/4) \
45 + y33*p(S,0,3*H/4,3/4)+ y34*p(S,0,H/2,3/4)$
46
47 /* 定义综合函数 */
48 joshi(S,H):=c(S,0,80,1)-(f1(S,H)+f2(S,H)+f3(S,H))$
49
50 /* 调用优化后的函数以及计算误差 */
51 cdno(100,0,80,1,90); /* down-and-out call 解析解计算结果:
   17.06011462342504 */
52 joshi(100,90); /* Joshi down-and-out call 计算结果:
   19.63970200435736 */
53 c(100,0,80,1);/* 欧式看涨期权精确解计算结果:
   24.58883544392775 */
54 (joshi(100,90)-cdno(100,0,80,1,90))/cdno(100,0,80,1,90);
   /* 误差:  0.151205747316042 */
55 /* 结果输出 */
```

4 使用 Newton-Raphson 法计算隐含波动率 $\tilde{\sigma}$

取 $p = 0.0564$, 用以下代码求得: $\tilde{\sigma} = 13.82$. 这里使用 QuantLib C++ 版本 1.24 (http://www.quantlib.org/) 编程.

```
1 #include <ql/quantlib.hpp>
2 #include <iostream>
3 #include <iomanip>
4 #include <cmath>
5
```

```cpp
6  using namespace QuantLib;
7
8  int main() {
9      try {
10         // ============= 1. 市场参数初始化=============
11
12         Date today = Date::todaysDate(); // 当前日期
13         Settings::instance().evaluationDate() = today;
           // 设置全局评估日期
14         // Calendar calendar = TARGET(); // 欧元区市场
15         Calendar calendar = UnitedStates(UnitedStates::
           Settlement); // 美股市场
16         DayCounter dayCounter = Actual365Fixed();
17         std::cout << std::fixed << std::setprecision(8);
18
19         // =============== 2. 已知参数配置================
20         const Real spot = 1.0; // 标的现价
21         const Real strike = 1.1; // 行权价
22         const Rate riskFreeRate = 0.06; // 无风险利率
23         const Rate dividendYield = 0.00; // 股息派发率
24         const Real marketPrice = 0.0564;
           // 市场价格（由LS文章得到）
25         const Date maturity = today + Period(3, Years);
           // 3 年到期
26
27         // ==== 3. 构建收益率曲线(QuantLib 1.24 风格) ==
28
29
30         Handle<YieldTermStructure> riskFreeTS(
31             ext::make_shared<FlatForward>(today,
             riskFreeRate, dayCounter));
32
33         Handle<YieldTermStructure> dividendTS(
```

```
34            ext::make_shared<FlatForward>(today,
              dividendYield, dayCounter));
35
36      // ============== 4. 期权条款定义==============
37      ext::shared_ptr<Exercise> exercise(new
        EuropeanExercise(maturity));
38      ext::shared_ptr<StrikedTypePayoff> payoff(
39          new PlainVanillaPayoff(Option::Put, strike));
40
41      // ============== 5. 牛顿法核心实现==============
42      const Real tolerance = 1e-8; // 收敛精度
43      const Size maxIterations = 100; // 最大迭代次数
44      Volatility impliedVol = 0.20; // 初始猜测值
45      Volatility newVol = impliedVol;
46      Real error = QL_MAX_REAL;
47
48      for (Size i=0; i<maxIterations && error>tolerance;
           ++i) {
49          // 构建波动率曲面
50          Handle<BlackVolTermStructure> volTS(
51              ext::make_shared<BlackConstantVol>(today,
                  calendar, newVol, dayCounter));
52
53          // 定义随机过程
54              ext::shared_ptr<GeneralizedBlackScholes
                Process> process(
55                  new GeneralizedBlackScholesProcess(
56                      Handle<Quote>(ext::make_shared<
                        SimpleQuote>(spot)),
57                      dividendTS,
58                      riskFreeTS,
59                      volTS));
60
```

```cpp
61          // 定价引擎
62          VanillaOption option(payoff, exercise);
63          option.setPricingEngine(
64              ext::make_shared<AnalyticEuropeanEngine>
                (process));
65
66          // 计算价格与Vega
67          const Real calculatedPrice = option.NPV();
68          const Real vega = option.vega();
69
70          // 牛顿法
71          const Real priceDifference = calculatedPrice -
                marketPrice;
72          newVol = newVol - priceDifference / vega;
73          error = std::abs(priceDifference);
74
75          // 波动率边界保护(0.1% ~ 500%)
76          newVol=std::max(0.001, std::min(5.0, newVol));
77
78          std::cout << "迭代" << i+1
79                    << ": 波动率=" << newVol
80                    << ", 误差=" << priceDifference
                      << std::endl;
81      }
82
83      // =============== 6. 结果验证===============
84      // 构建最终波动率曲面
85      Handle<BlackVolTermStructure> finalVolTS(
86          ext::make_shared<BlackConstantVol>(today,
                calendar, newVol, dayCounter));
87
88      // 定义最终随机过程
89      ext::shared_ptr<GeneralizedBlackScholesProcess>
```

```
90              finalProcess(
                   new GeneralizedBlackScholesProcess(
91                     Handle<Quote>(ext::make_shared<SimpleQuote>
                       (spot)),
92                     dividendTS,
93                     riskFreeTS,
94                     finalVolTS));
95
96              // 使用最终波动率计算期权价格
97              VanillaOption finalOption(payoff, exercise);
98              finalOption.setPricingEngine(
99                     ext::make_shared<AnalyticEuropeanEngine>
                       (finalProcess));
100             const Real finalPrice = finalOption.NPV();
                // 正确定义finalPrice
101
102             // =============== 7. 结果输出===============
103             std::cout << "\n===== 隐含波动率计算结果=====\n"
104                    << "市场价格: " << marketPrice << "\n"
105                    << "计算价格: " << finalPrice << "\n"
106                    << "隐含波动率: " << newVol << "\n"
107                    << "绝对误差:"<<(finalPrice-marketPrice)
                       << "\n"
108                    << "相对误差: " << (finalPrice -
                       marketPrice)/marketPrice*1e4 << " bps\n"
109                    << "==============================\n";
110
111         } catch (std::exception& e) {
112             std::cerr << "错误: " << e.what() << std::endl;
113             return 1;
114         }
115     return 0;
116 }
```

```
117 ========= QuantLib 1.24 运算结果=========
118
119 迭代1:    波动率=0.13872035,误差=0.03880642
120 迭代2:    波动率=0.13815455,误差=0.00034965
121 迭代3:    波动率=0.13815443,误差=0.00000008
122 迭代4:    波动率=0.13815443,误差=0.00000000
123
124 ========= 隐含波动率计算结果=========
125 市场价格: 0.05640000
126 计算价格: 0.05640000
127 隐含波动率: 0.13815443
128 绝对误差:   -0.00000000
129 相对误差:   -0.00000000 bps
130 ========================================
```

5 求 $\mathbb{P} = 0.1144$ 对应的 σ

使用 QuantLib C++ 版本 1.24 (http://www.quantlib.org/) 程序得到 $\sigma = 16.28\%$.

```
1 #include <ql/quantlib.hpp>
2 #include <iostream>
3 #include <iomanip>  // 用于设置输出精度
4
5 using namespace QuantLib;
6
7 int main() {
8     // 设置期权参数
9     Real spot_price = 1.0;  // 标的资产当前价格
10    Real strike_price = 1.1;
      // 行权价格(OTM 看跌期权: 行权价< 标的资产价格)
11    Rate risk_free_rate = 0.06; // 无风险利率
```

```
12    Real dividend_yield = 0.00; // 股息派发率
13    Real option_price = 0.1144; // 期权价格（由LS文章得到）
14    Date today = Date::todaysDate(); // 当前日期
15    Date maturity_date = today + Period(3, Years);
      // 3 年到期
16    DayCounter day_counter = Actual365Fixed();
      // 日期计算方式
17
18    // 设置日历和日期
19    Calendar calendar = UnitedStates(UnitedStates::
      Settlement); // 使用Settlement 规则
20    Settings::instance().evaluationDate() = today;
21
22    // 设置标的资产和期权类型
23    Handle<Quote> spot(boost::make_shared<SimpleQuote>
      (spot_price));
24    Handle<YieldTermStructure> flat_dividend_ts(
25        boost::make_shared<FlatForward>(today,
          dividend_yield, day_counter));
26    Handle<YieldTermStructure> flat_risk_free_ts(
27        boost::make_shared<FlatForward>(today,
          risk_free_rate, day_counter));
28    Handle<BlackVolTermStructure> flat_vol_ts(
29        boost::make_shared<BlackConstantVol>(today,
          calendar, 0.20, day_counter));
30
31    boost::shared_ptr<BlackScholesMertonProcess>
      bsm_process(
32        new BlackScholesMertonProcess(spot,
          flat_dividend_ts, flat_risk_free_ts, flat_vol_ts));
33
34    // 设置期权类型
35    Option::Type option_type = Option::Put; // 看跌期权
```

```cpp
36      boost::shared_ptr<StrikedTypePayoff> payoff(new
        PlainVanillaPayoff(option_type, strike_price));
37      boost::shared_ptr<Exercise> american_exercise(new
        AmericanExercise(today, maturity_date));
38
39      // 创建美式期权对象
40      VanillaOption american_option(payoff,
        american_exercise);
41      american_option.setPricingEngine(boost::make_shared
        <FdBlackScholesVanillaEngine>(bsm_process));
42
43      // 定义波动率求解函数
44      class VolatilitySolver {
45      public:
46          VolatilitySolver(VanillaOption& option,
            Real target_price,
47                           const Handle<Quote>& spot,
48                           const Handle<YieldTermStructure>&
                             dividend_ts,
49                           const Handle<YieldTermStructure>&
                             risk_free_ts)
50          : option_(option), target_price_(target_price),
51            spot_(spot), dividend_ts_(dividend_ts),
              risk_free_ts_(risk_free_ts) {}
52
53          Real operator()(Volatility volatility) const {
54              // 创建波动率曲线
55              Handle<BlackVolTermStructure> flat_vol_ts(
56                  boost::make_shared<BlackConstantVol>
                      (Settings::instance().evaluationDate(),
57                       UnitedStates(UnitedStates::Settlement),
58                       volatility, Actual365Fixed()));
59
```

```cpp
60      // 创建BlackScholesMertonProcess
61      boost::shared_ptr<BlackScholesMertonProcess>
        bsm_process(
62          new BlackScholesMertonProcess(spot_,
            dividend_ts_, risk_free_ts_, flat_vol_ts));
63
64      // 设置定价引擎
65      option_.setPricingEngine(boost::make_shared
        <FdBlackScholesVanillaEngine>(bsm_process));
66
67      // 计算期权价格
68      Real calculated_price = option_.NPV();
69
70      // 输出中间结果
71      std::cout << "Volatility:  " << std::setw(10)
                  << volatility
72                << " | Calculated Price:  "
                  << std::setw(10)<<calculated_price
73                << "|Target Price:"<<std::setw(10)
                  << target_price_
74                << " | Difference:"<<std::setw(10)
                  << (calculated_price-target_price_)
75                << std::endl;
76
77      // 返回期权价格与目标价格的差值
78      return calculated_price - target_price_;
78  }
80
81  private:
82      VanillaOption& option_; // 期权对象
83      Real target_price_; // 目标期权价格
84      Handle<Quote> spot_; // 标的资产价格
85      Handle<YieldTermStructure> dividend_ts_;
```

```cpp
              // 股息率曲线
86            Handle<YieldTermStructure> risk_free_ts_;
              // 无风险利率曲线
87        };
88
89        // 使用Brent方法求解隐含波动率
90        VolatilitySolver solver(american_option, option_price,
              spot, flat_dividend_ts, flat_risk_free_ts);
91        Brent brent_solver;
92        brent_solver.setMaxEvaluations(1000); // 最大迭代次数
93        brent_solver.setLowerBound(0.01); // 波动率下限
94        brent_solver.setUpperBound(5.0); // 波动率上限
95
96        // 设置精度
97        Real accuracy = 1e-8;
98        Volatility implied_volatility = brent_solver.solve
              (solver, accuracy, 0.20, 0.01, 5.0);
99
100       // 输出结果
101       std::cout << "\nImplied Volatility:   "
                    << std::setprecision(10)
                    << implied_volatility
                    << std::endl;
102
103       return 0;
104   }
105 ========= QuantLib 1.24 运算结果=========
106
107 Volatility:  0.01 | Calculated Price:  0.1 |
    Target Price:  0.1144 | Difference:  -0.0144
108 Volatility:  5 | Calculated Price:  1.06688 |
    Target Price:  0.1144 | Difference:  0.95248
109 Volatility:  0.2 | Calculated Price:  0.133505 |
```

```
        Target Price:  0.1144 | Difference:  0.0191047
110 Volatility:  0.0916601 | Calculated Price:  0.100001 |
        Target Price:  0.1144 | Difference:  -0.0143989
111 Volatility:  0.14583 | Calculated Price:  0.107157 |
        Target Price:  0.1144 | Difference:  -0.00724316
112 Volatility:  0.172915 | Calculated Price:  0.119273 |
        Target Price:  0.1144 | Difference:  0.00487256
113 Volatility:  0.162022 | Calculated Price:  0.11402 |
        Target Price:  0.1144 | Difference:  -0.000380159
114 Volatility:  0.162811 | Calculated Price:  0.11439 |
        Target Price:  0.1144 | Difference:  -1.04003e-05
115 Volatility  0.162833 | Calculated Price:  0.1144 |
        Target Price:  0.1144 | Difference:  1.042e-08
116 Volatility:  0.162833 | Calculated Price:  0.1144 |
        Target Price:  0.1144 | Difference:  -4.82739e-13
117 Volatility:  0.162833 | Calculated Price:  0.1144 |
        Target Price:  0.1144 | Difference:  2.35214e-09
118 Volatility:  0.162833 | Calculated Price:  0.1144 |
        Target Price:  0.1144 | Difference:  -4.82739e-13
119
120 标的现价: 1.00000000
121 行权价: 1.10000000
122 波动率: 0.1628327649
123
124 =============================================
```

6 节假日或周末对离散复制的影响

动态对冲策略需要定期调整对冲头寸. 通过计算工作日天数, 可以确定对冲操作的频率. 然而, 不同金融市场有不同的节假日和闭市日, 这对离散复制策略的实施具有重要影响. 本书中使用的 QuantLib 版本为 1.24, 可从其官方网站下载:

https://www.quantlib.org/download.shtml.

QuantLib 是一个专注于衍生品定价的开源库, 其优点在于, 其专业性极强, 提供了丰富的金融工具和模型. 然而, 它的一个显著缺点是版本之间不完全兼容, 即旧版本的代码可能无法直接在新版本中运行.

为了教学方便, 本书固定使用版本 1.24. 尽管这可能导致与最新版本的功能差异, 但并不影响读者理解 QuantLib 的核心思想和精髓.

以美国市场为例, 其金融市场 (如股票、期权、期货等) 采用结算 (settlement) 日历. 结算日是指交易完成后资金和资产实际交割的日期: 结算日历遵循美国金融市场的结算规则, 例如 $t+2$ 结算 (交易日后两个工作日结算). QuantLib 使用以下语句实现:

```
Calendar calendar = UnitedStates(UnitedStates::
Settlement);
```

这种日历设置在金融工具定价、风险管理和结算日期计算中非常有用, 尤其是在涉及美国市场时.

节假日或周末对利率曲线的影响不在本书的讨论范围内, 因而此处不作详细探讨.

索引

Breeden-Litzenberger 公式, 128
    一个应用, 158
BSM 框架, 2
BSM 框架下期权复制误差估算, 10
Fokker-Planck 方程, 158
Merton 公式, 7
保底看跌 (floored put) 期权, 98
俄式期权, 190
方差互换, 26
    BSM 框架下的一些结果, 43
    方差互换的一个例子, 29
    方差互换合约的复制, 37
    恐慌指数, 48
    累计对冲误差, 27
    期权复制遇到的问题, 26
封顶看涨 (capped call) 期权, 94
节假日或周末对离散复制的影响, 216
静态复制, 126
    DEK 方法, 132
    Mark Joshi 方法, 138
局部波动率, 157
    Dupire 方程的一般形式, 156
    实际市场中遇到的问题, 160
    由局部波动率求隐含波动率, 166
    由隐含波动率求局部波动率, 160

累计对冲误差估算: Peter Carr 方法, 19
离散情形下期权复制的一种方法, 11
美式看涨期权下界估计, 96
随机波动率, 169
 $\phi(S,\sigma,t)$ 的金融意义, 172
 波动率风险的市场价格 (market price of volatility risk), 173
跳跃至破产 (jump-to-default), 185
雪球期权, 103
 定价总结, 114
 条款的修改, 107
 吸引买方之处, 104
 在 BSM 框架下雪球期权定价简述, 108
隐含波动率的期限结构, 153
与路径相关的期权, 55
 Brown 运动反射原理, 68
 PDE 定价障碍期权思路, 58
 单一障碍 (single barrier), 55
 概率论方法定价障碍期权, 67
 欧式浮动 (floating) 看跌期权例子, 89
 敲出 (knock-out) 期权, 55
 敲入 (knock-in) 期权, 55
 双障碍期权, 64
 下跌敲入数字期权 (触及即付期权), 80
 障碍期权的希腊字母简介, 86
 障碍期权的性质, 63
针式风险 (pin risk), 5
最小二乘方法 (LS 方法), 142
做多 Gamma (long gamma), 51

参考文献

[Car04] Carr P. Replicating defaultable bonds in Black-Scholes with jump to default [J]. Risk, 2004, 17(11): 124–128.

[Car07] Carr P. FAQ's in option pricing theory [J]. The Journal of Derivatives, 2007, 15(3): 7–31.

[DEK94] Derman E, Ergener D, Kani I. Static options replication [R]. Goldman Sachs, 1994.

[DH93] Duffie J D, Harrison J M. Arbitrage pricing of Russian options and perpetual lookback options [J]. The Annals of Applied Probability, 1993, 3(3): 641–651.

[Hul12] Hull J. Options, futures and other derivatives [M]. 8th ed. Pearson Prentice Hall, 2012.

[How] Howison S. Barrier options[R/OL]. University of Oxford, 2005[2025-09-02]. https://people.maths.ox.ac.uk/ howison/ barriers.pdf.

[Jai07] Jain J. Essays on volatility derivatives and portfolio optimization [D]. Columbia University, 2007.

[Jos01] Joshi M. Pricing discretely sampled path-dependent exotic options using replication methods [R]. Quantitative Research Centre, 2001.

[Jos08] Joshi M. C++ design patterns and derivatives pricing [M]. Cambridge University Press, 2008.

[Lip09] Lipton A. Mathematical methods for foreign exchange: a quantitative finance approach [M]. World Scientific Publishing, 2009.

[LS01] Longstaff F A, Schwartz E S. Valuing American options by simulation: a simple least-squares approach [J]. The Review of Financial Studies, 2001, 14(1): 113–147.

[Mer73] Merton R C. Theory of rational option pricing [J]. The Bell Journal of Economics and Management Science, 1973, 4(1): 141–183.

[Mer76] Merton R C. Option pricing when underlying stock returns are discontinuous [J]. Journal of Financial Economics, 1976, 3(1/2): 125–144.

[RR91] Rubinstein M, Reiner E. Unscrambling the binary code [J]. Risk, 1991, 4(9): 75–83.

[Shr04] Shreve S E. Stochastic calculus for finance: continuous-time models, volume 2 [M]. Springer Verlag, 2004.

[SS93] Shepp L, Shiryaev A N. The Russian option: reduced regret[J]. The Annals of Applied Probability, 1993, 3(3): 631–640.

[Tal97] Taleb N N. Dynamic hedging: managing vanilla and exotic options[M]. John Wiley & Sons, 1997.

[Wil06] Wilmott P. Paul Wilmott on quantitative finance [M]. 2nd ed. John Wiley & Sons, 2006.

[Wil07] Wilmott P. Paul Wilmott introduces quantitative finance [M]. 2nd ed. John Wiley & Sons, 2007.

[钱 03] 龚光鲁, 钱敏平. 应用随机过程教程及在算法和智能计算中的随机模型 [M]. 北京: 清华大学出版社, 2004.

[王 07] 王晶晶. 俄式期权定价的体会 [D]. 北京: 北京大学, 2007.

[徐 25] 徐恺. 金融衍生证券基础 I [M]. 北京: 北京大学出版社, 2025.

[杨 15] 杨兆鑫. 跳扩散假设下期权定价理论与实证的初步研究 [D]. 北京: 北京大学, 2015.